educamos·sm

Caro aluno, seja bem-vindo à sua plataforma do conhecimento!

A partir de agora, você tem à sua disposição uma plataforma que reúne, em um só lugar, recursos educacionais digitais que complementam os livros impressos e são desenvolvidos especialmente para auxiliar você em seus estudos. Veja como é fácil e rápido acessar os recursos deste projeto.

1 Faça a ativação dos códigos dos seus livros.

Se você NÃO tiver cadastro na plataforma:
- Para acessar os recursos digitais, você precisa estar cadastrado na plataforma educamos.sm. Em seu computador, acesse o endereço <br.educamos.sm>.
- No canto superior direito, clique em "**Primeiro acesso? Clique aqui**". Para iniciar o cadastro, insira o código indicado abaixo.
- Depois de incluir todos os códigos, clique em "**Registrar-se**" e, em seguida, preencha o formulário para concluir esta etapa.

Se você JÁ fez cadastro na plataforma:
- Em seu computador, acesse a plataforma e faça o *login* no canto superior direito.
- Em seguida, você visualizará os livros que já estão ativados em seu perfil. Clique no botão "**Adicionar livro**" e insira o código abaixo.

Este é o seu código de ativação! → **D37EZ-VKRBR-A9LMP**

2 Acesse os recursos.

Usando um computador

CB038211

Usando um dispositivo móvel

Acesse o endereço <br.educamos.sm> e faça o *login* no canto superior direito. Nessa página, você visualizará todos os seus livros cadastrados. Para acessar o livro desejado, basta clicar na sua capa.

Instale o aplicativo **educamos.sm**, que está disponível gratuitamente na loja de aplicativos do dispositivo. Utilize o mesmo *login* e a mesma senha da plataforma para acessar o aplicativo.

Importante! Não se esqueça de sempre cadastrar seus livros da SM em seu perfil. Assim, você garante a visualização dos seus conteúdos, seja no computador, seja no dispositivo móvel. Em caso de dúvida, entre em contato com nosso canal de atendimento pelo **telefone 0800 72 54876** ou pelo *e-mail* **atendimento@grupo-sm.com**.

BRA190947_2122

GERAÇÃO ALPHA

História 8

Ana Lúcia Lana Nemi
Bacharela e Licenciada em História pela Faculdade de Filosofia, Letras e Ciências Humanas (FFLCH) da Universidade de São Paulo (USP).
Mestra em História Social pela FFLCH-USP.
Doutora em Ciências Sociais pela Universidade Estadual de Campinas (Unicamp).
Professora do curso de História da Universidade Federal de São Paulo (Unifesp).

Anderson Roberti dos Reis
Licenciado em História pelas Faculdades Metropolitanas Unidas (FMU/SP).
Mestre em História Cultural pela Unicamp.
Doutor em História Social pela FFLCH-USP.
Professor da Universidade Federal de Mato Grosso (UFMT).

Débora Yumi Motooka
Bacharela e Licenciada em História pela FFLCH-USP.
Professora de História em escolas da rede particular.

São Paulo, 3ª edição, 2019

Geração Alpha **História 8**
© Edições SM Ltda.
Todos os direitos reservados

Direção editorial M. Esther Nejm
Gerência editorial Cláudia Carvalho Neves
Gerência de *design* e produção André Monteiro
Edição executiva Valéria Vaz

Edição: Celeste Baumann, Gabriel Careta, Isis Ridão Teixeira, Maria Rocha Rodrigues, Rodrigo de Souza
Assistência de edição: Mariana Zanato
Suporte editorial: Fernanda Fortunato

Coordenação de preparação e revisão Cláudia Rodrigues do Espírito Santo
Preparação e revisão: Ana Paula Migiyama, Joana Junqueira Borges, Renata Tavares, Vera Lúcia Rocha
Apoio de equipe: Beatriz Nascimento

Coordenação de *design* Gilciane Munhoz
***Design*:** Carla Almeida Freire, Tiago Stéfano, Victor Malta (Interação)

Coordenação de arte Ulisses Pires
Edição de arte: Angelice Taioque Moreira

Coordenação de iconografia Josiane Laurentino
Pesquisa iconográfica: Beatriz Micsik
Tratamento de imagem: Marcelo Casaro

Capa João Brito
Ilustração da capa: Denis Freitas

Projeto gráfico Rafael Vianna Leal
Editoração eletrônica Setup Bureal
Infografia William H. Taciro, Mauro César Brosso, Diego Rezende, Alan Dainovskas Dourado, Wagner Nogueira
Cartografia João Miguel A. Moreira

Pré-impressão Américo Jesus
Fabricação Alexander Maeda
Impressão Corprint

Dados Internacionais de Catalogação na Publicação (CIP)
(Câmara Brasileira do Livro, SP, Brasil)
___

Nemi, Ana Lúcia Lana
  Geração alpha história : ensino fundamental : anos finais : 8º ano / Ana Lúcia Lana Nemi, Anderson Roberti dos Reis, Débora Yumi Motooka ; organizadora SM Educação ; obra coletiva, desenvolvida e produzida por SM Educação ; editora responsável Valéria Vaz. — 3. ed. — São Paulo : Edições SM, 2019.

  Componente curricular: História.
  ISBN 978-85-418-2340-1 (aluno)
  ISBN 978-85-418-2344-9 (professor)

  1. História (Ensino fundamental) I. Reis, Anderson Roberti dos. II. Motooka, Débora Yumi. III. Vaz, Valéria. IV. Título.

19-26444 CDD-372.89
___
Índices para catálogo sistemático:
1. História : Ensino fundamental 372.89

Maria Alice Ferreira - Bibliotecária - CRB-8/7964

3ª edição, 2019
2ª impressão, 2020

SM Educação
Rua Tenente Lycurgo Lopes da Cruz, 55
Água Branca 05036-120 São Paulo SP Brasil
Tel. 11 2111-7400
atendimento@grupo-sm.com
www.grupo-sm.com/br

Apresentação

Cara aluna, caro aluno,

Ser jovem no século XXI significa estar em contato constante com múltiplas formas de linguagem, uma imensa quantidade de informações e inúmeras ferramentas tecnológicas. Isso ocorre em um cenário mundial que apresenta grandes desafios sociais, econômicos e ambientais.

Diante dessa realidade, esta coleção foi cuidadosamente pensada tendo como principal objetivo ajudar você a enfrentar esses desafios com autonomia e espírito crítico.

Atendendo a esse propósito, os textos, as imagens e as atividades nela propostos oferecem oportunidades para que você reflita sobre o que aprende, expresse suas ideias e desenvolva habilidades de comunicação para as mais diversas situações de interação em sociedade.

Vinculados aos conhecimentos próprios de cada disciplina, são apresentados, em situações e atividades reflexivas, aspectos sobre valores universais como justiça, respeito, solidariedade, responsabilidade, honestidade e criatividade. Esperamos, assim, contribuir para que você compartilhe dos conhecimentos construídos pela **História** e os utilize para fazer escolhas responsáveis e transformadoras em sua vida.

Desejamos, também, que esta coleção contribua para que você se torne um jovem atuante na sociedade do século XXI, que seja capaz de questionar a realidade em que vive e de buscar respostas e soluções para os desafios presentes e para os que estão por vir.

Equipe editorial

Conheça seu livro

ABERTURA DE UNIDADE

No início de cada unidade, você é apresentado ao tema que vai estudar.

Primeiras ideias
Algumas questões vão estimular você a contar o que sabe sobre o assunto e a levantar algumas hipóteses sobre ele.

Uma imagem vai instigar sua curiosidade.

Leitura da imagem
As questões orientam a leitura da imagem e permitem estabelecer relações entre o que é mostrado e o que você conhece do assunto.

Geração Alpha Digital
O livro digital oferece diversos recursos e atividades interativas para desenvolver habilidades e aprofundar os conteúdos.

Questão de valor
Aqui, você vai refletir sobre valores como respeito, solidariedade, justiça, entre outros.

CAPÍTULOS

Abertura de capítulo
Logo abaixo do título, algumas questões trazem reflexões iniciais. Textos, imagens, mapas e esquemas podem apresentar o conteúdo a ser estudado.

História dinâmica
Nessa seção, você tem contato com textos que apresentam atualização de debates historiográficos ou analisam interpretações e controvérsias em torno de temas do capítulo.

Atividades
As atividades vão ajudar você a desenvolver diferentes habilidades e competências por meio do aprofundamento dos conteúdos do capítulo.

Ampliando horizontes
No final de alguns capítulos, essa seção apresenta temas relacionados à diversidade cultural material e imaterial, para que você reflita sobre a importância da preservação da memória e sobre a valorização das identidades locais.

Arquivo vivo
É um momento para você ler, interpretar e analisar diferentes fontes históricas, lembrando sempre que o olhar do historiador parte do contexto em que ele está inserido.

Boxes

LIBERDADE, UM DIREITO DO CIDADÃO

Segundo o artigo 4º da Declaração dos Direitos do Homem e do Cidadão, a liberdade "consiste em poder fazer tudo que não prejudique o próximo".

Valor
Apresenta informações e questões relacionadas a valores universais para você refletir, dialogar com a turma e se posicionar.

MARIA QUITÉRIA E A INDEPENDÊNCIA

Nascida em uma família pobre de agricultores de Feira de Santana, no interior da Bahia, Maria Quitéria destacou-se na Guerra da Independência.

Ampliação
Traz informações complementares sobre os assuntos explorados na página.

SÉTIMA ARTE

Carlota Joaquina: a princesa do Brasil. Direção: Carla Camurati. Brasil, 1995 (100 min).
O filme apresenta, de forma caricata e satírica, a chegada da Família Real portuguesa ao Brasil.

Indicação
Livro aberto, **Passaporte digital** e **Sétima arte** oferecem sugestões de livros, *sites* e filmes relacionados ao assunto em estudo.

carbonário: grupo nacionalista que combatia a Igreja e o absolutismo. O nome relaciona-se ao local onde se encontravam: cabanas de carvoeiros.

Glossário
Expressões e palavras que talvez você não conheça são explicadas nesse quadro.

FECHAMENTO DE UNIDADE

Investigar
Nessa seção, você e os colegas vão experimentar diferentes metodologias de pesquisa, como entrevistas, coleta de dados, etc. Também vão desenvolver diferentes formas de comunicação para compartilhar os resultados de suas investigações.

Atividades integradas
Essas atividades relacionam os assuntos da unidade. Para finalizar, é proposta uma **questão de valor** para que você e os colegas reflitam, conversem e se posicionem.

Ideias em construção
Apresenta questões que ajudam você a fazer uma autoavaliação do seu aprendizado. Com base nessas questões, você vai verificar o que aprendeu e identificar o que precisa ser revisto ou reforçado.

FINAL DO LIVRO

Interação
Essa seção propõe um projeto coletivo que resultará em um produto que pode ser usufruído pela comunidade escolar.

De olho no Enem
Dois blocos de questões com formato semelhante ao do Enem para você testar seus conhecimentos.

GERAÇÃO ALPHA DIGITAL

O livro digital oferece uma série de recursos para interação e aprendizagem. São imagens, atividades interativas, áudios, animações, vídeos, entre outros. Eles estão classificados de acordo com a habilidade que você vai desenvolver. Sempre que aparecer uma chamada como estas, acesse o recurso e faça a atividade que se pede.

Sumário

Unidade 1 — A INGLATERRA SE TRANSFORMA 9

1. **Revoluções na Inglaterra** 12
   - As guerras civis britânicas 12
   - A Revolução Inglesa e a Revolução Gloriosa 13
   - Mudanças no campo 14
   - Mudanças na produção 15
   - O desenvolvimento tecnológico 16
   - Expansão do modo de produção industrial 17
   - Atividades 18
   - Arquivo vivo: John Locke e o nascimento do liberalismo 19

2. **A sociedade industrial** 20
   - Burguesia e proletariado 20
   - Condições de trabalho na indústria 21
   - Impactos urbanos e ambientais da industrialização 22
   - A organização dos trabalhadores 24
   - As mulheres e seus direitos 26
   - Atividades 27
   - Arquivo vivo: Revolução Industrial: circulação de pessoas e de produtos 28

   INVESTIGAR: Brasil atual: indústrias e meio ambiente 30
   ATIVIDADES INTEGRADAS 32
   IDEIAS EM CONSTRUÇÃO 34

Unidade 2 — ILUMINISMO E INDEPENDÊNCIA DOS ESTADOS UNIDOS 35

1. **O Iluminismo** 38
   - As sociedades da Europa Moderna 38
   - As ideias iluministas 39
   - Filósofos iluministas 40
   - Adam Smith e o liberalismo econômico 42
   - O despotismo esclarecido 42
   - Atividades 43
   - Ampliando horizontes: O Neoclassicismo 44

2. **A independência dos Estados Unidos da América** 46
   - O comércio triangular 46
   - A Guerra dos Sete Anos 47
   - Conflitos entre os colonos e a Metrópole 48
   - As Leis Intoleráveis 49
   - A Declaração de Independência 50
   - As repercussões da independência 51
   - Atividades 52
   - História dinâmica: O conceito de liberdade na Constituição dos Estados Unidos da América 53

   ATIVIDADES INTEGRADAS 54
   IDEIAS EM CONSTRUÇÃO 56

Unidade 3 — A REVOLUÇÃO FRANCESA E SEUS DESDOBRAMENTOS .. 57

1. **A Revolução Francesa** 60
   - A sociedade dos três Estados 60
   - A crise 61
   - O processo revolucionário na França 62
   - O Diretório e o fim da Revolução 65
   - As mulheres na Revolução 66
   - As mudanças na França 67
   - Atividades 68
   - Ampliando horizontes: O Catorze de Julho 70

2. **O Império Napoleônico e a Revolução de São Domingo** 72
   - O Consulado 72
   - A expansão do Império Napoleônico 73
   - As contradições do governo de Napoleão 75
   - A Revolução de São Domingo 76
   - Do combate à escravidão à luta pela independência 77
   - A repercussão da independência haitiana 78
   - Atividades 79
   - Arquivo vivo: São Domingo e a Revolução Francesa 80

   ATIVIDADES INTEGRADAS 82
   IDEIAS EM CONSTRUÇÃO 84

Unidade 4
INDEPENDÊNCIAS NA AMÉRICA ESPANHOLA 85

1. **Independências no México e na América Central** ... 88
   - A Espanha sob Napoleão ... 88
   - Conflitos na América espanhola ... 89
   - A independência do México ... 91
   - Independências na América Central ... 92
   - Projetos de nação ... 94
   - Atividades ... 95
   - História dinâmica: Direitos e a formação dos Estados na América hispânica ... 96

2. **Independências na América do Sul** ... 98
   - A independência da Venezuela e a de Nova Granada ... 98
   - A independência do vice-reino do Rio da Prata ... 100
   - A independência do vice-reino do Peru ... 101
   - Continuidades e rupturas no pós-independência ... 102
   - Atividades ... 103
   - Ampliando horizontes: O Pan-Americanismo ... 104

ATIVIDADES INTEGRADAS ... 106
IDEIAS EM CONSTRUÇÃO ... 108

Unidade 5
BRASIL: A INDEPENDÊNCIA E O PRIMEIRO REINADO ... 109

1. **Tensões na Colônia** ... 112
   - As reformas pombalinas na América portuguesa ... 112
   - A Conjuração Mineira ... 113
   - A Conjuração Baiana ... 114
   - A transferência da Corte para o Rio de Janeiro ... 115
   - A Revolução Pernambucana ... 118
   - Atividades ... 119
   - Arquivo vivo: Zumbi, Pai João ou nenhum dos dois? ... 120

2. **A Independência do Brasil** ... 122
   - A Revolução Liberal do Porto ... 122
   - As exigências das Cortes portuguesas ... 123
   - As Cortes contra dom Pedro ... 124
   - A Independência ... 125
   - As reações à Independência ... 126
   - Atividades ... 127

3. **O Primeiro Reinado** ... 128
   - O reconhecimento externo ... 128
   - A Assembleia Constituinte ... 129
   - A Constituição outorgada ... 130
   - A política indigenista no Império ... 131
   - A Confederação do Equador ... 132
   - A Guerra da Cisplatina ... 132
   - A oposição se organiza ... 133
   - Atividades ... 134
   - Ampliando horizontes: Formas de governo na América pós-Independência ... 135

ATIVIDADES INTEGRADAS ... 136
IDEIAS EM CONSTRUÇÃO ... 138

Unidade 6
AS REGÊNCIAS E O SEGUNDO REINADO ... 139

1. **O período Regencial** ... 142
   - A herança política de dom Pedro I ... 142
   - A aliança entre moderados e exaltados ... 143
   - As revoltas regenciais ... 144
   - Os negros islamizados e letrados na Bahia ... 146
   - Atividades ... 147

2. **O Segundo Reinado** ... 148
   - O Golpe da Maioridade ... 148
   - A política do Segundo Reinado ... 149
   - Revoltas liberais ... 150
   - A Guerra do Paraguai ... 151
   - O império do café ... 152
   - A nação brasileira imaginada ... 154
   - Atividades ... 155
   - História dinâmica: Os indígenas no Segundo Reinado ... 156

3. **O fim da escravidão e a imigração no Brasil** ... 158
   - O fim do tráfico de escravos ... 158
   - O crescimento do abolicionismo ... 159
   - A abolição ... 160
   - A imigração ... 161
   - Atividades ... 163

INVESTIGAR: O legado da escravidão e as ações afirmativas ... 164
ATIVIDADES INTEGRADAS ... 166
IDEIAS EM CONSTRUÇÃO ... 168

Unidade 7 — REVOLUÇÕES E NACIONALISMOS NO FIM DO SÉCULO XIX ... 169

1. Rebeliões e unificações ... 172
- A Restauração ... 172
- Os movimentos revolucionários ... 173
- As revoluções de 1830 e 1848 na França ... 174
- A Primavera dos Povos ... 175
- O processo de unificação italiana ... 176
- O processo de unificação alemã ... 178
- Atividades ... 179
- Ampliando horizontes: O Romantismo e as identidades nacionais ... 180

2. A expansão da indústria na Europa ... 182
- Novas paisagens urbanas ... 182
- A ascensão da burguesia ... 183
- Novas teorias científicas ... 184
- Novas teorias políticas ... 186
- A Comuna de Paris ... 188
- A luta por direitos às mulheres ... 189
- Atividades ... 190
- Arquivo vivo: O discurso dos dominadores ... 191

ATIVIDADES INTEGRADAS ... 192
IDEIAS EM CONSTRUÇÃO ... 194

Unidade 8 — OS ESTADOS UNIDOS NO SÉCULO XIX ... 195

1. A expansão para o Oeste ... 198
- A expansão territorial ... 198
- A Doutrina Monroe ... 199
- A Marcha para o Oeste ... 200
- A Lei de Terras ... 202
- Atividades ... 203
- Ampliando horizontes: A construção da memória: o faroeste estadunidense entre 1930 e 1960 ... 204

2. A Guerra de Secessão ... 206
- Questões econômicas e sociais ... 206
- A Guerra de Secessão (1861-1865) ... 207
- A segregação racial ... 208
- A industrialização dos Estados Unidos ... 209
- Fordismo e taylorismo ... 210
- Atividades ... 211
- Arquivo vivo: A luta dos negros por direitos civis ... 212

ATIVIDADES INTEGRADAS ... 214
IDEIAS EM CONSTRUÇÃO ... 216

Unidade 9 — IMPERIALISMOS E RESISTÊNCIAS ... 217

1. Industrialização e imperialismo ... 220
- A Segunda Revolução Industrial ... 220
- Os novos inventos e a era do otimismo ... 221
- Do capitalismo industrial ao capitalismo financeiro ... 222
- O imperialismo ... 223
- O expansionismo japonês ... 224
- O imperialismo estadunidense ... 225
- A América Latina e o expansionismo estadunidense ... 226
- Atividades ... 229
- Ampliando horizontes: Os discursos civilizatórios e a Revolução Mexicana ... 230

2. O imperialismo na África ... 232
- A Conferência de Berlim ... 232
- A partilha imperialista da África ... 233
- A resistência africana ... 236
- Atividades ... 238
- Arquivo vivo: Máscaras africanas ... 239

3. O imperialismo na Ásia ... 240
- A formação dos impérios na Ásia ... 240
- A Índia britânica ... 241
- O imperialismo na China ... 243
- Atividades ... 245
- Ampliando horizontes: O impacto do imperialismo nas comunidades africanas e asiáticas ... 246

ATIVIDADES INTEGRADAS ... 248
IDEIAS EM CONSTRUÇÃO ... 250

Interação: A Missão Artística Francesa ... 251
De olho no Enem ... 255
Bibliografia ... 271

UNIDADE 1

A INGLATERRA SE TRANSFORMA

Entre a segunda metade do século XVII e as primeiras décadas do século XIX, a sociedade inglesa viveu profundas transformações que tiveram impacto no mundo inteiro. A monarquia absolutista foi colocada em xeque e a burguesia ganhou força. As alterações políticas favoreceram as mudanças que já estavam em curso na economia, e teve início um processo conhecido como Revolução Industrial. Com a industrialização, ocorreram o crescimento das cidades e o desenvolvimento tecnológico.

CAPÍTULO 1
Revoluções na Inglaterra

CAPÍTULO 2
A sociedade industrial

PRIMEIRAS IDEIAS

1. Existem indústrias na cidade onde você mora? Caso a resposta seja positiva, você sabe o que elas produzem?

2. Dê exemplos de indústrias que trabalham com inovações tecnológicas relacionadas ao uso de computadores ou de robôs.

3. Que tipos de problema você acha que podem surgir nas regiões em que há grande concentração de indústrias?

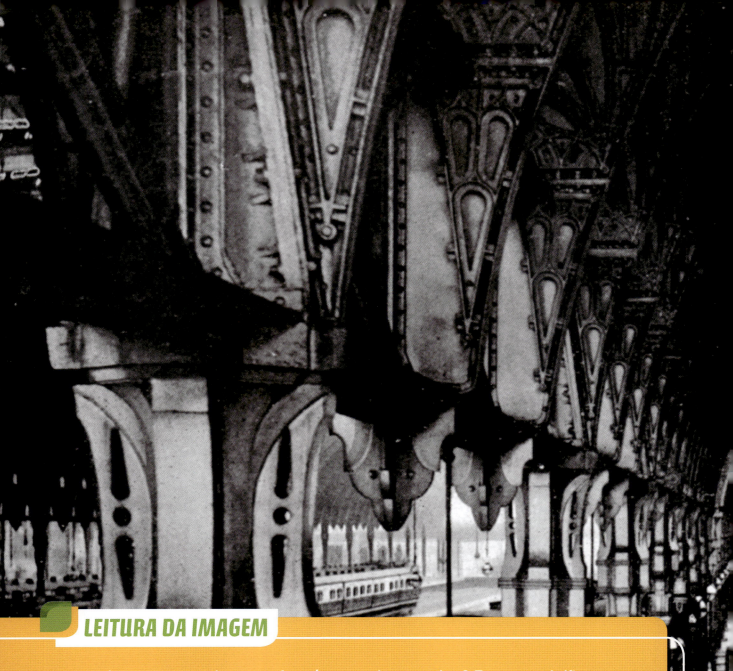

LEITURA DA IMAGEM

1. A cena retratada nessa foto é um registro antigo? Em sua opinião, esse trem era utilizado para quê?

2. Existe alguma ferrovia na cidade onde você mora?

3. O trem a vapor foi inventado no período da Revolução Industrial. Para isso, foi muito importante o trabalho de pesquisadores, que utilizaram a criatividade e o conhecimento técnico em busca de soluções para diferentes situações.
Em quais situações cotidianas você usa sua criatividade?

4. **ANALISAR** A Estação da Luz, na cidade de São Paulo, foi inaugurada em 1901. Veja as imagens dessa estação e aponte as semelhanças com a que foi retratada nesta foto.

Estação de trem Paddington, Londres, Inglaterra. Foto de 1890.

Capítulo 1
REVOLUÇÕES NA INGLATERRA

A exploração das colônias e o comércio ultramarino exerceram grande impacto na sociedade inglesa a partir do século XVII. Você sabe qual é a relação entre o lucro proporcionado por essas atividades e o fortalecimento dos grandes mercadores e banqueiros ingleses?

anglicano: que professa a fé anglicana, denominação cristã surgida na Inglaterra no século XVI.

↓ O palácio de Westminster, sede do Parlamento inglês, em Londres, existe desde o século XI. Em 1870, passou por uma grande reforma que lhe deu o aspecto atual. Foto de 2015.

AS GUERRAS CIVIS BRITÂNICAS

A expansão marítima europeia dos séculos XV e XVI causou importantes mudanças na Inglaterra. A exploração das colônias e o comércio ultramarino enriqueceram a burguesia, camada social formada principalmente por comerciantes.

A Coroa britânica também se beneficiava dessas atividades, pois concedia a determinados grupos o monopólio da exploração das mercadorias e obtinha muita riqueza com a arrecadação de impostos. Fortalecidos e cada vez mais atuantes na política, os burgueses passaram a reivindicar que a Coroa controlasse menos as atividades econômicas e que desse mais poder ao Parlamento, o que gerou constantes conflitos.

O Parlamento era composto de representantes da nobreza e da burguesia, os quais, às vezes, aliavam-se contra medidas do rei. Uma das crises entre o monarca e essa instituição ocorreu durante o governo de Carlos I, que foi de 1625 a 1649.

O rei, que era anglicano, quis impor sua fé a todos os súditos. Os fiéis fervorosos de diferentes doutrinas religiosas reagiram fortemente à medida real. O impasse terminou por gerar **duas guerras civis** (1642-1646 e 1648-1651). Como resultado da segunda guerra civil, o rei foi derrotado e executado, e o poder do Parlamento se fortaleceu.

A REVOLUÇÃO INGLESA E A REVOLUÇÃO GLORIOSA

Oliver Cromwell, um dos líderes do movimento que derrotou o rei Carlos I, assumiu o governo e instaurou uma república. Sob seu governo, que durou de 1653 a 1658, ele tomou medidas que fortaleceram a Marinha da Inglaterra e possibilitaram a intensificação do comércio marítimo. Esse processo, que vai do início das guerras civis até o fim do governo de Cromwell, foi chamado por alguns historiadores de **Revolução Inglesa**.

Oliver Cromwell faleceu em 1658. Com o apoio do Parlamento, Carlos II, filho de Carlos I, assumiu o poder, reestabelecendo a monarquia. Após a morte de Carlos II, em 1685, seu irmão Jaime II subiu ao trono. O novo rei buscou reduzir o poder do Parlamento e impor o catolicismo como fé oficial, mas enfrentou forte resistência da Igreja anglicana e da burguesia, que passaram a conspirar contra ele. Sob intensa pressão, Jaime II acabou sendo obrigado a fugir para a França.

Os opositores do rei, então, entregaram o trono aos protestantes Guilherme de Orange e sua esposa Maria, filha de Carlos II, que se comprometeram a cumprir um conjunto de exigências conhecido como **Declaração dos Direitos**, documento elaborado pelo Parlamento e assinado em 1689.

De acordo com essa Declaração, o rei deveria obedecer à Constituição e ao Parlamento, liderado pelo primeiro-ministro. Com essa forma de governo, denominada **monarquia parlamentar**, quem passou a governar de fato a Inglaterra foi o Parlamento, que podia aprovar ou não a revogação de leis, a convocação do Exército, a criação de impostos, etc. O período que vai da queda de Jaime II até a assinatura da Declaração dos Direitos, considerado menos violento que o das guerras civis, foi chamado de **Revolução Gloriosa**. Esse processo marcou o fim do absolutismo inglês e beneficiou fortemente a burguesia, que ampliou sua influência política e econômica.

O PARLAMENTO INGLÊS

O Parlamento britânico, criado na Idade Média, é um dos mais antigos do mundo. Inicialmente, era formado apenas por representantes da nobreza. No século XIII, a Coroa convocou representantes dos burgos.

No século XIV, os nobres e o alto clero passaram a compor a Câmara Alta (chamada de Câmara dos Lordes), e os representantes da burguesia, a Câmara Baixa (chamada de Câmara dos Comuns).

MUDANÇAS NO CAMPO

As mudanças na Inglaterra provocadas pela expansão marítima não foram apenas políticas. Além de fornecer aos comerciantes do reino itens a serem comercializados na Europa, as colônias também eram um importante mercado consumidor de produtos ingleses.

Entre esses produtos, os mais procurados eram os tecidos de lã, considerados de excelente qualidade. Os lucros obtidos com seu comércio eram tão grandes que incentivaram os proprietários de terra ingleses, em geral pertencentes à nobreza, a trocar o cultivo de alimentos em suas propriedades pela criação de ovelhas, com o objetivo de fornecer matéria-prima para a indústria têxtil inglesa. Essa atividade necessitava de pouca mão de obra, o que levou muitos camponeses a ficar sem trabalho.

A situação dos camponeses se tornou ainda mais difícil porque, gradualmente, os nobres também se apropriaram das **terras comunais**, que eram utilizadas havia séculos pelos camponeses – ali eles plantavam para garantir sua subsistência e exploravam recursos naturais como madeira, peixes, etc. Essas terras foram cercadas, e os camponeses, impedidos de usá-las. Esse processo, que ocorreu principalmente ao longo do século XVIII, foi chamado de **cercamento**.

Após os cercamentos, alguns camponeses conseguiram permanecer no campo e passaram a trabalhar para os nobres, mas a maioria, sem trabalho e moradia, rumou para as cidades para trabalhar nas manufaturas de tecidos, que necessitavam de mais mão de obra para produzir mais lã.

> **MODERNIZAÇÃO NA AGRICULTURA**
>
> Ao mesmo tempo que ocorriam os cercamentos, as técnicas de cultivo modernizavam-se. Assim, houve aumento na produção de alimentos e melhoria no aproveitamento das áreas cultiváveis. Isso tornou mais eficiente o abastecimento das cidades, levando ao aumento da população urbana.

↓ Adriaen van Diest (atribuído). *Casa de Buckingham, vista noroeste*, 1703-1710. Óleo sobre tela. A imagem retrata a residência do duque de Buckingham, construída sobre parte de uma antiga propriedade medieval.

14

MUDANÇAS NA PRODUÇÃO

Até meados do século XVIII, o sistema de produção dos tecidos ingleses era **artesanal**, e os tecelões trabalhavam em casa. Esses artesãos eram donos das ferramentas que usavam, conheciam as técnicas do trabalho e dominavam todo o processo de produção das mercadorias.

A partir da segunda metade do século XVIII, contudo, essa situação se alterou. O sucesso comercial dos tecidos ingleses incentivou o desenvolvimento de máquinas para otimizar a produção, e burgueses com recursos financeiros passaram a contratar pessoas para trabalhar em um local que reunia trabalhadores e máquinas: a fábrica.

Na fábrica, cada trabalhador executava apenas uma etapa do processo produtivo. Como cada um se especializava em uma só função, havia grande economia de tempo e a produtividade era bem maior, ou seja, produziam-se mais mercadorias em menos tempo. Além disso, o trabalho era realizado sob a vigilância de fiscais, que pressionavam para que os trabalhadores produzissem sem pausas. Exigia-se dedicação total ao longo de muitas horas, e as ferramentas pertenciam ao dono da fábrica, o **capitalista**.

Em troca de pagamento, os trabalhadores entregavam sua força de trabalho ao capitalista. Assim, muitos artesãos passaram a ser **operários**.

Essas profundas alterações na maneira de produzir reduziram o preço final dos tecidos. Com o crescimento do consumo e lucros bem maiores, cada vez mais fábricas foram implantadas.

> ### A CRIATIVIDADE A SERVIÇO DE NOVAS TECNOLOGIAS
>
> Durante o período da Revolução Industrial, como você viu, novas tecnologias foram inventadas e isso tornou possível o surgimento de máquinas, meios de transporte, etc.
>
> Essas inovações não teriam ocorrido se não existissem pesquisadores, estudiosos e curiosos dedicados a criar e a testar os próprios inventos.
>
> 1. Você conhece algum grande cientista ou inventor atual? Em caso afirmativo, qual? Qual é a importância do que essa pessoa descobriu ou criou?
> 2. **APLICAR** Observe as tecnologias na linha do tempo e comente quais delas fazem parte de seu dia a dia.

← Interior de fábrica de tecidos na região de Yorkshire, na Inglaterra. Gravura de 1843.

O DESENVOLVIMENTO TECNOLÓGICO

Um dos equipamentos fundamentais para o desenvolvimento das fábricas na Inglaterra foi o motor a vapor. Ele era movido por vapor comprimido – resultante da ebulição da água –, o que garantia o movimento de rodas e engrenagens.

As primeiras máquinas a vapor surgiram na segunda metade do século XVII. Em 1781, o engenheiro James Watt patenteou um motor a vapor extremamente eficiente que seria definitivo para consolidar o sistema fabril. Entre outras aplicações, esse motor foi usado para movimentar máquinas industriais, que passaram a executar tarefas com maior velocidade e de modo constante.

Também foram desenvolvidas técnicas metalúrgicas cada vez mais sofisticadas, o que propiciou a construção de ferramentas e de caldeiras de ferro muito resistentes e possibilitou a utilização de máquinas a vapor mais potentes na produção industrial.

A organização de trabalhadores em fábricas, aliada às novas tecnologias disponíveis, fez a quantidade de produtos fabricados crescer vertiginosamente, caracterizando o que chamamos de **produção em larga escala**.

NOVOS MEIOS DE TRANSPORTE

A criação das locomotivas a vapor, no início do século XIX, e a expansão das ferrovias tornaram mais veloz e seguro o transporte de pessoas e cargas. Caminhos que antes eram muito difíceis de ser percorridos, cheios de montanhas e pântanos, agora podiam ser transpostos com maior facilidade. A mesma transformação ocorreu no transporte marítimo. Com a instalação de motores a vapor nos navios, a partir do início do século XIX, as viagens marítimas puderam ser mais bem planejadas, pois o deslocamento das embarcações já não dependia apenas da ação dos ventos. Desde então, mais pessoas e maior quantidade de mercadorias puderam transpor grandes distâncias.

As transformações econômicas, tecnológicas e sociais ocorridas na Inglaterra entre o período de 1750 e 1830 foram tão intensas e alteraram tão profundamente a organização daquela sociedade que esse processo ficou conhecido como **Revolução Industrial**.

> **RECURSOS NATURAIS**
>
> Um dos fatores essenciais para o desenvolvimento da Revolução Industrial foi a existência de grandes jazidas de carvão mineral e de ferro na Inglaterra. O carvão mineral foi uma importante fonte de energia para a indústria inglesa, pois era utilizado como combustível das máquinas a vapor. Já o ferro passou a ser indispensável na construção de ferramentas, máquinas, barcos, locomotivas, etc., substituindo a madeira.

↓ Detalhe de litografia de Thomas Mann Baynes (1830), retratando a inauguração da estrada de ferro Canterbury & Whitstable, em Kent, Inglaterra. As locomotivas a vapor tornaram as viagens de longa distância mais seguras e mudaram as paisagens da Inglaterra.

EXPANSÃO DO MODO DE PRODUÇÃO INDUSTRIAL

A Revolução Industrial não ficou restrita à Inglaterra. A instalação de indústrias também ocorreu em outras regiões europeias que tinham tradição manufatureira e reservas de minérios de ferro e de carvão.

Foi o caso do vale do Ruhr (na Prússia, atual Alemanha), da Bélgica e do norte da França. Esses locais sofreram grandes transformações desde as primeiras décadas do século XIX, sobretudo em razão do desenvolvimento de usinas de produção de ferro, ferrovias e fábricas e do surgimento da classe operária.

Cidades como Paris (França) e Berlim (Prússia) passaram por processos semelhantes aos ocorridos nas cidades inglesas de Londres, Liverpool e Manchester: receberam grande número de migrantes vindos do campo e cresceram em população e em desenvolvimento tecnológico.

PAÍSES INDUSTRIALIZADOS E NÃO INDUSTRIALIZADOS

A eficiência da produção industrial, que oferecia grande quantidade de mercadorias a preços muito baixos, provocou a crise do sistema artesanal em todo o mundo.

Na Índia, por exemplo, a técnica de fabricação de tecidos mediante uso de tear praticamente desapareceu por causa da concorrência com os produtos ingleses; em Portugal e na Espanha, muitas pequenas manufaturas faliram. Sem condições de estabelecer indústrias que pudessem concorrer com aquelas dos países já industrializados do continente, os demais países europeus especializaram-se na produção de matérias-primas e de gêneros agrícolas. Com a venda dessas mercadorias, obtinham recursos para a compra de produtos industrializados.

↓ Ignace-François Bonhomme. *Fábricas em Le Creusot em 1848*. Óleo sobre papel. Nessa pintura, feita em 1855, é possível observar a região francesa de Creusot, que se tornou um importante centro de produção industrial.

ATIVIDADES

RETOMAR E COMPREENDER

1. Leia as frases a seguir e coloque os acontecimentos descritos em ordem cronológica.

   a) As medidas de Jaime II descontentaram a burguesia e a Igreja anglicana. Pressionado, o rei abdicou do trono, que foi assumido por Guilherme de Orange.

   b) As tensões entre Carlos I e o Parlamento aumentaram, desencadeando duas guerras civis (1642-1646 e 1648-1651).

   c) O Parlamento inglês apoiou a ascensão de Carlos II, filho de Carlos I, ao poder após a morte de Cromwell. Com a morte de Carlos II, seu irmão Jaime II assumiu o trono.

   d) No governo de Carlos I, o anglicanismo foi imposto a todos os súditos, fossem eles ingleses, escoceses ou irlandeses.

   e) Elaborada pelo Parlamento, a Declaração dos Direitos tornou a Inglaterra uma monarquia parlamentar, beneficiando a burguesia com a ampliação de sua influência política e econômica sobre outros Estados.

   f) Oliver Cromwell assumiu o comando da Inglaterra e instaurou uma república. Em seu governo, ele tomou medidas que estimularam o comércio marítimo e fortaleceram a Marinha inglesa.

2. Explique o que foi o cercamento na Inglaterra e quais foram as consequências desse processo para os trabalhadores camponeses.

3. As máquinas a vapor foram importantes para as mudanças que ocorreram na Europa durante a Revolução Industrial. Comente como essa invenção afetou diferentes meios de transporte.

4. Durante o século XIX, a Revolução Industrial se expandiu para outras regiões. Que outros locais, além da Inglaterra, se industrializaram nas primeiras décadas do século XIX?

5. A Inglaterra é ainda hoje uma monarquia parlamentar. Elabore um texto explicando o processo que levou à consolidação desse sistema de governo entre os ingleses.

APLICAR

6. O texto a seguir comenta a situação dos artesãos durante a Revolução Industrial. Leia o texto e, com um colega, responda às questões.

> [...] a cidade já não precisava deles. Tudo o que tinham aprendido ao longo de muitos anos se tornava inútil. A máquina fazia o mesmo trabalho mais depressa e melhor e, ainda por cima, por um custo muito menor. Evidentemente, uma máquina não precisa comer nem dormir como um ser humano. Ela não precisa descansar. Graças à máquina, o fabricante economizava o que cem tecelões poderiam pretender para ter uma vida feliz e agradável. Era ele que tirava maior proveito da máquina.
>
> Ernst Hans Gombrich. *Breve história do mundo*. São Paulo: Martins Fontes, 2001. p. 287.

   a) Quais vantagens as máquinas ofereciam em relação aos artesãos?

   b) Quem se beneficiava com a introdução das máquinas no processo de produção? Por quê?

   c) De que maneira o uso de máquinas nas indústrias afetava a vida dos artesãos?

7. Observe a imagem a seguir e responda às questões.

↑ *A Declaração de Direitos*, 1688. Óleo sobre tela. Nessa obra, produzida em 1827, o pintor James Northcote buscou retratar o desfecho do processo que levou à instauração da monarquia parlamentar na Inglaterra.

   a) Em que data foi feita essa pintura e qual é o seu tema?

   b) Que imagem o artista buscou transmitir sobre esse fato: de conflito ou de harmonia? Explique.

   c) Você considera que a concepção do artista sobre o fato que representa é fiel ao que, de fato, aconteceu? Justifique sua resposta.

ARQUIVO VIVO

John Locke e o nascimento do liberalismo

John Locke nasceu em Wrington, no sul da Inglaterra, em 1632. Ele estudou na Universidade de Oxford, onde aprendeu filosofia, medicina e ciências naturais. Viveu na Holanda entre 1683 e 1688 e retornou à Inglaterra quando Guilherme de Orange se tornou rei, vindo a falecer nesse país em 1704.

Locke defendia a liberdade, o direito à propriedade, a tolerância religiosa e o direito da sociedade de elaborar as leis às quais se submete. É considerado um dos precursores do liberalismo, conjunto de ideias que estudaremos na próxima unidade.

Leia a seguir um trecho do *Segundo tratado sobre o governo civil*, texto escrito na década de 1680. Nele, Locke defende o direito de as pessoas se apropriarem de terras.

Sir **Godfrey Kneller**. *Retrato de John Locke*, 1697. Óleo sobre tela.

[…] a principal questão da propriedade [é] a terra em si, na medida em que ela inclui e comporta todo o resto […]. A superfície da terra que um homem trabalha, planta, melhora, cultiva, e da qual pode utilizar os produtos, pode ser considerada sua propriedade. Por meio do seu trabalho, ele a limita e a separa do bem comum. Não bastará, para provar a nulidade de seu direito, dizer que todos os outros podem fazer valer um título igual, e que, em consequência disso, ele não pode se apropriar de nada, nada cercar, sem o consentimento do conjunto de seus coproprietários, ou seja, de toda a humanidade. Quando Deus deu o mundo em comum a toda a humanidade, também ordenou que o homem trabalhasse, e a penúria de sua condição exigia isso dele. Deus e sua razão ordenaram-lhe que submetesse a terra, isto é, que a melhorasse para beneficiar sua vida, e, assim fazendo, ele estava investindo [em] uma coisa que lhe pertencia: seu trabalho. Aquele que, em obediência a este comando divino, se tornava senhor de uma parcela de terra, a cultivava e a semeava, acrescentava-lhe algo que era sua propriedade, que ninguém podia reivindicar nem tomar dele sem injustiça.

John Locke. *Segundo tratado sobre o governo civil e outros escritos*. Petrópolis: Vozes, 1994. p. 98 (Coleção Clássicos do Pensamento Político).

Organizar ideias

1. Para John Locke, em que situação alguém pode ser considerado proprietário de uma parcela de terra?

2. Locke expõe o argumento de quem é contrário à propriedade da terra. Localize esse argumento, copie-o no caderno e explique-o com suas palavras.

3. Para Locke, quem dá ao ser humano o direito de se apropriar de uma parcela de terra, desde que trabalhe nela e a melhore?

Capítulo 2
A SOCIEDADE INDUSTRIAL

O processo de industrialização na Inglaterra, a partir do século XVII, levou a profundas mudanças na vida das pessoas. Você sabe que mudanças foram essas?

BURGUESIA E PROLETARIADO

Dois grupos sociais bem distintos se configuraram com a Revolução Industrial: a **burguesia** e o **proletariado**.

O primeiro grupo era formado por proprietários de fábricas, minas, estradas de ferro, bancos, entre outros empreendimentos. Nele, havia a alta burguesia, representada pelos grandes banqueiros, industriais e comerciantes, e a pequena burguesia, composta dos donos de manufaturas e de comércio menores e dos profissionais liberais, como médicos, jornalistas e advogados.

O proletariado era formado pelos trabalhadores cuja sobrevivência dependia do salário pago pelos donos dos empreendimentos. Nesse grupo, estavam os operários das fábricas, que viviam basicamente nas cidades e enfrentavam condições precárias de trabalho e habitação.

Enquanto a burguesia vivia em residências amplas, com vários cômodos que asseguravam conforto e luxo, os operários habitavam moradias miseráveis, em espaços pequenos que abrigavam várias famílias. Esses locais eram insalubres, caracterizados por deficiência no abastecimento de água ou por total ausência de saneamento básico.

Por causa da concentração de indústrias, a população de Londres e de outras cidades inglesas cresceu de maneira rápida e desordenada, ocupando os espaços em torno das fábricas e transformando esses lugares em grandes aglomerados urbanos.

insalubre: que prejudica a saúde.

↓ *Leeds* (1816). Nessa aquarela (em detalhe), Joseph Mallord William Turner retrata a cidade industrial de Leeds, na Inglaterra, no início do século XIX.

CONDIÇÕES DE TRABALHO NA INDÚSTRIA

Além de dependerem dos empresários para ter trabalho e de viverem em condições precárias de habitação, os trabalhadores ingleses enfrentavam outro problema: não existiam leis que definissem a duração da jornada de trabalho, os dias de descanso ou a proteção contra acidentes. O trabalhador acidentado não tinha direito a nenhum tipo de indenização e deixava de receber salário durante o período de afastamento. Se não conseguisse se recuperar, ficava sem trabalho.

O uso de mão de obra infantil era também muito comum. Crianças que viviam em orfanatos eram entregues para trabalhar nas fábricas em jornadas de 14 ou 16 horas diárias. Em pouco tempo, também as crianças que tinham famílias passaram a integrar o grupo de trabalhadores mirins. Aquelas que adormeciam ou conversavam durante a jornada eram castigadas com agressões físicas.

> **LIVRO ABERTO**
>
> *Oliver Twist*, de Charles Dickens. Tradução e adaptação de Sandra Pina. São Paulo: Melhoramentos, 2012.
> Originalmente publicada em capítulos entre os anos de 1837 e 1839, a obra narra a história de Oliver, um garoto órfão que, como grande parte da população, vivia abandonado à própria sorte na Inglaterra que se industrializava. Os acontecimentos vividos por Oliver evidenciam aspectos das classes sociais da época e da realidade que se transformava com as práticas burguesas e industriais do capitalismo.

Crianças trabalhadoras de uma olaria carregando argila. Gravura de 1871.

Homens, mulheres e crianças trabalhavam em salas ou em galpões em que a ventilação e a luminosidade eram bastante deficientes. O ruído do maquinário era ensurdecedor. As piores remunerações eram pagas a mulheres e crianças – estas últimas recebiam cerca de 1/5 do salário dos homens adultos.

Há documentos com relatos de crianças informando que começavam a trabalhar às seis horas da manhã e só paravam às oito e meia da noite, tendo somente meia hora de descanso para almoçar. Algumas delas, que moravam distante do local de trabalho, precisavam acordar às três horas da manhã e chegavam em casa às dez da noite.

Além dessas questões sociais, o processo de industrialização causava impactos urbanos e ambientais. Veja os principais deles no infográfico das páginas a seguir.

Impactos urbanos e ambientais da industrialização

As cidades industriais da primeira metade do século XIX misturavam riqueza e miséria, conforto e insalubridade. As precárias condições de subsistência aumentaram a mortalidade infantil e reduziram a expectativa de vida. Além disso, o crescimento descontrolado dessas cidades gerou sérios problemas ambientais.

Em Londres
Em 1850, a cidade era a mais rica, influente e populosa do mundo, mas a crescente concentração de riqueza deixava a maior parte dos habitantes em extrema pobreza.

Um grave surto de cólera matou dezenas de pessoas na cidade em 1849. A doença foi controlada graças a um mapa elaborado pelo médico John Snow.

Riqueza e pobreza
Enquanto algumas famílias enriqueciam com a indústria, outras sofriam com desemprego, baixos salários e longas jornadas de trabalho. Os mais pobres eram obrigados a colocar suas crianças para trabalhar nas fábricas e contribuir para o orçamento familiar.

Doenças
Com a sujeira, epidemias de diarreia, cólera, varíola, difteria e tuberculose, entre outras doenças, tornaram-se frequentes. Ao mesmo tempo, a medicina buscava entender os mecanismos pelos quais as doenças se espalhavam e como poderiam ser evitadas.

Varredores de rua ganhavam gorjetas para limpar os cruzamentos onde lixo e fezes de animais se acumulavam.

Cidades mais populosas do mundo em 1850

Cidades como Londres e Paris apresentaram um grande crescimento populacional na primeira metade do século XIX por causa de sua industrialização. No entanto, os serviços públicos não estavam preparados para suportar a nova massa de habitantes.

Número de habitantes
- Mais de 1 milhão
- 500 001 a 1 milhão
- 250 000 a 500 000
- Menos de 250 000

Fonte de pesquisa: World's largest cities, 1850. Em: Jean-Paul Rodrigue e outros. *The geography of transport systems*. New York: Routledge, 2017. Disponível em: <https://people.hofstra.edu/geotrans/eng/gallery/Map_World%20Largest%20Cities%201850.pdf>. Acesso em: 12 fev. 2019.

Dano ambiental
Para a construção de novas fábricas, grandes áreas foram desmatadas, desequilibrando o ecossistema dessas regiões. O uso descontrolado das matérias-primas também comprometia a manutenção dos recursos naturais para o futuro.

Poluição do ar
As máquinas a vapor que faziam funcionar fábricas, locomotivas, bombas de água e aquecedores usavam carvão mineral como combustível. Toneladas eram queimadas, produzindo nuvens de fuligem que espalhavam uma poeira tóxica, causando doenças e poluindo a cidade.

Água e esgoto
O abastecimento de água limpa era precário. Os esgotos industriais e domésticos eram despejados nos rios e córregos sem nenhum tratamento, poluindo as águas e provocando doenças.

Limpeza pública
A sujeira se alastrava pelas ruas, e dejetos residenciais e industriais flutuavam pelos rios, causando um intenso mau cheiro. Isso tornava insalubre a vida da população.

COMPREENDER
Conheça a história do médico que salvou Londres e anote quais foram os recursos empregados por ele.

Fontes de pesquisa: Henry Mayhew. *London labour and the London poor*. London: Penguin Classics, 1985; Martin Daunton. London's "Great Stink" and Victorian urban planning. *BBC*, 11 abr. 2004. Disponível em: <http://www.bbc.co.uk/history/trail/victorian_britain/social_conditions/victorian_urban_planning_02.shtml>. Acesso em: 12 fev. 2019.

A ORGANIZAÇÃO DOS TRABALHADORES

As duras condições de vida e de trabalho não eram aceitas passivamente pelos operários. Muitos deles lutavam de diversas formas para que seus interesses fossem atendidos em meio à próspera economia industrial. Essas formas de resistência iam desde a recusa em realizar as funções exigidas na fábrica até a formação de associações de trabalhadores.

As primeiras associações surgiram ainda no século XVIII, na Inglaterra, mas foi apenas no século XIX, no contexto das grandes indústrias fabris, que as organizações de operários passaram a ter uma atuação mais significativa nas reivindicações por melhores condições de trabalho.

No início da década de 1810, por exemplo, trabalhadores da indústria têxtil de algumas cidades inglesas começaram a destruir a marteladas as máquinas das fábricas onde trabalhavam, dando início a um movimento social que ficou conhecido como **ludismo**. O uso das máquinas era visto pelos ludistas como a causa da redução dos salários, da falta de emprego e, consequentemente, da miséria da população operária.

Os ludistas também agiam secretamente enviando cartas anônimas para os donos das indústrias; nessas cartas, exigiam a eliminação do uso das máquinas e o aumento de vagas para os trabalhadores. As autoridades inglesas reprimiram severamente o ludismo e, em 1813, criaram uma lei que previa a punição com a pena de morte àqueles que danificassem os maquinários das indústrias de tecidos. Com o surgimento dos primeiros sindicatos na Inglaterra, o movimento ludista acabou extinto.

Outro importante movimento social foi iniciado ainda na primeira metade do século XIX, por uma associação de trabalhadores, com o envio da **Carta do Povo** ao Parlamento inglês, em 1838. Esse documento reivindicava maior participação política da população operária, exigindo: sufrágio universal masculino, ou seja, que todos os homens, independentemente de sua condição social ou origem, tivessem direito ao voto; o voto secreto; e a participação de representantes dos trabalhadores no Parlamento.

O Parlamento recusou as reivindicações defendidas na Carta, fazendo aumentar a resistência dos trabalhadores, que organizaram greves e outras manifestações. O movimento cartista, como ficou conhecido, também foi duramente reprimido pelas autoridades inglesas, custando a vida de muitos trabalhadores.

Charge publicada em 1838 mostrando um representante do movimento cartista tentando entregar a Carta do Povo.

OS SINDICATOS

As primeiras organizações operárias funcionavam na ilegalidade, até que na década de 1820 o Parlamento inglês descriminalizou a existência desse tipo de associação. Surgiram, então, as organizações conhecidas como **sindicatos**, que tinham como objetivos principais a redução da jornada de trabalho, o aumento salarial e a regulamentação do trabalho infantil.

Ainda que a existência dos sindicatos fosse permitida, o governo inglês manteve a repressão a greves e campanhas por direitos trabalhistas. Vários líderes sindicais foram presos, e alguns foram executados, ao longo do século XIX.

Em 1830, constituiu-se uma associação geral de operários ingleses que reunia mecânicos, fundidores, ferreiros, mineiros, etc. Era a Associação Nacional para a Proteção do Trabalho, liderada por John Doherty, que representava cerca de 100 mil trabalhadores e tinha como objetivo unificar os sindicatos de todas as categorias, além de lutar por salários dignos e apoiar as ações de greve.

Em setembro de 1864 foi fundada, em ato público realizado em Londres, a Associação Internacional dos Trabalhadores (AIT), cuja meta era unificar os movimentos trabalhistas da Europa e das Américas para garantir e proteger a melhoria das condições de trabalho dos operários.

As mulheres tinham importante participação no movimento operário. Além da luta por melhores condições gerais de trabalho, elas se organizavam pela conquista de direitos trabalhistas iguais aos dos homens, como a equiparação salarial, e pelo próprio reconhecimento profissional.

Embora a maioria das propostas de reforma trabalhista não tenha sido aceita de início, ao longo do século XIX os trabalhadores conseguiram a aprovação de leis que melhoraram suas condições de trabalho.

CONQUISTAS DAS LUTAS OPERÁRIAS

Os trabalhadores das fábricas e de outras atividades, como os da mineração de carvão, conseguiram conquistar alguns direitos por meio das organizações sindicais e de suas lutas constantes.

A eclosão de greves e o aumento das reivindicações por melhores salários e condições de trabalho forçaram a criação de leis que protegiam o trabalho feminino e o infantil e estabeleciam limites para as jornadas diárias de trabalho.

Não só na Inglaterra, mas também em outros países da Europa as organizações e os movimentos dos trabalhadores motivaram a criação de uma legislação que regulamentava as relações entre empregadores e empregados.

Ilustração representando trabalhadores reunidos em Londres para a fundação da Associação Internacional dos Trabalhadores, em 1864.

AS MULHERES E SEUS DIREITOS

Como foi apresentado, as mulheres também se engajaram para melhorar as condições de trabalho e reivindicar a igualdade de direitos nas fábricas e em outras atividades, uma vez que elas ganhavam menos que os homens, embora realizassem a mesma função e cumprissem a mesma jornada. Além disso, as operárias eram muitas vezes desrespeitadas e assediadas pelos colegas e pelos patrões no ambiente de trabalho.

É importante lembrar, ainda, que a atividade diária nas fábricas não liberava as mulheres de suas obrigações domésticas, o que as deixava sobrecarregadas. Apesar das conquistas alcançadas, elas estavam sempre em desvantagem em relação aos homens, pela necessidade de cumprir essa dupla jornada. No final do século XIX, ocorreu uma série de manifestações protagonizadas por mulheres que reivindicavam a igualdade política e jurídica entre os sexos.

Na Inglaterra, ficou famoso o movimento das **sufragistas**, que reivindicaram o direito ao voto feminino. A escritora inglesa Mary Wollstonecraft (1759-1797) foi pioneira na defesa desse direito, produzindo livros e manifestos sobre o tema. Suas ideias também influenciaram ativistas estadunidenses como Elizabeth Cady Stanton (1815-1902) e Susan Anthony (1820-1906), que fundaram, em 1869, uma associação para a defesa do voto feminino e viajaram pelos Estados Unidos promovendo os direitos das mulheres. Na maior parte dos países, contudo, as mulheres só puderam votar a partir das primeiras décadas do século XX.

Ilustração que representa uma manifestação durante greve de funcionárias da fábrica de fósforos Bryant e May, em Londres, Inglaterra, em 1888. As operárias protestavam contra as longas jornadas de trabalho e a excessiva cobrança de multas por falarem durante o expediente ou irem ao banheiro sem permissão, além de denunciarem condições de insalubridade. Os cartazes dizem: "Bryant e May devem providenciar melhores condições"; "Protesto – Reforma agora! "; "Uma humilde petição – trabalhadoras da fábrica Bryant e May".

ATIVIDADES

RETOMAR E COMPREENDER

1. Com a Revolução Industrial, configuraram-se dois grupos sociais bem distintos: o proletariado e a burguesia. Explique as características de cada um deles.

2. O que foram os movimentos ludista e cartista?

3. Como surgiram os sindicatos? Qual era o objetivo dessas organizações?

APLICAR

4. Em 1842, um encontro de mineiros ingleses em greve foi descrito em um artigo do jornal *Wolverhampton Chronicle*. Leia um trecho desse artigo e responda às questões a seguir.

> […] um dos maiores encontros que aconteceram desde que a greve começou ocorreu na tarde de quinta-feira em um descampado de Wednesbury. Homens […] marcharam através da cidade de Dudley, uns 10 mil deles carregando faixas que diziam […] "nove horas de trabalho por dia". Disseram que havia 20 mil pessoas no encontro.
>
> Dorothy Thompson. The chartists. Em: Edgar de Decca; Cristina Meneguello. *Fábricas e homens*: a Revolução Industrial e o cotidiano dos trabalhadores. São Paulo: Atual, 1999. p. 65.

a) A reivindicação dos mineiros ingleses estava de acordo com os objetivos dos primeiros sindicatos?

b) O evento ocorreu em 1842, quando já existia a Associação Nacional para a Proteção do Trabalho. Descreva as principais características dessa associação.

c) As greves também ocorrem na atualidade por motivos diversos. Você já leu alguma informação a respeito desse tema, viu na TV ou já presenciou alguma manifestação grevista? Anote no caderno sua opinião sobre o direito de greve.

5. Leia o texto e, depois, responda às questões.

> As fábricas enriqueceram muitos e empobreceram milhares de outros. A pobreza era mais dolorosa nas cidades. O povo do campo sofria com os maus-tratos dos senhores de terras e com os períodos de escassez de alimentos – numa dessas ocasiões os camponeses italianos chegaram a comer feno. Mas os camponeses podiam caçar às escondidas, pegar lenha e comer frutas silvestres; os moradores das cidades não podiam. Quando não eram mais necessários, os operários eram demitidos <u>sumariamente</u>. Não havia seguro social para ajudar os desempregados, os sem-moradia ou os doentes. Muitas pessoas pensavam que a pobreza era resultado de "preguiça". Achavam também que a classe trabalhadora devia ser "mantida no seu lugar", para evitar que "se julgasse melhor do que era" e interrompesse o funcionamento disciplinado e constante das fábricas.
>
> Muitos viviam honestamente […]. Mas alguns tornavam-se criminosos. […] Em 1800, a Grã-Bretanha teve mais de duzentas condenações à forca por delitos como roubo em lojas, roubo de pão, queima de <u>medas</u> de milho ou a destruição de uma das novas máquinas numa fábrica – os governos temiam que os trabalhadores se revoltassem contra as novas fábricas.
>
> Eric Russell Chamberlin. *O cotidiano europeu no século XIX*. São Paulo: Melhoramentos, 1994. p. 34.

meda: amontoado de feixes de trigo, palha, etc.

sumariamente: de modo direto, sem aviso prévio.

a) Que comparação o autor faz entre a vida dos camponeses e a dos operários europeus no século XIX?

b) Como as autoridades inglesas tratavam os delitos cometidos pelos trabalhadores desempregados?

c) De acordo com o que você estudou neste capítulo, por que as autoridades acreditavam que poderia haver depredação das máquinas das fábricas?

ARQUIVO VIVO

Revolução Industrial: circulação de pessoas e de produtos

A Revolução Industrial provocou um grande aumento na produção de mercadorias. Esses produtos precisavam ser distribuídos e comercializados, o que fez com que grande parte do planeta fosse interligado por redes de comércio e surgissem serviços para tornar isso possível.

Redes de comércio mundiais não eram exatamente uma novidade, pois durante a expansão marítima europeia dos séculos XIV e XV foram estabelecidas ligações entre todos os continentes.

Contudo, o desenvolvimento de tecnologias proporcionado pela Revolução Industrial fez com que a quantidade de mercadorias e a velocidade com que elas circulavam passassem a ser muito maiores.

Ao longo do século XIX, essa circulação rompeu as fronteiras nacionais e provocou enormes deslocamentos de pessoas em busca de melhores condições de vida. O mapa a seguir representa parte desses deslocamentos.

Emigrações de europeus (1820-1910)

Pessoas emigradas	Média
Britânicos	13 milhões
Alemães	5 milhões
Irlandeses	4 milhões
Italianos	2 milhões
Russos	2 milhões
Escandinavos	1,7 milhão
Franceses	1,5 milhão

Fonte de pesquisa: Hilário Franco Jr.; Ruy de Oliveira Andrade Filho. *Atlas de história geral.* São Paulo: Scipione, 1997. p. 63.

Além dos serviços criados para possibilitar a circulação de mercadorias, surgiram serviços para divulgá-las. Afinal, para os empresários, era necessário criar, na população, a necessidade de comprar o que era fabricado.

Organizar ideias

1. Observe a imagem, leia a legenda e responda às questões a seguir.

    a) Que benefícios o sabonete anunciado oferece para convencer as pessoas a comprá-lo?

    b) Em sua opinião, por que seria necessário anunciar esse produto?

No campo, o sabão geralmente era produzido em casa, com a utilização de gordura de animais e cinzas. Com a afluência dos trabalhadores nas cidades, a produção caseira de sabão diminuiu. O aumento da procura pelo produto industrializado incentivou mudanças nas fórmulas e nos modos de divulgação desse item. Nesta publicidade, produzida na Inglaterra, no século XIX, o sabonete da marca Pears promete uma "pele saudável, um belo rosto e mãos macias e brancas", além de prevenir "vermelhidão, aspereza e rachadura" e ser o "mais puro e durável sabonete" e, justamente por isso, o "melhor e mais barato".

2. Observe o mapa da página anterior e responda.

    a) De quais países saíram as pessoas que se deslocaram?

    b) Para quais locais essas pessoas foram?

    c) Em sua opinião, que motivos podem ter ocasionado esses deslocamentos?

3. O trecho abaixo faz parte de um depoimento do trabalhador inglês John Birley, publicado em maio de 1849 pelo jornal *The Ashton Chronicle*. Leia-o e responda à questão proposta.

> [...] Nosso período regular de trabalho ia das cinco da manhã até as nove ou dez da noite. No sábado, até as onze, às vezes meia-noite, e então éramos mandados para a limpeza das máquinas no domingo. Não havia tempo disponível para o café da manhã, não se podia sentar para o jantar, nem dispúnhamos de tempo para o chá da tarde. Nós íamos para o moinho às cinco da manhã e trabalhávamos até as oito ou nove horas, quando vinha o nosso café, que consistia de flocos de aveia com água, acompanhado de pão de aveia e cebolas, para dar algum sabor. O jantar consistia de panquecas de aveia cortadas em quatro e amontoadas em duas vasilhas. Uma delas continha panquecas amanteigadas, e a outra, panquecas com melaço. Junto, vinham garrafas de leite. Bebíamos e comíamos com as mãos e depois voltávamos para o trabalho sem que pudéssemos nem ao menos nos sentar para a refeição. [...]
>
> Depoimento de John Birley ao jornal *The Ashton Chronicle*. Disponível em: <http://spartacus-educational.com/IRbirley.htm>. Acesso em: 12 fev. 2019. (Tradução nossa.)

- Como esse documento pode ajudar a explicar os deslocamentos representados no mapa da página ao lado?

INVESTIGAR

Brasil atual: indústrias e meio ambiente

Para começar

A industrialização brasileira avançou significativamente após a Segunda Guerra Mundial (1939-1945), quando se implementou uma política de substituição de importações e deixou-se de focar no modelo agroexportador. A maioria das indústrias fixou-se no eixo Sudeste-Sul do país, mas outros polos também tiveram destaque, como Salvador e Manaus.

Ao iniciar suas atividades, os primeiros conglomerados industriais brasileiros negligenciaram o planejamento ambiental. Dessa forma, muitos terrenos e rios foram contaminados, a qualidade do ar piorou bastante e uma grande quantidade de energia e de matérias-primas foi consumida. Somente a partir dos anos 1970, sob a pressão de movimentos civis que alertavam para a degradação do meio ambiente, é que as autoridades brasileiras passaram a tomar algumas medidas de proteção ambiental.

Um caso representativo foi o da cidade de Cubatão, em São Paulo. Na década de 1980, essa cidade era uma das mais poluídas do país. Em 1983, foi implementado um plano de recuperação ambiental que alcançou grande sucesso. Em 1992, 98% dos causadores da poluição local estavam controlados, e a população de guarás-vermelhos – ave símbolo da região – já havia retornado à cidade, sinalizando a revitalização do lugar.

O PROBLEMA

- Qual é, hoje, o impacto da indústria no meio ambiente das cidades brasileiras?

A INVESTIGAÇÃO

- **Procedimento**: pesquisa documental.
- **Instrumento de coleta**: registros institucionais.

MATERIAL

- livros, revistas ou jornais
- materiais pesquisados na internet
- folhas avulsas de papel
- caneta, lápis de cor e borracha

← A cidade de Cubatão, em São Paulo, ficou conhecida como Vale da Morte, por causa da poluição ambiental provocada pelas indústrias ali instaladas. Foto de 1981.

Procedimentos

Parte I – Coleta de dados e troca de informações

1. Forme grupo com quatro colegas.
2. Façam uma pesquisa sobre as regiões mais industrializadas do estado onde vocês vivem e verifiquem se nelas há um tipo predominante de indústria.
3. Pesquisem sobre as condições ambientais dessas regiões e sobre os cuidados das indústrias locais com o meio ambiente. (Se o estado for altamente industrializado, vocês podem escolher apenas uma das regiões analisadas.) *Sites* de órgãos do governo, de ONGs, de instituições e das próprias indústrias podem fornecer esse tipo de informação.
4. Procurem textos, imagens e outros elementos relevantes para a pesquisa.

Parte II – Consolidação das informações pelo grupo

1. Elaborem um texto coletivo, consolidando as informações que foram pesquisadas. Esse texto deve ser claro, objetivo e composto de: título; apresentação do tema principal; desenvolvimento do tema, com base nos dados coletados na pesquisa; e conclusão.
2. Imagens e outros elementos selecionados pelo grupo, como gráficos e tabelas, podem ser usados para ilustrar e complementar as informações transmitidas no texto, enriquecendo seu conteúdo.

Questões para discussão

1. Quais são as principais indústrias existentes no estado onde vocês vivem?
2. Que cuidados essas indústrias têm tomado para evitar o problema de degradação do meio ambiente?
3. Como é a qualidade do ar e da água dos rios e quais medidas poderiam ser tomadas para melhorar as condições ambientais na cidade onde vocês vivem?

Comunicação dos resultados

Apresentação dos textos e organização das informações

Após a discussão, com o auxílio do professor e com base nas informações levantadas nas pesquisas, um integrante de cada grupo deve ler o texto para a turma, em voz alta. Dessa forma, todos poderão ter acesso aos resultados da pesquisa de cada grupo.

Por fim, no caderno, elaborem uma tabela comparativa com as diferenças e as semelhanças entre as informações apresentadas pelos grupos da turma.

ATIVIDADES INTEGRADAS

RETOMAR E COMPREENDER

1. Leia a seguir um trecho de uma obra de ficção científica escrita com personagens históricas do século XIX.

   > Este movimento combateu a nova tecnologia engendrada pela Revolução Industrial, inovações que ameaçavam os empregos dos trabalhadores ingleses. [...] os manifestantes invadiam fábricas e destruíam seu maquinário. [...] formavam pequenos grupos organizados e disciplinados [...].
   >
   > William Gibson; Bruce Sterling. *A máquina diferencial*. 2. ed. São Paulo: Aleph, 2015. p. 77.

   a) A qual movimento o texto se refere?
   b) Ainda no início do século XIX, a partir da ação de uma associação de trabalhadores que entregou uma carta ao Parlamento, ocorreu outro movimento social importante. Qual é o nome desse movimento?

APLICAR

2. Leia a seguir um artigo do Decreto-lei n. 1402, de 1939, o primeiro da legislação brasileira sobre o direito dos sindicatos. Depois, responda às questões.

   > Art. 3º São prerrogativas dos sindicatos:
   >
   > a) representar, perante as autoridades administrativas e judiciárias, os interesses da profissão e os interesses individuais dos associados, relativos à atividade profissional;
   >
   > b) fundar e manter agências de colocação;
   >
   > c) firmar contratos coletivos de trabalho;
   >
   > d) eleger ou designar os representantes da profissão;
   >
   > e) colaborar com o Estado, com órgãos técnicos e consultivos no estudo e solução dos problemas que se relacionam com a profissão;
   >
   > f) impor contribuições a todos aqueles que participam das profissões ou categorias representadas.
   >
   > Decreto-lei n. 1402, de 5 de julho de 1939. Disponível em: <http://www.planalto.gov.br/ccivil_03/decreto-lei/Del1402.htm>. Acesso em: 12 fev. 2019.

   a) Qual dos itens desse artigo é semelhante a um dos objetivos dos primeiros sindicatos ingleses?
   b) Em 2017, uma reforma nas leis trabalhistas brasileiras eliminou a contribuição obrigatória dos trabalhadores para os sindicatos, determinada pelo item f. Você é favorável ou contrário a essa eliminação? Justifique.

3. Leia o texto abaixo. Em seguida, responda às questões e faça o que se pede.

   > Nossa tendência ainda é perguntar: ela [a Revolução Industrial] deixou as pessoas em melhor ou em pior situação? E até que ponto? [...] em suas fases iniciais ela destruiu seus antigos estilos de vida, deixando-os livres para descobrir ou criar outros novos, se soubessem ou pudessem.
   >
   > Existe, na verdade, uma relação entre a Revolução Industrial como provedora de conforto e como transformadora social. As classes cujas vidas sofreram menor transformação foram também, normalmente, aquelas que se beneficiaram de maneira mais óbvia em termos materiais [...].
   >
   > Assim, salvo para melhor, a aristocracia e os proprietários de terra britânicos foram pouquíssimo afetados pela industrialização. Suas rendas inflaram com a procura de produtos agrícolas, com a expansão das cidades (em solos de sua propriedade) e com o desenvolvimento de minas, forjas e estradas de ferro [...].
   >
   > Eric J. Hobsbawm. Da Revolução Industrial inglesa ao imperialismo. Em: Adhemar Marques e outros. *História contemporânea através de textos*. São Paulo: Contexto, 1994. p. 34-35.

   a) De acordo com o primeiro parágrafo, de que modo a Revolução Industrial modificou o estilo de vida das pessoas?
   b) Segundo o autor, quais grupos sociais se beneficiaram com ganhos materiais promovidos pela Revolução Industrial?
   c) Comente sobre a importância das minas e das estradas de ferro durante a Revolução Industrial.

ANALISAR E VERIFICAR

4. Observe no mapa as linhas férreas construídas na ilha da Grã-Bretanha no século XIX. Em seguida, responda às questões.

Fonte de pesquisa: *Atlas histórico*. Madrid: SM, 2005. p. 106.

a) Qual é a relação entre as principais regiões manufatureiras e as linhas férreas?

b) Muitas dessas linhas férreas alcançavam o litoral do país. Em sua opinião, por que isso acontecia?

c) As principais cidades da Grã-Bretanha no século XIX estão representadas no mapa. Essas cidades correspondiam às áreas de maior concentração populacional na época. Explique a relação entre a concentração populacional e a presença de indústrias nessas áreas.

5. A Nova Zelândia foi o primeiro país do mundo a implantar o voto feminino, ainda no século XIX, em 1893. Atualmente, no Brasil, as mulheres podem votar e ser eleitas. No entanto, a representatividade feminina em cargos públicos ainda é baixa. Na cidade onde você mora, quantas mulheres exercem o cargo de vereadora? Pesquise e anote no caderno.

6. Observe a tabela abaixo e, depois, responda às questões.

PRODUTIVIDADE DOS OPERÁRIOS DA INDÚSTRIA INGLESA DE TECIDOS (SÉCULO XIX)		
Período	Número de horas de trabalho	Produção por operário (unidades)
1829-1831	100	100
1844-1846	87	372
1859-1861	87	708
1880-1882	82	948

Fonte de pesquisa: Gustavo de Freitas. *900 textos e documentos de História*. Lisboa: Plátano, s. d. p. 203.

a) Em que período o número de horas equivalia ao número de unidades produzidas por um operário?

b) O que aconteceu com a produtividade dos operários durante o século XIX?

c) Com base no que você estudou nesta unidade, explique as razões que levaram a essa mudança na produtividade.

CRIAR

7. Imagine que você seja um operário que trabalha em uma fábrica inglesa no século XIX. De acordo com o que você estudou nesta unidade, crie um texto contando como é seu dia a dia, tanto em casa como no trabalho. Você e os colegas devem combinar com o professor uma data na qual os textos serão lidos em sala de aula, para que o resultado desta atividade seja compartilhado.

8. Na atividade 3 da abertura desta unidade, você refletiu sobre os momentos em que é criativo. Você usa a criatividade ao realizar atividades em grupo? Como você se relaciona com os colegas em atividades coletivas? Sabe dialogar e respeitar a opinião de todos? Com o auxílio do professor, participe de uma roda de conversa com os colegas e debata a respeito dos tipos de ação que favorecem o trabalho colaborativo.

33

IDEIAS EM CONSTRUÇÃO - UNIDADE 1

Capítulo 1 – Revoluções na Inglaterra
- Identifico as transformações na sociedade inglesa provocadas pela exploração das colônias e pelo comércio ultramarino?
- Identifico os diferentes interesses da burguesia e dos monarcas ingleses durante o século XVII?
- Compreendo a importância da Revolução Gloriosa e da Declaração dos Direitos?
- Relaciono a Revolução Gloriosa com o fortalecimento da burguesia e as mudanças na economia inglesa?
- Compreendo o processo de cercamento e suas consequências para os trabalhadores do campo?
- Compreendo a passagem do sistema artesanal para o sistema fabril?
- Identifico os impactos da Revolução Industrial na produção das mercadorias e no comércio?
- Identifico, além da Inglaterra, as outras regiões da Europa que passaram pelo processo de industrialização?
- Compreendo as ideias do pensador John Locke sobre a economia?

Capítulo 2 – A sociedade industrial
- Reconheço as novas classes sociais que se formaram com a Revolução Industrial?
- Identifico os impactos da Revolução Industrial na forma de trabalhar e de viver dos trabalhadores?
- Reconheço as características das cidades que cresceram após a instauração do sistema fabril?
- Compreendo os motivos que levaram à organização dos trabalhadores no século XIX e as principais reivindicações dessas pessoas?
- Reconheço a importância da atuação das mulheres na conquista de direitos e de melhores condições de trabalho na Inglaterra?

 VERIFICAR
Confira os conhecimentos adquiridos na unidade organizando suas ideias e resolvendo as atividades propostas.

ILUMINISMO E INDEPENDÊNCIA DOS ESTADOS UNIDOS

UNIDADE 2

Ao longo do século XVIII, na Europa, o absolutismo e o mercantilismo foram questionados. Nesse contexto, surgiu o Iluminismo, um conjunto de ideias que repensava a organização social, econômica e política vigente. Não por acaso, nesse mesmo período, no continente americano, ocorreu a independência das treze colônias que pertenciam à Coroa inglesa. Dessas colônias se formaram, então, os Estados Unidos da América.

CAPÍTULO 1
O Iluminismo

CAPÍTULO 2
A independência dos Estados Unidos da América

PRIMEIRAS IDEIAS

1. Você acha que a divulgação de todo e qualquer conhecimento é importante para a humanidade? Por quê?

2. Há filmes e séries de televisão que abordam a luta pela independência dos Estados Unidos da América. Você já viu algum? Qual?

3. A divulgação de informações pode ser feita de muitas maneiras. Pense em uma forma de divulgação que já existia no século XVIII e que ainda é usada nos dias de hoje.

LEITURA DA IMAGEM

1. Observe as pessoas da fotografia. Em sua opinião, o que elas têm em comum?

2. Você já participou de um evento parecido com esse?

3. A imagem faz parte de um importante evento cívico nos Estados Unidos. As manifestações cívicas se relacionam a valores e práticas de compromisso com a coletividade e com as políticas de um Estado. Dê exemplo de uma regra coletiva que você respeita na escola, ou seja, um compromisso que compartilha com os colegas.

4. **ANALISAR** Veja alguns deveres importantes para o exercício da cidadania. Depois, liste no caderno quais deveres você pratica em seu dia a dia.

Comemoração do 4 de Julho no Museu Histórico de Chicago, em Illinois, Estados Unidos da América. Foto de 2017.

Capítulo 1
O ILUMINISMO

As sociedades europeias que viviam sob governos absolutistas eram profundamente hierarquizadas. A partir do século XVIII, essa situação passou a ser questionada com mais veemência pelo movimento iluminista. O que você entende por Iluminismo? Por que esse movimento de contestação ao absolutismo foi assim denominado?

intervencionismo: política que promove a intervenção do Estado na economia do país, inclusive na iniciativa privada.

protecionismo: adoção de medidas econômicas para proteger a produção de uma região ou um país, sobretudo pela taxação de produtos estrangeiros.

↓ *A coroação de Luís XVI.* Detalhe de gravura do século XVIII, de autoria desconhecida. Na cena, estão representados membros do Primeiro Estado, o clero, e do Segundo Estado, a nobreza.

AS SOCIEDADES DA EUROPA MODERNA

No volume anterior da coleção, vimos que, no período conhecido como Idade Moderna, entre o final do século XV e o século XVIII, a organização social e política de vários reinos da Europa se caracterizava principalmente pela **monarquia absolutista**. Os monarcas definiam as leis, julgavam os indivíduos, controlavam as atividades econômicas e comandavam o exército e o governo.

Considerado divino e incontestável, o poder dos monarcas absolutistas era hereditário, ou seja, definido pelo nascimento. A origem ou o nascimento também determinava a posição de cada indivíduo na sociedade. Na França daquele período, por exemplo, compreendia-se que a sociedade era dividida em três estamentos ou grupos sociais. O Primeiro Estado era representado pelo clero, o Segundo Estado era formado pela nobreza e o Terceiro Estado era constituído pela burguesia, pelos camponeses e pelos trabalhadores urbanos.

Como a posição social era definida pela origem do indivíduo, não havia, em princípio, mobilidade social. Assim, apesar do dinamismo mercantil e do enriquecimento dos burgueses, estes sempre fariam parte do Terceiro Estado, que tinha pouco espaço nas decisões políticas do reino. Sem poder político, a burguesia era obrigada a seguir, em seus negócios, as regras mercantilistas impostas pelo rei e por seus ministros, caracterizadas pelo protecionismo e pelo intervencionismo.

AS IDEIAS ILUMINISTAS

Cientistas, matemáticos, filósofos e intelectuais de diversas áreas do conhecimento contestaram, em livros e cartas, os princípios que regiam a sociedade absolutista. Eles defendiam a ideia de que era possível reorganizar a sociedade em outras bases, de modo que a posição social de cada indivíduo não fosse tão rigidamente definida por sua origem e que a Igreja não tivesse tanto poder.

No entanto, para isso, era necessário que o homem priorizasse a razão na busca do **conhecimento**, desligando-se de valores essencialmente religiosos. Esse movimento filosófico recebeu o nome de **Iluminismo**.

Para os iluministas, a divulgação do conhecimento era fundamental. Por isso, uma equipe de estudiosos, dirigida pelos franceses Denis Diderot (1713-1784) e Jean le Rond d'Alembert (1717-1783), produziu uma obra chamada *Enciclopédia*. Essa obra pretendia ser um resumo de tudo o que os europeus ocidentais conheciam ou haviam produzido até então. Dividida em 28 volumes, foi publicada entre 1751 e 1772.

O LIBERALISMO

O pensamento político iluminista ficou conhecido por defender o **liberalismo político**. Os iluministas acreditavam que os homens eram livres por natureza e iguais em direitos, por isso deveriam organizar-se socialmente segundo seus talentos e seu trabalho, e não por privilégios de nascimento.

Assim, os filósofos iluministas difundiram a ideia de que a sociedade deveria ser governada por leis, e não pela vontade dos monarcas, e que caberia a um grupo de representantes da sociedade criar essas leis. Caso esse grupo não correspondesse aos interesses sociais coletivos, ele deveria ser destituído.

> **LIVRO ABERTO**
>
> *Robinson Crusoé*, de Daniel Defoe. São Paulo: Scipione, 2012 (Coleção Reencontro).
>
> Esse clássico da literatura universal, originalmente publicado em 1719, foi uma das primeiras obras a abordar ideias iluministas, como o valor do indivíduo e do conhecimento. O marinheiro inglês Robinson Crusoé sobrevive a um naufrágio e se refugia em uma ilha deserta, onde passa a lutar pela própria sobrevivência.

 COMPREENDER

Conheça a história da criação da *Enciclopédia* e registre quais eram as áreas do conhecimento contempladas por essa obra.

COMPREENDER

Leia trechos da obra *Cândido*, de Voltaire, e identifique quais apresentam críticas à religião e quais criticam a nobreza e a monarquia.

FILÓSOFOS ILUMINISTAS

Como vimos, os filósofos iluministas questionaram a ordem vigente até então, posteriormente chamada de **Antigo Regime** por seus críticos.

No decorrer do século XVIII, o Iluminismo se consolidou como uma corrente de pensamento variada e composta de diversos intelectuais. Conheça, a seguir, os principais pensadores vinculados a esse movimento.

DESCARTES

René Descartes (1596-1650) foi um pensador francês que se dedicou principalmente a buscar uma base para o pensamento filosófico, rompendo com tradições anteriores.

Foi o criador do **método cartesiano**, que se baseia na realização de quatro tarefas (verificar, analisar, sintetizar e enumerar), a fim de provar a existência de alguma coisa, fenômeno ou fato. É sua a célebre frase: "Penso, logo existo".

VOLTAIRE

O pensador francês Voltaire (1694-1778), pseudônimo de François-Marie Arouet, chamou a atenção para a tolerância religiosa, defendendo um Estado laico em que todos tivessem o direito de manifestar a própria fé, sem a imposição de outra.

Voltaire também defendia a liberdade de expressão, ou seja, a possibilidade de todas as pessoas expressarem suas ideias sem serem reprimidas por governantes ou por religiosos.

O conhecimento eclético de Voltaire possibilitou a esse autor apresentar uma vasta produção literária, de gêneros diversos, como peças de teatro, romances, poemas e ensaios.

laico: que é independente da religião ou das instituições do clero.

Charles Lemonnier. *Leitura da tragédia O órfão da China, de Voltaire, no salão de madame Geoffrin*, 1812. Óleo sobre tela. Em meados do século XVIII, filósofos iluministas, outros pensadores e a elite parisiense se reuniam em salões literários com o intuito de promover e discutir novas ideias.

40

LOCKE

Na unidade 1 deste livro, foi apresentado um texto do filósofo inglês John Locke (1632-1704). Considerado um dos precursores do Iluminismo, Locke defendia a liberdade e a tolerância religiosa e condenava o absolutismo.

Ele concebeu a teoria política de que o Estado deve assegurar os direitos naturais do povo, como a proteção à vida, o direito à liberdade e a garantia da propriedade. Além disso, Locke acreditava que o poder dos governantes só era legítimo se atendesse aos interesses da sociedade como um todo.

MONTESQUIEU

O barão de Montesquieu (1689-1755), filósofo francês, entendia que o poder do Estado deveria ser dividido em três – Poder Executivo, Poder Legislativo e Poder Judiciário –, e não se concentrar em uma única pessoa, o que para ele facilitava os abusos e a tirania. Montesquieu apresentou essa teoria em sua obra mais importante, o livro *O espírito das leis*.

JEAN-JACQUES ROUSSEAU

Jean-Jacques Rousseau (1712-1778), pensador suíço, era a favor da participação popular irrestrita no poder. Ele afirmava que um bom governo era resultado de um pacto, um **contrato social** baseado em leis feitas por representantes de todos os segmentos sociais. Todos teriam direito ao voto, e o governo deveria atender aos interesses da maioria. Assim, seria formada uma **democracia**.

Rousseau participou da *Enciclopédia*, de Denis Diderot e Jean le Rond D'Alembert, escrevendo sobre música, o que demonstra como era eclético o conhecimento dos pensadores da época.

Outra contribuição importante de Rousseau foi a obra *Emílio ou Da educação*, que alcançou grande sucesso quando foi lançada. Esse livro trata do tema da educação em uma história ficcional de um órfão nobre e rico. Nele, o autor expõe a ideia de que, para educar uma criança, é necessário considerar os seus instintos naturais.

> ### O VOTO É PARA TODOS?
> Os iluministas não tinham uma visão única acerca do voto e da representatividade política e social. Alguns, como Jean-Jacques Rousseau, propunham o voto universal, enquanto outros, como Montesquieu, acreditavam que apenas a elite intelectual e financeira deveria ter direito a participar das eleições.
>
> 1. Em sua opinião, o que é mais justo: o voto universal ou o voto restrito a alguns setores da sociedade? Justifique.
> 2. **APLICAR** Observe as imagens, leia as legendas e organize os dados apresentados em uma linha do tempo.

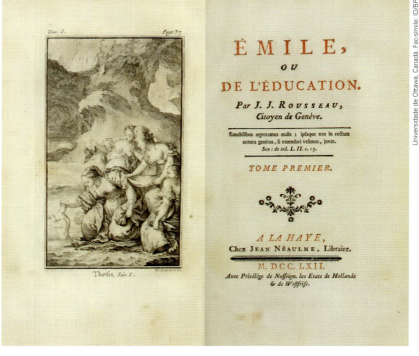

↓ Reprodução de frontispício da primeira edição de *Emílio ou Da educação*, obra de Rousseau, publicada em 1762.

ADAM SMITH E O LIBERALISMO ECONÔMICO

O escocês Adam Smith (1723-1790) foi um dos mais importantes teóricos do **liberalismo econômico**. Seu principal livro, *A riqueza das nações*, foi publicado em 1776. Nessa obra, o autor criticou as teses mercantilistas que defendiam o acúmulo de metais como indicador de riqueza de uma nação.

Para Smith, a riqueza de um país era gerada pelo **trabalho**. Devia-se buscar, então, tornar o trabalhador mais produtivo, o que seria possível com a divisão e a especialização do trabalho.

O aumento da produtividade geraria excedentes de valor, que, por sua vez, elevariam os investimentos e o mercado consumidor. Todo esse processo formaria o capital que garantiria a riqueza de um país.

Adam Smith defendia a livre-concorrência, que, na França, ganhou forma no lema *Laissez-faire, laissez-passer*, que significa "Deixe fazer, deixe passar". De acordo com essa concepção, sem o controle do Estado, os empresários disputariam o mercado consumidor. Assim, para ganhar esse mercado, eles teriam de elevar a qualidade de seus produtos e oferecer melhores preços.

Com base nessas ideias, Smith também reprovava a prática mercantilista do exclusivo colonial, ou seja, a determinação de que as colônias fizessem trocas comerciais apenas com a Metrópole. Em sua opinião, o **livre-comércio** entre as nações era importante para que houvesse mais lucro.

↑ Estátua de Adam Smith. Foto de 2014. Essa escultura em homenagem ao filósofo integra um conjunto de obras que destacam pensadores importantes e estão localizadas no centro histórico de Edimburgo, na Escócia.

O DESPOTISMO ESCLARECIDO

O Iluminismo surgiu na Europa em defesa de ideais contrários aos do absolutismo. Contudo, a partir da segunda metade do século XVIII, o racionalismo, que se tornara notório entre os filósofos iluministas, foi adotado por alguns governantes absolutistas. Aqueles que conciliaram tanto as práticas do racionalismo quanto as do absolutismo passaram a ser conhecidos como **déspotas esclarecidos**.

Os mais famosos déspotas esclarecidos foram José II, da Áustria, Frederico II, da Prússia, e Catarina II, da Rússia, além do português José I. Eles aliaram uma crescente centralização monárquica a medidas de valorização da educação, de fortalecimento da economia e de ruptura das relações entre a Igreja e o Estado.

TENSÕES NA AMÉRICA PORTUGUESA

Dom José I (1714-1777), déspota esclarecido de Portugal, tinha como primeiro-ministro o Marquês de Pombal (1699-1782). A partir da década de 1750, Pombal implementou uma série de medidas com o objetivo de incrementar a atividade econômica na América portuguesa e aperfeiçoar a arrecadação de impostos. Se, por um lado, essas medidas aumentaram os rendimentos da Metrópole, por outro, prejudicaram os negócios da elite colonial. Essa situação acabou por provocar fortes tensões entre Portugal e a América portuguesa.

ATIVIDADES

RETOMAR E COMPREENDER

1. No caderno, monte um quadro comparativo entre o Antigo Regime e o Iluminismo contemplando os seguintes itens:
   - política;
   - economia;
   - sociedade.

2. O que Adam Smith defendia em relação à economia de um país?

APLICAR

3. Observe a imagem abaixo, que representa o sistema circulatório de um homem.

← Ilustração de anatomia da *Enciclopédia*, de Diderot e D'Alembert, 1763.

a) Qual foi a primeira impressão que você teve ao observar essa ilustração?

b) Essa imagem ilustra um artigo da *Enciclopédia* que trata de anatomia humana. Mas esse é só um dos muitos temas abordados pela obra. Explique por que a *Enciclopédia* aborda temas tão diversos.

c) Por divulgar conhecimentos diversos, a *Enciclopédia* foi uma publicação muito importante para sua época (século XVIII). Hoje, onde podemos obter grande número de informações sobre assuntos variados?

4. Leia a seguir um trecho da obra *Do contrato social*, de Rousseau. Depois, responda às questões propostas.

> Se eu considerasse tão somente a força e o efeito que dela deriva, diria: Enquanto um povo é constrangido a obedecer e obedece, faz bem; tão logo ele possa sacudir o jugo e o sacode, faz ainda melhor; porque, recobrando a liberdade graças ao mesmo direito com o qual lha arrebataram, ou este [direito] lhe serve de base para retomá-la ou não se prestava em absoluto para subtraí-la. Mas a ordem social é um direito sagrado que serve de alicerce a todos os outros. Esse direito, todavia, não vem da Natureza; está, pois, fundamentado sobre convenções. [...]
>
> Visto que homem algum tem autoridade natural sobre seus semelhantes e que a força não produz nenhum direito, só restam as convenções como base de toda a autoridade legítima existente entre os homens.
>
> Jean-Jacques Rousseau. *Do contrato social*. São Paulo: Nova Cultural, 1999. p. 60-61.

constrangido: no sentido do texto, forçado.
convenção: acordo.
jugo: domínio.

a) Rousseau afirma que a ordem social, ou seja, a forma como a sociedade é organizada para preservar os indivíduos, não vem da natureza. Como então essa ordem se estabeleceria?

b) Podemos considerar as leis um tipo de convenção, como propõe o texto? Justifique.

c) Você concorda com a ideia de Rousseau de que a força não produz nenhum direito? Converse com os colegas e, em seguida, anote sua opinião no caderno.

5. Ainda hoje, costuma-se explicar alguns acontecimentos por meio de crenças populares. Discuta com os colegas as questões a seguir.

a) Você conhece alguma crença popular? Em caso afirmativo, qual?

b) Por que coexistem, em nossa sociedade, explicações científicas e explicações com base em crenças populares para fatos do cotidiano?

AMPLIANDO HORIZONTES

O Neoclassicismo

O Iluminismo e os valores da burguesia em ascensão influenciaram a cultura europeia ao longo do século XVIII e início do XIX, encontrando manifestações na arte, em especial na pintura, na escultura e na arquitetura. Conhecida como **neoclássica**, essa arte foi fortemente inspirada pela cultura clássica greco-romana, em um movimento similar ao que acontecera durante o Renascimento.

Esse processo foi facilitado por descobertas arqueológicas ocorridas em meados do século XVIII, na Itália, quando começaram as escavações das cidades de Pompeia e Herculano, soterradas pelas cinzas de uma erupção do vulcão Vesúvio em 79 d.C. As escavações revelaram murais, esculturas, residências, templos e anfiteatros. A partir desses achados, estudiosos e artistas puderam ter maior contato com a arte da Roma Antiga.

O Neoclassicismo combinou razão e simplicidade, preocupando-se com a proporção e o equilíbrio, em contraposição a temas religiosos que marcaram estilos artísticos em voga anteriormente, como o **barroco** e o **rococó**, que eram conhecidos pelo forte apelo emocional e pelo uso de formas sinuosas e assimétricas.

Um dos mais importantes pintores do Neoclassicismo foi o francês Jacques-Louis David (1748-1825), que em suas obras retratou personagens e episódios épicos ou políticos. Na escultura, os temas preferidos dos escultores eram a mitologia greco-romana, além de personagens históricas. Na arquitetura, valorizaram-se os planos simétricos e o equilíbrio das formas, com a utilização de elementos como colunas e frontões.

> **assimétrico:** que não apresenta simetria, ou seja, é desprovido de equilíbrio e harmonia.
>
> **frontão:** elemento arquitetônico de formato triangular que comumente decora o topo da fachada principal de um edifício.
>
> **sinuoso:** que tem curvas.

↑ Jacques-Louis David. *O juramento dos Horácios*, 1784. Óleo sobre tela. Produzida durante a estadia do pintor em Roma, a pintura foi inspirada em uma tragédia romana sobre duas famílias que entram em disputa pelo destino de suas cidades e precisam colocar o bem coletivo acima de seus interesses individuais.

↑ Igreja de Santa Madalena, conhecida como La Madeleine, Paris, França. Inaugurada em 1842, o edifício levou quase um século para ser finalizado e foi inspirado no Panteão romano. Foto de 2014.

↑ Jean-Baptiste Pigalle. *Mercúrio amarrando suas sandálias aladas*, 1744. Na mitologia greco-romana, Mercúrio (ou Hermes) é o mensageiro dos deuses e uma figura bastante versátil, acumulando diversas aptidões.

← Teatro de Santa Isabel em Recife (PE). Inaugurado no ano de 1850, é um dos principais exemplares de arquitetura neoclássica no Brasil. Foto de 2018.

Para refletir

1. O que foi a arte neoclássica?
2. No século XVIII, que fator favoreceu o processo de produção de obras de arte neoclássicas?
3. Cite um valor iluminista que pode ser observado na arte neoclássica.
4. Na cidade ou no estado em que você vive, há alguma construção que se pareça com os exemplos mostrados nessas páginas? Converse com os colegas sobre isso.

Capítulo 2
A INDEPENDÊNCIA DOS ESTADOS UNIDOS DA AMÉRICA

Desde o início da colonização inglesa na América, as colônias do Norte sofreram menor controle da Inglaterra do que as colônias do Sul. Como essa diferença influenciou os rumos tomados pelas treze colônias inglesas durante o processo de independência dos Estados Unidos?

O COMÉRCIO TRIANGULAR

Nas Treze Colônias, como era chamado o território dominado pelos ingleses na América do Norte, havia uma distinção clara entre a organização social e econômica das colônias do sul e a das colônias do norte.

As colônias do sul, bem como as colônias inglesas do Caribe, cultivavam produtos agrícolas em grande escala para exportação, com mão de obra escrava. Nas colônias mais ao norte – Massachusetts, Connecticut, New Hampshire e Rhode Island –, conhecidas como Nova Inglaterra, predominavam as propriedades familiares voltadas ao cultivo de produtos agrícolas para o abastecimento do mercado interno. Nessa região, também se desenvolveu uma importante indústria naval.

Até meados do século XVIII, os comerciantes da Nova Inglaterra negociavam com outras regiões, dentro e fora das Treze Colônias, praticamente sem interferência da Metrópole inglesa. Eles vendiam madeira, cereais e tecidos para as colônias do sul e das Antilhas, conjunto de ilhas localizadas na região do Caribe. Das colônias inglesas do sul e das Antilhas, esses comerciantes compravam algodão, açúcar e melaço de cana. O rum, produzido do melaço, era trocado por cativos no continente africano. Os escravizados eram vendidos nas colônias do sul. As relações econômicas estabelecidas entre essas regiões foram chamadas de **comércio triangular**.

↓ New Amsterdam, vila fundada por holandeses na ilha de Manhattan, que passou para o domínio britânico no fim do século XVII e foi renomeada mais tarde como Nova York. Nesse local, havia um porto importante para o comércio triangular. Gravura de 1659.

A GUERRA DOS SETE ANOS

A partir do século XVIII, as ambições da Coroa britânica, interessada nos lucros do comércio triangular (no qual não tinha participação direta), passaram a gerar conflitos e tensões entre ela e os colonos da Nova Inglaterra, que queriam a todo custo manter a própria autonomia.

As tensões entre a Metrópole e as Treze Colônias assumiram grandes proporções a partir da Guerra dos Sete Anos (1756-1763). O conflito envolveu principalmente a França e a Inglaterra, que disputavam territórios coloniais na América do Norte. Os colonos, de maneira geral, lutaram ao lado do Exército britânico, e os franceses contaram com alguns grupos indígenas como aliados.

A Inglaterra venceu a Guerra dos Sete Anos e conquistou extensos territórios (observe o mapa abaixo), porém terminou o conflito com sérios problemas financeiros. A Coroa inglesa afirmava que a guerra tinha sido realizada para proteger os colonos ingleses dos avanços dos franceses e que, por isso, as Treze Colônias deveriam ajudar a recuperar as finanças da Coroa pagando novos impostos.

Além dos novos impostos, os colonos tiveram contrariada a pretensão de expandir seu domínio territorial. Isso ocorreu porque, como grande parte dos indígenas tinha se aliado aos franceses, a Coroa inglesa, para apaziguá-los, estipulou na **Proclamação de 1763** que as terras a oeste dos montes Apalaches ficariam reservadas aos nativos. Essa determinação impedia os colonos de se apropriarem de terras nas quais tinham grande interesse. Observe no mapa a seguir a linha que indica essa delimitação do território.

> ### A PROCLAMAÇÃO DE 1763
>
> Leia a seguir trechos da Proclamação de 1763:
>
> [...] é justo, razoável e essencial ao nosso interesse e à segurança de nossas colônias que as várias nações ou tribos indígenas, com as quais estamos ligados e que vivem sob nossa proteção, não sejam molestadas ou perturbadas na posse de terras de nossos domínios e territórios que, não tendo sido cedidas por eles ou compradas por nós, são reservados a eles [...].
>
> [...] a fim de que os indígenas possam ser convencidos de nossa justiça e determinação de remover toda causa razoável de descontentamento, nós [...] estritamente ordenamos e exigimos que nenhuma pessoa faça qualquer compra [de terras] a não ser naquelas partes de nossas colônias onde achamos apropriado permitir a colonização [...].
>
> *Encyclopedia Britannica*. Proclamation of 1763. Tradução nossa. Disponível em: <https://www.britannica.com/event/Proclamation-of-1763>. Acesso em: 24 jul. 2018.

América do Norte após a Guerra dos Sete Anos (século XVIII)

Fontes de pesquisa: Geoffrey Parker. *Atlas Verbo de história universal*. Lisboa-São Paulo: Verbo, 1996. p. 80; Geoffrey Wawro (Consultor). *Atlas histórico*: historia del mundo. Potsdam: H. F. Ullmann, 2013. p. 277.

CONFLITOS ENTRE OS COLONOS E A METRÓPOLE

Para aumentar a arrecadação de impostos, a Coroa inglesa criou uma série de leis nas décadas de 1760 e 1770. A primeira ficou conhecida como **Lei do Açúcar**, aprovada em 1764. Como parte do comércio triangular, os comerciantes da Nova Inglaterra compravam produtos, como açúcar e melaço, das Antilhas, onde havia colônias francesas, inglesas e espanholas, escolhendo entre aquelas que oferecessem produtos a menores preços.

A Lei do Açúcar impunha novas taxas aos carregamentos de produtos que fossem comprados em colônias não inglesas das Antilhas, o que encareceu vários produtos e obrigou os colonos a adquirir o melaço apenas das Antilhas inglesas.

Em 1765, a **Lei do Selo** determinava que qualquer material impresso (documentos legais, cartazes, jornais, etc.) só poderia circular nas Treze Colônias se tivesse um selo de autorização da Coroa inglesa. Esse selo era vendido por um preço alto, o que aumentava a carga de impostos sobre os colonos. Inconformados, estes suspenderam as atividades mercantis com a Inglaterra até conseguir a revogação dessa lei, em 1766.

Em 1773, a Coroa inglesa criou a **Lei do Chá**, que obrigava os colonos a comprar chá apenas da Companhia Britânica das Índias Orientais, em Londres. Essa medida prejudicava os colonos, pois eles produziam e comercializavam chá no mercado interno. Em protesto, em dezembro daquele ano, um grupo de 150 colonos disfarçados de indígenas jogou ao mar um carregamento de chá que havia chegado da Europa em três navios ancorados no porto de Boston, na colônia de Massachusetts. O protesto ficou conhecido como **Festa do Chá de Boston** (*Boston Tea Party*).

A destruição de chá no porto de Boston. Litogravura de Sarony e Major, publicada em 1846. Na imagem, é possível observar os colonos caracterizados de indígenas.

AS LEIS INTOLERÁVEIS

Em 1774, em reação ao protesto realizado em Boston, a Coroa inglesa aprovou uma série de leis que foram chamadas pelos colonos de **Leis Intoleráveis**. Essas leis determinavam:

- o fechamento do porto de Boston até que os colonos envolvidos pagassem todo o valor do chá jogado ao mar;
- a ocupação da colônia de Massachusetts por tropas do exército inglês, tornando-a uma colônia real;
- a restrição ao direito de reuniões, o que impedia manifestações públicas contrárias à Metrópole;
- o controle militar das terras localizadas a oeste das Treze Colônias;
- a prisão e o julgamento, por tribunais da Metrópole, dos colonos participantes do protesto Festa do Chá de Boston.

Essas leis foram o estopim para que os colonos começassem a organizar a luta pela independência. No mesmo ano em que elas foram impostas, representantes das Treze Colônias se reuniram no **Primeiro Congresso Continental da Filadélfia**. Nesse congresso, decidiram boicotar o comércio de todos os produtos vindos da Inglaterra enquanto a Coroa não revogasse as Leis Intoleráveis. Mesmo assim, a Metrópole não cedeu.

Em 1775, houve o primeiro conflito armado entre as tropas organizadas pelos colonos e as forças leais à Coroa. Era o início da **Guerra de Independência**.

Emanuel Leutze. *Washington atravessando o rio Delaware*, 1851. Óleo sobre tela. O general George Washington (em pé, na frente da embarcação) foi um dos líderes do movimento de independência das Treze Colônias. O evento retratado nessa obra ocorreu em dezembro de 1776, durante a Guerra de Independência americana, e representou uma importante vitória para as Treze Colônias.

A DECLARAÇÃO DE INDEPENDÊNCIA

Em meio à Guerra de Independência, ainda em 1775, os representantes das colônias reuniram-se no **Segundo Congresso Continental da Filadélfia**. Não havia um consenso entre os representantes das colônias sobre a ideia de independência. Alguns deles defendiam a separação da Inglaterra e atribuíam à Metrópole os problemas que enfrentavam. Criticavam os abusos da monarquia sobre as colônias e o próprio sistema monárquico como instituição. Representantes de outras colônias, no entanto, tinham o receio de que a separação da Inglaterra pudesse representar dificuldades para suas atividades econômicas.

Apesar dessas divergências, nesse encontro ficou resolvido que as Treze Colônias romperiam relações com a Inglaterra e que a **Declaração de Independência dos Estados Unidos da América** começaria a ser redigida. Assim como na Europa, as ideias iluministas circulavam entre as elites econômicas e intelectuais da América e, assim, a Declaração teve forte inspiração nos ideais de liberdade e de igualdade difundidos pelos iluministas, especialmente os do filósofo inglês John Locke, que defendia a igualdade entre os homens e o direito à vida, à liberdade e à propriedade.

Em 4 de julho de 1776, a Declaração de Independência foi aprovada pelos representantes das colônias. No entanto, a Inglaterra não reconheceu a independência e intensificou os ataques às tropas dos colonos. Os colonos que lutavam pela separação da Inglaterra receberam auxílio da França, da Espanha e da Holanda, e isso ajudou a decidir a guerra. O exército inglês se rendeu em 1781, mas apenas em 1783, com a assinatura do **Tratado de Paris**, a Inglaterra reconheceu a independência dos Estados Unidos. Era a primeira vez que um país europeu reconhecia a independência de uma colônia.

Após o reconhecimento da independência pela Inglaterra, as antigas colônias tornaram-se um só país e organizaram o novo Estado como uma república federalista e presidencialista.

Os Estados Unidos da América pós-independência

Fonte de pesquisa: Werner Hilgemann; Hermann Kinder. *Atlas historique*. Paris: Perrin, 2006. p. 286.

AS REPERCUSSÕES DA INDEPENDÊNCIA

Evidentemente, a Inglaterra foi o país mais atingido pela independência dos Estados Unidos. A derrota inglesa nos conflitos pela independência e o Tratado de Paris abalaram o poderio inglês por um período.

A França absolutista também foi afetada, pois os soldados franceses que apoiaram os colonos estadunidenses na guerra pela independência voltaram para seu país influenciados por ideais republicanos. Além disso, as elevadas despesas da França com essa guerra debilitaram o tesouro francês, o que contribuiu para o enfraquecimento do poder real e, consequentemente, colaborou para a Revolução Francesa (que será estudada na próxima unidade).

No restante da América, a independência dos Estados Unidos – o primeiro país do continente a se tornar independente – serviu de exemplo para as colônias ibéricas que desejavam se separar das metrópoles.

Para os povos indígenas da América do Norte, a independência estadunidense teve efeitos negativos, pois significou a retomada de ambições expansionistas dos antigos colonos sobre seus territórios, que, até então, tinham a autonomia amparada pela Declaração de 1763. Para os africanos escravizados, a independência não significou a conquista da liberdade. Para as mulheres, não representou a igualdade, já que elas continuavam proibidas de participar da vida política. Os ideais da independência, portanto, valiam apenas para os homens brancos, adultos e com alguma renda financeira. O restante da população permaneceu excluído, em diferentes graus, dos direitos políticos e sociais.

↑ Ilustração representando indígenas iroqueses, nativos da região dos Grandes Lagos, situada entre os Estados Unidos e o Canadá. Como outros povos nativos, os iroqueses foram obrigados a combater as intenções expansionistas dos colonos estadunidenses. Detalhe de litografia de Friedrich Wilhelm Goedsche, c.1835-1840.

← Gravura de c. 1750, de autoria desconhecida, representando escravizados trabalhando no corte de cana em Louisiana. A independência dos Estados Unidos não promoveu a liberdade nem a igualdade de direitos para esse grupo social.

51

ATIVIDADES

RETOMAR E COMPREENDER

1. O que foi o comércio triangular?

2. Explique as tensões criadas entre a Inglaterra e suas colônias na América do Norte pela Guerra dos Sete Anos.

3. A Declaração de Independência dos Estados Unidos da América teve influência de quais pensadores?

APLICAR

4. Observe a pintura a seguir, que representa a costureira Betsy Ross (em pé) e suas assistentes confeccionando aquela que seria a primeira bandeira do Estados Unidos. Atribui-se a Ross a autoria do desenho da bandeira que se tornou símbolo nacional em 14 de junho de 1777.

← Henry Mosler. *O nascimento da bandeira*, 1911. Óleo sobre tela.

a) Que sensação essa pintura transmite: de harmonia ou de conflito? Justifique.

b) A pintura foi feita quantos anos após a bandeira ter se tornado símbolo nacional?

c) Em sua opinião, qual foi a intenção do artista ao retratar dessa forma o surgimento do símbolo nacional dos Estados Unidos da América?

5. O texto abaixo foi retirado de um panfleto escrito pelo ativista político inglês Thomas Paine em 1776. Apesar de sua nacionalidade, Paine foi um dos grandes divulgadores das ideias anticoloniais nas Treze Colônias. Leia o texto e responda às questões.

> A Inglaterra é, apesar de tudo, a pátria-mãe, dizem alguns. Sendo assim, mais vergonhosa resulta sua conduta, porque nem sequer os animais devoram suas crias nem fazem os selvagens guerra a suas famílias; de modo que esse fato volta-se ainda mais para a condenação da Inglaterra. […] este novo continente foi asilo dos amantes perseguidos da liberdade civil e religiosa […] a mesma tirania que obrigou os primeiros imigrantes a deixar o país segue perseguindo seus descendentes.
>
> Thomas Paine. Senso comum. Em: Leandro Karnal e outros. *História dos Estados Unidos*: das origens ao século XXI. São Paulo: Contexto, 2007. p. 85.

a) Por que a Inglaterra é chamada de pátria-mãe?

b) O que significa dizer que a América "foi asilo dos amantes perseguidos da liberdade civil e religiosa"?

c) Quem praticou a tirania citada na última frase do texto?

HISTÓRIA DINÂMICA

O conceito de liberdade na Constituição dos Estados Unidos da América

Embora o movimento de independência dos Estados Unidos tivesse forte influência dos princípios iluministas, que defendiam o direito à liberdade, a liberdade conquistada pelas colônias inglesas não se estendeu a toda a sua população. O texto a seguir trata das discussões presentes na elaboração da Constituição do novo país. Leia-o e, depois, faça as atividades.

A lenta discussão preparatória da Constituição perturbava o andamento de outras medidas. Unidade em torno de um governo central forte ou liberdade para as colônias agirem de forma mais autônoma? Esse problema fora levantado ainda antes da Independência e permaneceu mal resolvido até o século XIX, acabando por gerar a Guerra Civil Americana.

Durante vários meses, a Convenção da Filadélfia discutiu o texto da nova Constituição. James Madison foi um dos mais destacados redatores desse texto. Desde que foi submetido ao Congresso, em setembro de 1787, até maio de 1790, quando ratificado pelo mesmo Congresso, transcorreram quase três anos, demonstrando a dificuldade de consenso em torno de algumas questões.

De muitas formas, o texto constitucional é inovador. Começa invocando o povo e falando dos direitos, inspirados em Locke. A nação americana procurava assentar sua base jurídica na ideia de representatividade popular, ainda que o conceito de povo fosse, nesse momento, extremamente limitado.

Já no início da Constituição encontramos a expressão: "Nós, o povo dos Estados Unidos...". Quem eram "nós"? Certamente não todos os habitantes das colônias. A maior parte dos "americanos" estava excluída da participação política. O processo de independência fora liderado por comerciantes, latifundiários e intelectuais urbanos. Com a Constituição, cada estado, por exemplo, tinha a liberdade de organizar suas próprias eleições.

Leandro Karnal e outros. *História dos Estados Unidos*: das origens ao século XXI. São Paulo: Contexto, 2007. p. 93.

Em discussão

1. Com base no texto lido e no que foi estudado neste capítulo, explique em quais aspectos o texto da Constituição dos Estados Unidos – e o movimento de independência como um todo – pode ser considerado inovador.

2. Comente qual é, segundo o autor do trecho citado, a limitação do texto da Constituição.

3. O autor do texto cita algumas concepções de liberdade que aparecem no processo de elaboração da Constituição dos Estados Unidos.
   a) Quais são elas?
   b) Essas concepções de liberdade, em sua opinião, implicavam a liberdade de todos os que viviam nas Treze Colônias naquele período?

4. Em sua opinião, no Brasil atual, a liberdade de uma pessoa é plenamente respeitada? Para refletir sobre essa questão, considere sua experiência cotidiana ou casos noticiados pela mídia. Dê um exemplo que justifique sua resposta.

ATIVIDADES INTEGRADAS

RETOMAR E COMPREENDER

1. No caderno, classifique as afirmações abaixo em verdadeiras ou falsas. Em seguida, reescreva aquelas que você considerou falsas, corrigindo-as.

   a) Os estudiosos iluministas acreditavam que a sociedade deveria ser regida conforme a vontade do monarca.

   b) Os liberais defendiam a limitação do poder político por meio de leis. Segundo eles, um grupo de representantes da sociedade ficaria encarregado de criar essas leis.

   c) Um dos pilares do Iluminismo era a luta pela igualdade e a participação feminina na política.

   d) O liberalismo econômico defendia a livre concorrência e a especialização do trabalho.

APLICAR

2. O texto a seguir trata da preservação do documento original da Declaração de Independência dos Estados Unidos. Leia-o, converse com um colega e responda às questões propostas no caderno.

> A Declaração de Independência dos Estados Unidos, debatida e assinada durante o Congresso Continental instalado na cidade da Filadélfia, em 1776, foi escrita sobre um pergaminho.
>
> A fragilidade deste suporte levou os americanos a criarem diversos mecanismos e técnicas para proteger esse documento fundador da nação. Até o início do século XX, o documento foi guardado no Departamento de Estado, em Washington [...]. Em 1921, a Declaração foi transferida para a Biblioteca do Congresso, também em Washington, [...]. Após [a entrada dos] Estados Unidos [...] na Segunda Guerra Mundial [...] a preocupação com a preservação de seu documento-símbolo aumentou. Acondicionada em um *container* protegido por agentes do serviço secreto, a Declaração foi levada para a zona militar de Fort Knox, no estado do Kentucky. Com o fim da guerra, o documento voltou para Washington e nos anos [19]50 foi finalmente depositado nos Arquivos Nacionais, onde permanece exposto à visitação até hoje.
>
> Os originais da Declaração de Independência [...] são expostos em molduras de bronze e *containers* de vidro à prova de balas e protegidos com gás hélio, para evitar os danos causados pela umidade e pelo oxigênio. À noite, os documentos originais são guardados em uma câmara que pesa 55 toneladas. [...]
>
> Larissa Viana. A independência das Treze Colônias inglesas na América. Associação Nacional de Pesquisadores e Professores de História das Américas (Anphlac). Disponível em: <http://anphlac.fflch.usp.br/indep_treze_colonias_apresentacao>. Acesso em: 12 fev. 2019.

   a) Por que é importante para o governo estadunidense preservar os documentos citados no texto?

   b) Não seria mais fácil deixar esses documentos guardados se é tão importante protegê-los? Por que eles ficam expostos ao público?

3. A independência dos Estados Unidos foi proclamada em 1776, inspirada nos ideais pregados pelos pensadores iluministas. Apesar disso, no início do século XIX, os sulistas estadunidenses ainda mantinham a escravidão em suas fazendas. Leia a seguir alguns trechos da obra *Do contrato social*, de Jean-Jacques Rousseau, publicada em 1762. Depois, faça o que se pede.

> [...] é uma inútil [...] convenção a que [...] estipula uma autoridade absoluta, e [...] uma obediência sem limites. [...]
>
> [...] nulo é o direito de escravidão não só por ser ilegítimo, mas por ser absurdo e nada significar. As palavras *escravidão* e *direito* são contraditórias, excluem-se mutuamente. [...]
>
> [...] o pacto social estabelece entre os cidadãos uma tal igualdade, que eles se comprometem todos nas mesmas condições e devem todos gozar dos mesmos direitos. [...]
>
> Jean-Jacques Rousseau. *Do contrato social* [e outros]. São Paulo: Nova Cultural, 1997. p. 61-62, 65, 97-98 (Coleção Os Pensadores, v. 1).

a) Por que, segundo o texto de Rousseau, "escravidão" e "direito" são palavras contraditórias?

b) Se considerarmos que os estadunidenses mantiveram a escravidão por quase noventa anos após a proclamação da independência, o que fica evidente quando comparamos o que é dito no texto de Rousseau com o que realmente foi praticado nos Estados Unidos?

ANALISAR E VERIFICAR

4. Durante os anos que antecederam a Independência dos Estados Unidos, houve grande resistência dos colonos às leis elaboradas pela Inglaterra para aumentar a arrecadação de impostos. A Lei do Açúcar, a Lei do Selo e a Lei do Chá, entre outras, provocaram reações contrárias por parte dos colonos, que consideravam abusivas as imposições da Metrópole. Nesse período, além das manifestações, charges foram criadas para criticar essas medidas. Observe uma delas ao lado e responda às questões.

a) Descreva as pessoas e o espaço retratado na imagem.

b) Na imagem, qual figura simboliza o cobrador de impostos?

c) O que os habitantes de Boston estão fazendo com ele?

d) O que está acontecendo ao fundo, à esquerda da imagem?

e) A qual evento do processo de independência dos Estados Unidos essa imagem se relaciona?

Ilustração atribuída a Philip Dawe e publicada em Londres em 31 de outubro de 1774. Na parte de baixo da imagem, em inglês, lê-se: *The Bostonian's Paying the Excise-Man, or Tarring & Feathering*. (Os habitantes de Boston pagando o cobrador de impostos, ou cobrindo com piche e penas, em tradução nossa).

CRIAR

5. Reúna-se com um colega para elaborar uma charge criticando uma das leis contestadas pelos colonos estadunidenses na época anterior à independência, nas décadas de 1760 e 1770.

6. Releia a atividade 3 da abertura da unidade, a respeito das manifestações cívicas e compromissos que assumimos com os grupos dos quais fazemos parte. Converse com os colegas sobre as regras sociais que beneficiam a vida na cidade, por exemplo, regras que facilitam a locomoção das pessoas, que garantem a conservação e a limpeza de espaços públicos, etc. Ao final da atividade, registre algumas dessas regras no caderno.

IDEIAS EM CONSTRUÇÃO - UNIDADE 2

Capítulo 1 – O Iluminismo
- Reconheço as características da sociedade absolutista?
- Compreendo as críticas dos iluministas à sociedade absolutista?
- Identifico os principais conceitos do Iluminismo?
- Compreendo as principais ideias do liberalismo econômico?
- Reconheço a presença de concepções iluministas na organização do mundo contemporâneo?

Capítulo 2 – A independência dos Estados Unidos da América
- Identifico os elementos do conflito entre a Coroa inglesa e os colonos das Treze Colônias?
- Reconheço as ideias que inspiraram a Declaração de Independência e a Constituição dos Estados Unidos?
- Identifico os grupos sociais que foram e os que não foram beneficiados com a independência dos Estados Unidos?
- Reconheço as disputas por território ocorridas no processo de conformação da nação estadunidense antes, durante e depois das lutas pela independência?

VERIFICAR

Confira os conhecimentos adquiridos na unidade organizando suas ideias e resolvendo as atividades propostas.

A REVOLUÇÃO FRANCESA E SEUS DESDOBRAMENTOS

UNIDADE 3

A Revolução Francesa foi um movimento que definiu novas estruturas para a sociedade ocidental. Terminou, após uma década de conflitos, com o golpe do 18 Brumário, marcando a ascensão de Napoleão Bonaparte ao poder. Napoleão iniciou um processo expansionista que desencadeou outros confrontos na Europa e nas Américas. Na colônia francesa de São Domingo, uma grande rebelião tornaria evidente que os ideais da Revolução na França tinham sido apropriados, também, pelos escravizados.

CAPÍTULO 1
A Revolução Francesa

CAPÍTULO 2
O Império Napoleônico e a Revolução de São Domingo

PRIMEIRAS IDEIAS

1. Alguma vez você ouviu este lema: "Liberdade, igualdade e fraternidade"? Sabe dizer a que evento histórico ele se refere?
2. Você já observou o uso dos termos "direita", "esquerda" e "centro" em comentários sobre política? Sabe o que eles significam?
3. Você já ouviu falar de Napoleão Bonaparte? Que informações tem sobre ele?
4. O que você conhece sobre o Haiti, antiga colônia francesa de São Domingo, na região do Caribe?

LEITURA DA IMAGEM

1. Observe e descreva brevemente a imagem destas páginas.
2. Em sua opinião, por que essas pessoas encenam uma batalha que aconteceu há tanto tempo?
3. Essa imagem se relaciona à ação expansionista da França sob a liderança de Napoleão Bonaparte, que, no século XIX, invadiu muitos países da Europa. Na atualidade, ainda há casos em que um país invade o território de outro país por motivos diversos. Em sua opinião, um país precisa respeitar sempre o território alheio?
4. **ANALISAR** Observe os detalhes dos uniformes do exército de Napoleão. Em seguida, registre as semelhanças e as diferenças entre eles e os uniformes desta foto.

Encenação da batalha realizada em 1805 por tropas comandadas por Napoleão Bonaparte. Ela ocorreu na região onde hoje é a República Tcheca. Foto de 2016.

Capítulo 1
A REVOLUÇÃO FRANCESA

No decorrer do século XVIII, a França foi palco de acontecimentos que inspiraram movimentos de contestação à organização social, econômica e política vigente em diferentes regiões da Europa. Você sabe dizer quais foram esses acontecimentos?

A SOCIEDADE DOS TRÊS ESTADOS

No final do século XVIII, a sociedade francesa organizava-se em **três Estados**. As pessoas que faziam parte do Primeiro e do Segundo Estado eram isentas da maioria dos tributos e desfrutavam de muitos privilégios sociais, além de direitos como cobrar impostos dos integrantes do Terceiro Estado.

Formado por camponeses, pela burguesia e por trabalhadores urbanos, o **Terceiro Estado** representava, à época, mais de 95% da população francesa (observe no esquema da página ao lado como se compunham os três Estados). Essa parcela de habitantes não tinha direitos políticos nem privilégios e era obrigada a pagar diversos tributos, alguns deles vigentes desde a Idade Média. Além de arcar com esse custo, muitas dessas pessoas viviam em péssimas condições. Nos centros urbanos, artesãos, trabalhadores pobres e pequenos comerciantes tinham muita dificuldade de ganhar o suficiente para suprir as necessidades básicas.

A situação no campo era ainda mais grave. Entre 1787 e 1789, a França registrou três más colheitas seguidas, causadas sobretudo por problemas climáticos, o que diminuiu a quantidade de alimentos disponíveis e provocou o aumento de preços. Milhões de camponeses passaram fome. Mesmo nessas circunstâncias, a cobrança de impostos se manteve.

↓ Jean-François Rigaud. Detalhe de *A Bastilha em Paris*. A gravura, do século XVIII, retrata as imediações da Bastilha (à direita, rodeada por um fosso), uma importante prisão parisiense e local simbólico do processo revolucionário.

A CRISE

Ao longo do século XVIII, grande parte da tradicional aristocracia francesa, que formava o **Segundo Estado**, deixou o campo e passou a viver na corte, em Paris. Essa situação fez aumentar ainda mais os custos do Estado francês, pois o luxo e a ostentação da corte eram sustentados pelos cofres públicos. Esses custos ficavam ainda maiores quando somados às altas despesas com os conflitos militares nos quais a França tinha se envolvido em anos anteriores, como a campanha desencadeada na Guerra de Independência dos Estados Unidos (1775-1783).

Havia dificuldades também na produção agrícola. As más colheitas provocaram uma crise no abastecimento, e os salários não acompanharam a elevação dos preços dos produtos. Devido à fome, milhares de pessoas roubavam para se alimentar, gerando inúmeros conflitos. A dívida externa só aumentava e quem sofria diretamente as consequências desses problemas era o povo.

Embora desfrutasse de uma situação financeira muito mais confortável que o restante do Terceiro Estado, a alta burguesia questionava a pesada carga tributária à qual era submetida e exigia maior participação política, pois queria ter voz nas decisões do governo em relação à economia.

O aumento dos custos do Estado tornava necessário elevar a arrecadação, e a solução costumeira era criar impostos. Por esse motivo, em agosto de 1788, o rei Luís XVI convocou os **Estados Gerais**, uma assembleia que reunia representantes dos três Estados e tinha a prerrogativa de tomar decisões sobre esse tipo de situação.

População (em números arredondados)

Primeiro Estado
- Clero → 130 000

Segundo Estado
- Nobreza → 350 000

Terceiro Estado
- Alta burguesia (banqueiros, grandes negociantes) → 500 000
- Burguesia (empresários, professores, advogados) → 500 000
- Pequena burguesia (artesãos e pequenos comerciantes) → 2 000 000
- Camponeses e trabalhadores urbanos → 21 500 000

Fonte de pesquisa: Gustavo de Freitas. *900 textos e documentos de história*. Lisboa: Plátano, s. d. p. 72.

O PROCESSO REVOLUCIONÁRIO NA FRANÇA

As discussões dos Estados Gerais se iniciaram em maio de 1789. Considerando essa reunião um espaço para pressionar por mudanças e apoiando-se nos ideais iluministas, os representantes do Terceiro Estado questionaram a prática do **voto unitário**, ou seja, um único voto por Estado. Essa forma tradicional de encaminhar as discussões favorecia o clero e a nobreza, que se uniam optando por propostas que lhes garantissem mais vantagens.

Muitos dos integrantes do Terceiro Estado, sobretudo os da pequena burguesia, defendiam que cada pessoa tivesse direito a um voto, o chamado **voto por cabeça**. A ideia é que as votações se tornassem mais equilibradas, uma vez que havia 578 membros do Terceiro Estado, enquanto os representantes do clero e da nobreza somavam, respectivamente, 291 e 270 membros.

Diante da recusa do Primeiro e do Segundo Estado em aceitar essa proposta, parte do Terceiro Estado, então, proclamou-se em **Assembleia Nacional Constituinte**, em 9 de julho de 1789. A pressão desses novos protagonistas sociais contra a Coroa foi muito grande, e Luís XVI viu-se forçado a fazer que os demais Estados participassem da Assembleia.

Enquanto os constituintes discutiam leis e tributos, a população urbana também se mobilizava. No dia 14 de julho de 1789, cinco dias após a proclamação da Assembleia, rebeldes parisienses invadiram a prisão da **Bastilha** para libertar inimigos do rei e adquirir munição e pólvora, marcando o início da **Revolução Francesa**. Seguiu-se a esse evento uma série de revoltas camponesas contra a opressão da nobreza.

> **GRUPOS POLÍTICOS DA CONVENÇÃO NACIONAL**
>
> **Jacobinos:** defendiam a república e a igualdade social. Lutavam pelo voto universal e pela abolição da escravidão nas colônias francesas. Representavam a pequena burguesia e os trabalhadores.
>
> **Girondinos:** formavam a alta burguesia. Temiam o avanço dos movimentos populares, por isso muitos preferiam a monarquia constitucional.
>
> Entre esses dois grupos movimentava-se um terceiro chamado de **planície**, que apoiava as medidas dos jacobinos ou as dos girondinos conforme lhes fossem convenientes.

↓ *Abertura dos Estados Gerais em Versalhes em 5 de maio de 1789*, gravura de Charles Monnet e Isidore-Stanislas Helman, 1789.

AS TRANSFORMAÇÕES POLÍTICAS

Em resposta às revoltas no campo, ainda em 1789, a Assembleia aprovou a abolição da servidão e de privilégios feudais, o que desagradou a nobreza. Também foi determinado o confisco dos bens da Igreja, subordinando o clero à autoridade do governo.

O sistema de voto passou a ser **censitário**, ou seja, com base na renda do eleitor. Com isso, a alta burguesia garantia para si o direito à participação política, ao mesmo tempo que excluía a maior parte da população da tomada de decisões. Os representantes da burguesia conseguiram, ainda, aprovar leis que estabeleciam a liberdade de comércio e de organização de seus negócios.

A conquista mais importante da Assembleia foi a **Declaração dos Direitos do Homem e do Cidadão**, que afirmava que todos nascem livres e iguais, com direito à liberdade, à segurança e à propriedade. O chamado Antigo Regime chegava ao fim, e a França tornava-se uma **monarquia parlamentar**.

Contudo, o movimento revolucionário continuou e se radicalizou. A nobreza teve seus bens nacionalizados e passou a ser perseguida; muitos nobres buscaram refúgio em outras monarquias da Europa. Ainda em 1789, com grande parte da população ainda assolada pela fome, uma nova onda de revolta foi incentivada pelos _sans-culottes_. Luís XVI foi, então, obrigado a deixar Versalhes e a mudar-se para o palácio das Tulherias, em Paris.

Sentindo-se acuados, em 1791, o rei e sua família tentaram fugir para a Áustria, terra de origem da rainha Maria Antonieta. Contudo, foram descobertos e reconduzidos à força a Paris. Embora entre os revolucionários houvesse aqueles que defendiam a monarquia constitucional, também havia os que queriam executar o rei por traição e criar uma república. Em setembro de 1792, os republicanos conseguiram fazer que a monarquia fosse oficialmente abolida. Julgados em audiência pública, Luís XVI e Maria Antonieta foram condenados à morte na guilhotina; ele foi executado em janeiro de 1793, e ela, em outubro do mesmo ano.

Preocupados com a ameaça aos poderes das dinastias reais, os governos monárquicos da Áustria e da Prússia, defensores do Antigo Regime, organizaram um exército para depor o governo revolucionário, entrando em guerra contra a França.

LIBERDADE, UM DIREITO DO CIDADÃO

Segundo o artigo 4º da Declaração dos Direitos do Homem e do Cidadão, a liberdade "consiste em poder fazer tudo que não prejudique o próximo".

1. Você concorda com essa ideia de liberdade defendida na Declaração dos Direitos do Homem e do Cidadão? Justifique.
2. **COMPREENDER** Leia todos os artigos da Declaração dos Direitos do Homem e do Cidadão. Anote os termos desconhecidos e busque seu significado em um dicionário.

sans-culotte: sem culote, nome dado aos representantes do povo, pois eles vestiam calças compridas em vez do culote, calça usada por nobres e burgueses ricos.

↓ *Declaração dos Direitos do Homem e do Cidadão*, 1789. Óleo sobre tela.

O CALENDÁRIO REVOLUCIONÁRIO

Em 1792, com o intuito de acabar com qualquer herança religiosa, os revolucionários criaram, na Convenção Nacional, um novo calendário para substituir o calendário cristão.

Esse calendário, elaborado com base no clima e nas estações do ano na França, era dividido em doze meses, todos com trinta dias.

Ao final do ano, sobravam cinco dias, chamados dias *sans-culottes*, considerados feriados nacionais. O mês de Termidor, por exemplo, correspondia ao período de 19 de julho a 17 de agosto.

VERIFICAR

Conheça o Calendário Revolucionário francês e descubra o nome do mês em que você nasceu.

A CONVENÇÃO NACIONAL

Com o fim da monarquia, iniciava-se o período republicano governado pela **Convenção Nacional**, dividida entre girondinos e jacobinos. A Assembleia Nacional foi destituída, e os republicanos convocaram eleições. Os deputados eleitos escreveram uma nova Constituição, aprovada em 1793.

No entanto, o governo revolucionário enfrentou graves problemas. O povo ainda sofria com a falta de alimentos, e os conflitos externos continuavam sangrando a França. Os diferentes grupos políticos divergiam sobre os rumos que o governo deveria tomar. Nesse contexto de conflitos políticos, os jacobinos, apoiados pelas camadas populares, prenderam os representantes girondinos, assumindo o controle político da Convenção.

O PERÍODO JACOBINO

A instabilidade política levou a Convenção a criar o **Comitê de Salvação Pública**. Esse comitê era responsável por perseguir e punir quem supostamente agisse contra o governo jacobino e, assim, se mostrasse contrário aos rumos da Revolução.

Consequentemente, entre 1793 e 1794, a França viveu o período mais radical da Revolução, conhecido como **Terror Jacobino**. As pessoas consideradas inimigas do bem público eram presas, julgadas e guilhotinadas. Maximilien de Robespierre e Louis-Antoine de Saint-Just, líderes do Comitê, chegaram a aprovar a execução de colegas jacobinos, como Georges Jacques Danton, outro líder revolucionário, menos radical e contrário aos atos mais extremistas, como a execução de Maria Antonieta. Cerca de 17 mil "inimigos" foram guilhotinados durante esse período.

Ao mesmo tempo, nessa época foi aprovado o maior número de medidas que beneficiavam diretamente o povo. Entre elas destacavam-se a inauguração de escolas públicas laicas, o estabelecimento de um teto para os preços dos produtos e o fim da escravidão nas colônias francesas.

A REAÇÃO TERMIDORIANA

O extremismo dos jacobinos fez diminuir o apoio que recebiam do povo e forneceu pretexto para que os moderados, liderados por girondinos e membros da planície, tomassem o poder. Esse golpe ficou conhecido como **Reação Termidoriana**, pois ocorreu no dia 9 Termidor do calendário revolucionário francês, correspondente a 27 de julho do calendário cristão. No dia seguinte, Robespierre e outros líderes jacobinos foram guilhotinados.

↓ *A reação termidoriana.* A gravura do século XIX, de autoria desconhecida, representa o golpe que destituiu os jacobinos do poder.

O DIRETÓRIO E O FIM DA REVOLUÇÃO

Em 1795, o governo vigente fez aprovar a nova Constituição, mediante a qual instituiu o **Diretório**, regime em que cinco diretores eleitos governavam por um período de cinco anos.

As medidas do novo governo deixavam claro o retorno da alta burguesia liberal ao poder. O voto censitário e a escravidão nas colônias foram retomados, e as revoltas populares que ocorreram nesse período foram violentamente reprimidas.

O governo do Diretório enfrentou inúmeros problemas. Os anos de Revolução haviam desorganizado a produção, e a forte crise econômica deixava a população descontente. Além disso, as guerras consumiam esforços financeiros e vidas humanas.

O GOLPE DO 18 BRUMÁRIO

Similarmente ao que ocorrera durante o período do Terror Jacobino, o governo do Diretório também perseguiu seus opositores e conseguiu retirar os jacobinos e os monarquistas (chamados **realistas**) do cenário político. Enquanto isso, continuavam os conflitos entre a França e os países contrários à Revolução.

Brumário: mês das brumas e o segundo do calendário revolucionário francês.

O militar **Napoleão Bonaparte** se destacou nas batalhas e, em poucos anos, tornou-se general. Graças aos êxitos que obteve, Napoleão tornou-se conhecido como o grande líder da vitória sobre os opositores da Revolução. Além de garantir as vitórias externas, ele foi responsável pelo fim das conspirações internas entre jacobinos e realistas.

Para se fortalecer politicamente, Napoleão aproveitou-se de seu prestígio e da fraqueza dos grupos políticos que atuavam na França. Em 1799, com o apoio do exército, derrubou o governo liberal e tomou o poder em 18 Brumário do calendário da Revolução Francesa, que corresponde ao dia 9 de novembro do calendário gregoriano.

François Bouchot. *O general Bonaparte no Conselho dos Quinhentos em Saint-Cloud*, 1840. Óleo sobre tela.

AS MULHERES NA REVOLUÇÃO

As mulheres participaram ativamente de todo o período da Revolução Francesa e estavam presentes tanto nos encontros da Assembleia Nacional como nos encontros das organizações que elas haviam criado para discutir sobre política e cidadania, entre outros temas.

O primeiro grupo feminino a reagir de modo mais significativo era formado por mulheres que viviam em condições menos favorecidas – lavadeiras, operárias e lojistas, por exemplo. Elas se manifestavam em motins contra a miséria e a fome, e um desses levantes desencadeou a chamada **Marcha sobre Versalhes**, que obrigou a família real a mudar-se para Paris. Mulheres da pequena burguesia também participavam das reuniões organizadas por grupos populares.

A despeito de sua participação no movimento revolucionário, as mulheres foram excluídas dos benefícios concedidos aos homens pela Declaração dos Direitos do Homem e do Cidadão. Entre outras determinações, elas não podiam votar nem ser eleitas para o Parlamento ou para cargos públicos, o que limitava a atuação política feminina.

Em 1791, a escritora Olympe de Gouges chegou a redigir a **Declaração dos Direitos da Mulher e da Cidadã**, que defendia direitos iguais para homens e mulheres. No primeiro artigo dessa declaração, lia-se: "A mulher nasce livre e permanece igual ao homem em direitos".

O documento foi rejeitado pelo governo e, durante o Terror Jacobino, Olympe de Gouges foi acusada de se aliar aos girondinos. Acabou sendo guilhotinada em 1793 por ser considerada perigosa demais. Enquanto era encaminhada à execução, teria proferido um trecho do décimo artigo de sua Declaração: "A mulher tem o direito de subir ao cadafalso; ela deve igualmente ter o direito de subir à tribuna".

cadafalso: tablado, geralmente de madeira, utilizado para a execução pública de condenados à morte.

Gravura de 1798, de autoria desconhecida, representando a ação de mulheres durante o processo revolucionário francês. As manifestantes desejavam invadir o palácio de Versalhes. Na legenda da imagem, lê-se "*Para Versalhes para Versalhes*" e a data de 5 de outubro de 1789.

AS MUDANÇAS NA FRANÇA

A Revolução promoveu modificações em todas as esferas da sociedade. O poder, antes centrado na figura do rei, passou a ser dividido; a Igreja perdeu grande parte da supremacia da qual desfrutava; os privilégios do clero e da nobreza, que existiam havia centenas de anos, também foram atingidos.

Além das mudanças sociais, ocorreram transformações culturais. Com a Revolução, entraram em cena os representantes da coletividade. Os artistas da época, por exemplo, deixaram de retratar somente os homens ilustres para incluir em suas obras personagens comuns, típicas do cotidiano.

> **LIVRO ABERTO**
>
> *A Revolução Francesa*, de André Diniz. São Paulo: Escala Educacional, 2008 (Coleção História Mundial em Quadrinhos).
> Histórias em quadrinhos com os principais protagonistas da Revolução Francesa, que tinha por lema a liberdade, a igualdade e a fraternidade.

A REPERCUSSÃO DA REVOLUÇÃO

Os acontecimentos de 1789 transformaram não apenas a França, mas também outras regiões do Ocidente. Movimentos inspirados pelo ideário iluminista e pelo lema "Liberdade, igualdade e fraternidade" tiveram forte repercussão em colônias da América.

Na colônia francesa de São Domingo, na ilha Hispaniola, que atualmente corresponde aos territórios do Haiti e da República Dominicana, após muita luta, africanos escravizados conquistaram a independência.

No Brasil, em 1798, houve a Conjuração Baiana, também denominada Revolta dos Alfaiates ou Revolta dos Búzios, um movimento social de emancipação que defendia a independência, o fim da escravidão e a adoção de um governo republicano.

← Etienne Béricourt. *Erguendo a árvore da liberdade*, c. 1784-1794. Aquarela sobre papel. Essa árvore, usada a partir de 1792 como símbolo revolucionário, representa a vida, o crescimento e a perpetuação da liberdade.

ATIVIDADES

RETOMAR E COMPREENDER

1. Descreva como era a sociedade francesa às vésperas da Revolução.

2. Quais razões levaram à crise financeira na França?

3. Leia a seguir um trecho de uma mensagem divulgada durante a Revolução Francesa.

> O que é o Terceiro Estado? [...]
> Tudo.
> O que ele foi até agora na ordem política?
> Nada.
> Que quer ele?
> Tornar-se alguma coisa.
>
> Guy Chaussinand-Nogaret. *A queda da Bastilha*: o começo da Revolução Francesa. Rio de Janeiro: Zahar, 1989. p. 35.

a) Por que o texto diz que o Terceiro Estado é tudo?

b) Qual é o significado da resposta dada à pergunta "O que ele foi até agora na ordem política"?

c) Para o Terceiro Estado, o que significava "tornar-se alguma coisa"?

4. Leia abaixo o trecho de um livro escrito por Louis-Antoine de Saint-Just, revolucionário francês. Em seguida, responda às questões.

> A servidão consiste em depender de leis injustas; a liberdade, de leis sensatas [...].
>
> O espírito da igualdade consiste em que cada indivíduo seja uma porção igual da soberania [...].
>
> Um povo é livre quando não pode ser oprimido nem conquistado, goza de igualdade quando é soberano, é justo quando é dirigido por leis.
>
> Louis-Antoine Léon de Saint-Just. *O espírito da Revolução e da Constituição na França*. São Paulo: Ed. da Unesp, 1989. p. 37-38.

a) Quais são as "leis injustas" que o autor menciona?

b) Para Saint-Just, o que é a liberdade?

APLICAR

5. O texto abaixo reproduz trechos da Declaração dos Direitos do Homem e do Cidadão, de 1789.

> Art. 6º A lei é a expressão da vontade geral. [...] Ela deve ser a mesma para todos, seja para proteger, seja para punir. [...]
>
> Art. 10º Ninguém pode ser molestado por suas opiniões, incluindo opiniões religiosas, desde que sua manifestação não perturbe a ordem pública estabelecida pela lei.
>
> Art. 11º A livre comunicação das ideias e das opiniões é um dos mais preciosos direitos do homem; todo cidadão pode, portanto, falar, escrever, imprimir livremente, respondendo, todavia, pelos abusos desta liberdade nos termos previstos na lei. [...]
>
> Art. 15º A sociedade tem o direito de pedir contas a todo agente público pela sua administração.
>
> Declaração dos Direitos do Homem e do Cidadão (1789). Disponível em: <https://www.senat.fr/lng/pt/declaration_droits_homme.html>. Acesso em: 12 fev. 2019.

a) Identifique características iluministas nos trechos transcritos acima.

b) O que significa dizer que o cidadão deve responder "pelos abusos desta liberdade"?

c) Hoje, no Brasil, as religiões afro-brasileiras ainda são vistas com preconceito por muitas pessoas. Em sua opinião, que artigos dessa Declaração podem ser utilizados para promover atitudes de respeito? Explique.

d) Qual dos artigos acima, se respeitado e seguido por todos, evitaria a corrupção?

6. Em 1791, a escritora Olympe de Gouges escreveu a Declaração dos Direitos da Mulher e da Cidadã. Esse documento foi rejeitado oficialmente e a escritora foi condenada à morte. Considerando a atual situação da sociedade brasileira, elabore três artigos que poderiam fazer parte de uma Declaração dos Direitos da Mulher e da Cidadã.

7. Observe esta imagem e, depois, faça o que se pede.

→ Gravura, de autoria desconhecida, 1789. Nos textos em francês, leem-se as frases (de cima para baixo): "Dívida nacional", "Imposto territorial" e "O tempo presente quer que cada um carregue o Grande Fardo".

a) Descreva a imagem.
b) Como cada personagem está caracterizada? O que isso representa?
c) Com base no que você aprendeu neste capítulo, qual é o significado da legenda original da imagem?
d) Em 2016, estudos da Organização para a Cooperação e Desenvolvimento Econômico (OCDE), formada por 35 países-membros, indicavam que o Brasil era o país com a maior carga tributária em toda a América Latina. Podemos afirmar que taxas, impostos e contribuições são o "grande fardo" que a sociedade brasileira carrega? Justifique.

8. A tabela abaixo apresenta a relação das despesas (dinheiro gasto) e da receita (dinheiro arrecadado) do Estado francês durante o ano de 1788.

ORÇAMENTO DO ESTADO FRANCÊS, EM LIBRAS (1788)		
Despesas	Despesas civis (gastos com saúde, administração, serviços do governo, Corte, etc.), pagamento da dívida e despesas militares	629 628 182
Receitas	Total de receitas (impostos arrecadados e outros ganhos)	503 646 049

Fonte de pesquisa: Albert N. Hamscher. *The royal financial administration and the prosecution of crime in France*: 1670-1789 (Tradução nossa: A administração financeira real e a repressão à criminalidade na França: 1670-1789). Newark: University of Delaware, 2012. p. 407-408.

a) Em 1788, qual foi o total de impostos arrecadados e de outros ganhos obtidos pelo governo?
b) Com base na tabela, o Estado francês teve lucro ou prejuízo em 1788?
c) O governo brasileiro atualmente tem alguns gastos em áreas semelhantes às citadas na tabela. No entanto, qual dos gastos mencionados não tem correspondência com nossa forma de governo republicana?
d) De acordo com o que você estudou neste capítulo, entre as despesas citadas acima, quais eram as mais criticadas pelos membros do Terceiro Estado?

AMPLIANDO HORIZONTES

O Catorze de Julho

Catorze de Julho é a data cívica nacional francesa, assim como o Sete de Setembro é a do Brasil. Como foi em 14 de julho de 1789 que a prisão da Bastilha foi invadida, muitos acreditam que é esse o fato histórico comemorado em festas e desfiles que ocorrem por toda a França nessa data. Mas não é bem assim. Leia o texto a seguir, publicado em 2013 em um portal de notícias.

 ANALISAR
Observe as imagens e descreva como é a comemoração do Catorze de Julho na atualidade.

A verdade por trás da festa da queda da Bastilha

[...]

É muito fácil esquecer que no século que se seguiu aos eventos de 1789 a França foi submetida principalmente a regimes monárquicos, os mesmos que a revolução tanto havia combatido.

[...]

Somente a partir de 1870, quando o país saiu derrotado da Guerra Franco-Prussiana, é que a França estabeleceu seu duradouro sistema republicano.

No final de 1870, muitos monarquistas haviam sucumbido aos ideais da República, a Assembleia Constituinte era composta por uma maioria republicana e, portanto, havia chegado o momento de inaugurar uma nova era, com uma série de símbolos nacionais.

Reconciliação

Uma das primeiras tarefas foi estabelecer o dia [da] festa nacional francesa.

Após analisar várias opções, a opinião da esquerda prevaleceu: dia 14 de julho. Eles argumentaram que a queda da Bastilha foi o estopim da Revolução, com a libertação dos presos ali confinados.

Contudo, havia um problema. O evento também fora marcado por um banho de sangue, no qual dezenas de pessoas morreram, entre elas o governador de Paris, que foi decapitado.

Para alguns parlamentares, o dia nacional da França deveria ser também um dia de reconciliação. Foi quando os olhos de todos se voltaram para a Festa da Federação.

Um ano após a tomada de Bastilha, a esperança pairava sobre Paris. O rei Louis XVI ainda estava no trono, mas seus poderes haviam sido cerceados pela Assembleia Constituinte. Os privilégios da aristocracia haviam sido abolidos.

Foi uma época definida pelos historiadores como a "fase otimista da revolução".

[...]

Nas palavras do historiador Georges-Henri Soutou, foi um momento em que ainda era possível imaginar que um novo regime poderia conciliar diferentes crenças religiosas e ainda contar com o apoio do Rei.

Não durou, é óbvio. Dentro de um ano, a revolução estava na rota que a levou ao seu fechamento sangrento.

Mas um século depois, a Festa da Federação era a única data em torno da qual todo mundo, desde os leais aos Bourbon aos pró-socialistas, podiam concordar.

[...]

Aprovada em 1880, a lei era propositalmente ambígua. Não mencionava a que 14 de julho se referia.

E hoje, é claro, todo mundo acha que é o dia da tomada da Bastilha.

[...]

Hugh Schofield. A verdade por trás da festa da queda da Bastilha. *BBC News*, 14 jul. 2013. Disponível em: <http://www.bbc.com/portuguese/noticias/2013/07/130714_franca_bastilha_fl>. Acesso em: 12 fev. 2019.

↑ Charles Monnet. *Federação Geral dos Franceses no Campo de Marte, 14 de julho de 1790*. Gravura de 1790.

Para refletir

1. Em que momento o dia 14 de julho foi escolhido como data nacional francesa?
2. O que a queda da Bastilha simbolizava naquele momento?
3. Por que a Festa da Federação, ocorrida em 1790, foi o evento escolhido pelos parlamentares para marcar a data nacional da França?
4. No Brasil, também ocorrem celebrações de acontecimentos históricos relevantes. Mencione algumas que você conhece ou pesquise sobre o tema e compartilhe suas descobertas com os colegas.

Capítulo 2
O IMPÉRIO NAPOLEÔNICO E A REVOLUÇÃO DE SÃO DOMINGO

A ascensão de Napoleão Bonaparte, em 1799, teve impactos diferentes na França revolucionária e na ilha de São Domingo. Você imagina que diferenças foram essas? Quais foram as mudanças ocorridas na França e na ilha de São Domingo?

O CONSULADO

Napoleão Bonaparte assumiu o governo da França e, como primeiro-cônsul, teve plenos poderes para administrar o país. O Consulado (governo dos cônsules, 1799-1804) contou com o apoio da burguesia, que se mostrou satisfeita com o controle dos conflitos internos e externos.

A França entrou, então, em fase de recuperação econômica e administrativa. Em 1800, foi criado o Banco da França, que, ao controlar a emissão de moeda, diminuiu a inflação. O incentivo ao financiamento da agricultura e da indústria permitiu a reorganização e o aumento da produção; e empregos foram criados, graças à execução de obras públicas.

Em 1804, foi aprovado o **Código Civil**. Esse conjunto de leis reafirmava o casamento civil, a igualdade de todos perante a lei e o direito à liberdade e à propriedade individual. O governo napoleônico consolidava, assim, as conquistas obtidas pela burguesia com a Revolução.

O sucesso dessas medidas dava cada vez mais credibilidade ao governo e à imagem de Napoleão. Aproveitando-se disso, com a intenção de assegurar sua permanência no poder, o governante promoveu um plebiscito para que a população decidisse se ele se tornaria imperador da França. O resultado foi favorável a Napoleão, e ele governou o país de 1804 a 1814.

↓ Jacques-Louis David. *Consagração de Napoleão e coroação da imperatriz Josefina na catedral de Notre-Dame de Paris, 2 de dezembro de 1804* (detalhe). Óleo sobre tela, 1806-1807.

A EXPANSÃO DO IMPÉRIO NAPOLEÔNICO

Consolidado no poder, Napoleão implantou uma política de expansão territorial, justificando-a como necessária para fortalecer e estender a toda a Europa as conquistas da Revolução Francesa. Nos territórios conquistados, promovia a instauração de governos constitucionais segundo os princípios liberais.

Para enfrentar os exércitos napoleônicos, países como Prússia, Rússia, Áustria e Inglaterra se aliaram em diferentes ocasiões. Napoleão obteve inúmeras vitórias sobre esses países, conquistando e dominando boa parte do continente europeu. Nas batalhas marítimas, contudo, a Inglaterra, grande inimiga e principal concorrente da França no mercado internacional, mantinha-se imbatível.

Sem conseguir derrotar a Inglaterra militarmente, Napoleão buscou outro meio de enfraquecê-la. Em 1806, exigiu que os países europeus deixassem de comercializar com os ingleses; a desobediência implicaria a invasão de seus territórios pelos exércitos napoleônicos. Essa proibição ficou conhecida como **Bloqueio Continental**.

Apesar de prejudicar a economia inglesa, o bloqueio não surtiu o efeito esperado, e a Inglaterra continuou desafiando os interesses de Napoleão. Os ingleses buscaram novos mercados consumidores fora da Europa, como o Brasil, e incentivaram o contrabando. Por outro lado, a indústria francesa não foi capaz de substituir os produtos ingleses para suprir as necessidades do restante do continente, o que causou uma crise de abastecimento na Europa.

Diante dos problemas causados pelo bloqueio – e pressionadas pelos poderosos ingleses –, algumas nações se recusaram a aderir a ele ou a mantê-lo. Portugal foi um dos países que se recusou a cumpri-lo. O exército napoleônico, então, invadiu o território português, o que provocou a fuga da Família Real portuguesa para o Brasil, como será estudado na unidade 5.

> **LIVRO ABERTO**
>
> *Napoleão: uma biografia literária*, de Alexandre Dumas. Rio de Janeiro: Zahar, 2004.
>
> Escrito pelo mesmo autor de *Os três mosqueteiros* e de *O conde de Monte Cristo*, o livro apresenta a biografia de Napoleão Bonaparte, o general que se coroou imperador da França e formou um dos mais importantes impérios da história europeia.

Extensão máxima do domínio napoleônico (1812)

Fonte de pesquisa: José Jobson de A. Arruda. *Atlas histórico básico*. 12. ed. São Paulo: Ática, 1996. p. 24.

AS DERROTAS

Em 1808, Napoleão depôs o rei da Espanha e entregou o trono espanhol ao irmão, José Bonaparte. Entre 1808 e 1814, os espanhóis combateram a invasão do exército napoleônico. A luta espanhola acabou encorajando outros movimentos nacionalistas na Europa e também nas colônias hispânicas na América.

Em junho de 1812, os soldados franceses invadiram a Rússia, mas o desenrolar da campanha foi longo e custoso. As tropas foram obrigadas a enfrentar um rigoroso inverno enquanto ocupavam enormes extensões de terra propositalmente abandonadas pelos russos. Atingidas pelo frio e pela fome, foram obrigadas a retornar, mas apenas 10% dos soldados chegaram à França.

Outras derrotas se sucederam e, em 1814, uma aliança constituída por Rússia, Áustria, Prússia e Suécia derrotou Napoleão, que, finalmente, se rendeu. Obrigado a abdicar, ele foi exilado na ilha de Elba, no mar Mediterrâneo. Com a queda de Napoleão, a monarquia foi restaurada na França, e o poder foi entregue a Luís XVIII, irmão do rei guilhotinado em 1793, Luís XVI.

↑ Francisco José de Goya Lucientes. *O Três de Maio de 1808*, 1814. Óleo sobre tela. A obra representa a invasão da Espanha e o fuzilamento de espanhóis pelas tropas napoleônicas.

O GOVERNO DOS CEM DIAS

Temendo que a França voltasse à situação do Antigo Regime, a burguesia continuou apoiando Napoleão. Este, então, fugiu da ilha de Elba em 1815 e retornou à França com um exército para recuperar o governo. Luís XVIII fugiu para a Bélgica. Entretanto, o novo governo napoleônico durou apenas cem dias, pois diversos países europeus formaram uma coalizão para combater o exército francês. Derrotado na Batalha de Waterloo, na Bélgica, Napoleão se rendeu, ocasião que marcou o fim da Era Napoleônica. Ele foi então exilado na ilha de Santa Helena, no meio do oceano Atlântico, onde faleceu em 1821.

AS CONTRADIÇÕES DO GOVERNO DE NAPOLEÃO

Apesar de se autonomear defensor dos valores revolucionários franceses, como a liberdade, Napoleão instituiu na França um rígido esquema de repressão e censura com o objetivo de se manter no poder.

Os meios de comunicação foram monopolizados pelo governo, o que os tornava veículos de propaganda das ações de Napoleão e dificultava qualquer manifestação pública contra o imperador. Somente fora da França era possível publicar críticas a ele.

Joseph Fouché, ministro da Polícia de Napoleão Bonaparte, tinha como principal função fiscalizar as atividades políticas dos cidadãos franceses. Ele buscava descobrir possíveis conspirações contra o governo e como as ações políticas de Napoleão eram interpretadas pela população.

Os funcionários do ministério estavam autorizados a utilizar métodos violentos para conseguir informações e a reprimir os movimentos populares.

> **RELAÇÕES COM A IGREJA**
>
> Após anos de conflito entre o Estado e o clero, Napoleão conseguiu entrar em acordo com a Igreja católica ainda em 1801. O papa Pio VII aceitou o confisco dos bens do clero realizado em 1789, desde que os clérigos recebessem uma pensão do Estado.
>
> Com esse acordo, a Igreja se subordinava ao Estado francês. Napoleão também pretendia agradar à população francesa de maioria católica. Mesmo assim, o imperador foi tolerante com as demais religiões, sobretudo com o protestantismo.

A NOVA NOBREZA

Contrariando os ideais proclamados na Revolução Francesa e as regras estabelecidas no Código Civil, Napoleão passou a conceder títulos de nobreza a funcionários do governo e a membros do clero.

Além dos títulos de barão e duque, por exemplo, essa nova nobreza recebia pensões do governo. A nova corte, com privilégios, manteve os costumes e a etiqueta da nobreza do Antigo Regime.

O mesmo governo que dizia apoiar e defender as conquistas da Revolução Francesa criou, portanto, um novo Segundo Estado.

Além disso, muitos dos territórios anexados à França foram entregue a parentes de Napoleão. Assim, ele mantinha sua autoridade controlando a administração de seus familiares e formando um novo grupo de privilegiados.

Jean-Auguste-Dominique Ingres. *Napoleão I em seu trono*, 1806. Óleo sobre tela. Em função do poder da propaganda que fez de si próprio e de seu governo, Napoleão foi representado em diversos momentos, acompanhado ou sozinho. Para reforçar sua imponência, era quase sempre retratado de forma grandiosa, ostentando uma aparência altiva, com vestes e postura impecáveis.

A REVOLUÇÃO DE SÃO DOMINGO

Em 1492, os espanhóis desembarcaram na **ilha Hispaniola** (atuais Haiti e República Dominicana) e logo partiram em busca de riquezas nos territórios americanos que ficavam mais ao sul, o que facilitou a ocupação francesa da ilha. Em 1697, a Espanha reconheceu a soberania da França, que fundou **São Domingo**.

Nessa colônia, organizou-se o cultivo de cana-de-açúcar para exportação, com base no trabalho escravo. A economia açucareira gerava lucro para os produtores e para a burguesia mercantil, que traficava os escravizados. Estima-se que, ao final do século XVIII, São Domingo tinha cerca de 465 mil africanos e descendentes escravizados e apenas 30 mil brancos. Havia também aproximadamente 28 mil negros e mestiços livres.

Naquele mesmo período, a Revolução Francesa provocava mudanças na França e em suas colônias. Em São Domingo, houve inicialmente duas consequências diretas. Por um lado, devido aos conflitos internos, a Metrópole enfraqueceu o controle sobre a colônia. Por outro, estabeleceu-se um debate entre os colonos proprietários de terras em torno dos ideais que passaram a nortear as ações dos revolucionários, principalmente o de direito à autonomia e à representação política. No entanto, a elite de São Domingo foi surpreendida por outro grupo, que também se apropriava dos ideais de liberdade da Revolução, interpretando-os a seu modo. Esse grupo reivindicava o direito de ser livre do jugo da escravidão. Em 1791, dezenas de milhares de escravizados organizaram um movimento contra a escravidão, destruindo e incendiando fazendas e matando os latifundiários.

A abolição da escravidão não foi alcançada, mas as condições de trabalho dos escravizados melhoraram e vários deles foram libertados. Outra consequência importante foi o surgimento de expressivos líderes negros, como Toussaint Bréda, conhecido como **Toussaint L'Ouverture**.

↗ Retrato de Toussaint L'Ouverture. Gravura de autor desconhecido, século XIX.

Louis-Nicolas van Blarenberghe. *Vista de São Domingo, a partir da cidade do Cabo Haitiano*, 1779. Óleo sobre tela.

DO COMBATE À ESCRAVIDÃO À LUTA PELA INDEPENDÊNCIA

Em 1792, teve início o período mais radical da Revolução Francesa, com a instauração da República. Dois anos depois, o governo republicano francês aboliu a escravidão em suas colônias. Para garantir que essa conquista fosse efetivada, os ex-escravizados de São Domingo se organizaram e lutaram, na colônia, contra as tropas francesas rebeldes que se opunham à república e à abolição da escravidão.

Em 1796, Toussaint foi nomeado pelo governo republicano francês para o cargo de governador da colônia. A ascensão de Napoleão ao poder em 1799, na França, contudo, colocou uma nova questão para os colonos de São Domingo: tudo indicava que o novo imperador não pretendia manter a participação política e a liberdade dos ex-escravizados. Para assegurar as conquistas obtidas até então, em 1801, L'Ouverture se autoproclamou **governador vitalício** da colônia. Como resposta, Napoleão enviou uma expedição para restaurar a ordem e a escravidão em São Domingo. Com isso, a luta dos ex-escravizados passou a ser a luta pela **independência**.

L'Ouverture foi capturado e deportado para a França, onde morreu na prisão em 1803. Mas os ex-escravizados prosseguiram a luta, agora liderados por **Jean-Jacques Dessalines**, e conseguiram expulsar os soldados franceses. Em 1º de janeiro de 1804, foi proclamada a independência da ilha de São Domingo, que, a partir dessa ocasião, passou a ser chamada de Haiti – nome indígena que significa terra montanhosa.

Dessalines governou o novo país até 1806. Durante seu governo, confiscou propriedades francesas e buscou reorganizar a produção de açúcar para exportação, mas não teve muito sucesso. Alguns anos após sua morte, os governantes haitianos, atendendo aos anseios da população, deram início a uma ampla política de distribuição de terras aos camponeses. A economia do Haiti passou a se caracterizar pelo predomínio de pequenas propriedades agrícolas autossuficientes e o país praticamente deixou de participar do comércio internacional.

> ### A IDEIA DE ESTADO NA AMÉRICA
> A aplicação da ideia de Estado que organiza a sociedade por intermédio de suas diversas instituições políticas foi desenvolvida no processo de independência dos Estados Unidos, do Haiti e dos demais países que se formaram na América ao longo do século XIX (assunto que será tratado na unidade 4).
>
> A formação de novos Estados evidenciava a emergência do compromisso entre os indivíduos e o desejo do povo de ser governado por representantes que simbolizassem seus anseios políticos diante do jugo colonial.

A gravura de Auguste Raffet, publicada em 1839, retrata uma das batalhas entre os rebeldes do Haiti e o exército colonial francês.

A REPERCUSSÃO DA INDEPENDÊNCIA HAITIANA

A revolta dos escravizados e a independência do Haiti causaram grande repercussão em todo o mundo. A notícia de que uma rebelião de escravizados tinha dado origem à libertação colonial deixou as metrópoles e os escravocratas alertas. Havia o medo de que outras colônias seguissem o exemplo dos haitianos, já que a economia da América portuguesa e de várias colônias da América hispânica tinha a mão de obra escrava como base. Esse temor era explicado por um termo muito utilizado na época, o **haitianismo**, e o Haiti passou a ficar isolado nas relações internacionais, inclusive no comércio.

O pavor das elites ao relembrar o ocorrido nesse país endurecia a repressão sempre que um movimento articulado por escravizados se organizava. Por todas as colônias onde havia escravidão, as notícias sobre o Haiti alimentavam a esperança de mudança para os escravizados e inspiravam novas revoltas.

A independência do Haiti repercutiu também na geopolítica da época. Com a derrota das tropas francesas, Napoleão se viu com dificuldade em manter o controle sobre os territórios franceses na América e com sérios problemas financeiros. Assim, foi obrigado a vender para os Estados Unidos o último território francês na América, a extensa Louisiana (que compreendia cerca de 13 das atuais unidades federativas estadunidenses). Em 1803, a região foi vendida por 15 milhões de dólares, um valor baixo, considerando que sua anexação duplicou o território dos Estados Unidos. O acontecimento pôs um fim às pretensões de Napoleão na América.

A independência haitiana representou o primeiro movimento de emancipação colonial da América Latina e o segundo do continente, após a independência dos Estados Unidos em 1776. A primeira reação dos estadunidenses foi a recusa em reconhecer a independência do novo país, bem como a legitimidade de seu governo. O medo da revolta dos escravizados era real nos Estados Unidos, cuja região Sul dependia dessa mão de obra. Thomas Jefferson, autor da declaração de independência dos Estados Unidos e presidente à época, não apenas se recusou a reconhecer a independência haitiana, como também decretou um embargo econômico que proibiu o comércio entre os dois países.

Crianças em monumento que homenageia a luta pela independência do Haiti. Porto Príncipe, Haiti. Foto de 2015.

ATIVIDADES

RETOMAR E COMPREENDER

1. Quais foram as principais medidas tomadas por Napoleão durante o Consulado?

2. O que foi o Bloqueio Continental?

3. Quais determinações de Napoleão contradiziam os ideais da Revolução Francesa?

4. Leia o trecho e, em seguida, faça o que se pede.

> O Estado surgiria de um compromisso entre os indivíduos, da vontade do povo, e como tal deveria ser governado por representantes dessa vontade. Essa teoria influenciou a formação dos Estados-nacionais latino-americanos no século XIX, como repúblicas que afirmavam obter seu poder da vontade popular, apesar de na realidade isso raramente acontecer.
>
> Kalina Vanderlei Silva. *Dicionário de conceitos históricos*. São Paulo: Contexto, 2009. p. 116-117.

- Relacione o conceito de Estado com a independência do Haiti.

APLICAR

5. Leia o texto abaixo e responda às questões.

> No que [diz respeito] à família e à condição da mulher, o Código Civil significou retrocesso. [...] As mulheres representavam importante parcela de trabalhadores dedicados a atividades produtivas urbanas e rurais. No meio urbano, viam-se obrigadas a garantir em grande parte a sobrevivência da família [...].
>
> A significativa participação feminina no processo revolucionário produziu [...] uma aspiração específica da mulher à liberdade e à igualdade [...]. Todavia, essa destacada presença, na sociedade, não conseguiu superar a comodidade e o privilégio masculino [...].
>
> Silvio Costa. *Revolução e contrarrevolução na França*. São Paulo: Anita Garibaldi, 1999. p. 159-160.

a) Qual era o papel da mulher na sociedade francesa?

b) Segundo o texto, a luta das mulheres durante a Revolução Francesa gerou mudanças significativas em sua condição?

6. Uma das estratégias utilizadas por Napoleão para exercer o controle político foi a prática de censura à difusão de ideias nos meios de comunicação. Além disso, o ministro da Polícia tinha orientações para fiscalizar atividades políticas oposicionistas de cidadãos franceses, buscando coibir qualquer movimento popular conspiratório.

a) No Brasil atual, a liberdade de imprensa e a liberdade de expressão e de manifestação são garantidas por lei?

b) Em sua opinião, essas garantias são importantes para o exercício da cidadania em uma sociedade democrática?

7. Leia a seguir um trecho da Declaração de Independência do Haiti e, depois, responda às questões.

> Cidadãos,
>
> Não é o bastante ter expulsado de seu país os bárbaros que por gerações o mancharam com sangue; não é o bastante ter reprimido as facções que, sucedendo-se umas às outras, ostentaram um fantasma de liberdade que a França desvelou a seus olhos. Torna-se necessário, por um último ato de autoridade nacional, assegurar para sempre o império de liberdade no país que nos deu à luz. É necessário privar um governo desumano, que até então conservou nossa mente em um estado de torpeza dos mais humilhantes, de toda e qualquer esperança de ser capaz de nos escravizar. Por fim, é necessário viver de forma independente, ou morrer. Independência ou morte! [...]
>
> Jurem, portanto, viver livres e independentes, e preferir a morte a tudo aquilo que os levaria a recolocá-los sob a opressão; jurem perseguir para todo o sempre os traidores e inimigos de sua independência.
>
> J. J. Dessalines
>
> David Armitage. *Declaração de Independência*: uma história global. São Paulo: Companhia das Letras, 2011. p. 159-163.

a) Qual é a preocupação de Dessalines após as lutas de emancipação contra os franceses?

b) Como é descrito o governo dos franceses?

c) Qual medida Dessalines julga ser necessária para manter a independência?

ARQUIVO VIVO

São Domingo e a Revolução Francesa

A luta do povo de São Domingo pela liberdade foi bastante influenciada pelos ideais de liberdade, igualdade e fraternidade que marcaram a Revolução Francesa. Vale dizer que muitos revolucionários franceses, como os jacobinos, defendiam a libertação dos escravizados nas colônias. Vamos analisar alguns documentos para entender melhor a relação entre a Revolução Francesa e os movimentos rebeldes em São Domingo.

Organizar ideias

1. Observe a gravura a seguir.

↑ Detalhe de gravura germânica de autoria desconhecida, de 1791, retratando evento ocorrido neste mesmo ano.

a) Descreva a cena representada nessa imagem.
b) Qual episódio está sendo retratado?
c) Converse com um colega e registre no caderno a conclusão a que vocês chegarem: Que imagem o autor da gravura quis transmitir sobre esse episódio?

80

2. Leia estes dois trechos de documentos históricos e, em seguida, faça o que se pede.

> Art.1º Os homens nascem e são livres e iguais em direitos. As distinções sociais só podem fundamentar-se na utilidade comum.
>
> [...]
>
> Art. 4º A liberdade consiste em poder fazer tudo o que não prejudique o próximo: assim, o exercício dos direitos naturais de cada homem não tem por limites senão aqueles que asseguram aos outros membros da sociedade o gozo dos mesmos direitos. Estes limites só podem ser determinados pela lei.
>
> Declaração dos Direitos do Homem e do Cidadão (1789). Disponível em: <https://www.senat.fr/lng/pt/declaration_droits_homme.html>. Acesso em: 12 fev. 2019.
>
> [...] E vocês, homens inestimáveis, generais intrépidos que, insensíveis aos tormentos pessoais, deram nova vida à liberdade, ao derramar seu sangue; saibam que nada terão feito se não derem às nações um terrível – ainda que justo – exemplo da vingança que tem de ser praticada por um povo orgulhoso de ter reconquistado sua liberdade, e zeloso de mantê-la. Intimidemos aqueles que ousem tentar privar-nos dela novamente. Comecemos com os franceses. Deixem-nos tremer ao aproximar-se de nossas costas, se não devido às crueldades que cometeram, ao menos pela terrível decisão que iremos tomar: a de devotar à morte qualquer nativo da França que conspurque com seus passos sacrílegos este território de liberdade.
>
> Declaração de Independência do Haiti (1804). Citado por: David Armitage. *Declaração de Independência*: uma história global. São Paulo: Companhia das Letras, 2011. p. 160.

a) Do que trata cada um desses textos?
b) O que os dois documentos reivindicam em comum?
c) Você considera que a concepção de Napoleão sobre liberdade, que ele dizia ser a concepção dos revolucionários franceses, correspondia ao conceito de liberdade adotado pelos haitianos que lutaram pela independência? Justifique.

3. Leia o texto a seguir, escrito por um historiador que estudou a independência do Haiti. Depois, responda às questões.

> Um dos erros de cálculo mais graves de Napoleão, quando decidiu reconquistar São Domingos e reescravizar os negros, foi subestimar a extensão em que a liberdade e a igualdade se haviam tornado a religião dos ex-escravizados [...]. Parte da grandeza da extraordinária Revolução Francesa consiste em ter vindo patrocinar a emancipação dos escravos nas Américas; e parte da grandeza da extraordinária Revolução de São Domingos/Haiti é que teve sucesso ao preservar as conquistas da Revolução Francesa contra a própria França.
>
> Robin Blackburn. *A queda do escravismo colonial*: 1776-1848. Rio de Janeiro: Record, 2002. p. 278.

a) Do que trata o texto?
b) Segundo Robin Blackburn, qual foi o erro de cálculo que Napoleão Bonaparte cometeu em relação a São Domingo?
c) Em sua opinião, os documentos analisados anteriormente confirmam ou negam as ideias desse autor? Justifique.

ATIVIDADES INTEGRADAS

RETOMAR E COMPREENDER

1. Leia o texto e responda às questões, relacionando as informações do texto com aquelas que foram apresentadas nesta unidade.

   > O novo governo decretou a Lei do Máximo, fixando preços máximos para todos os produtos e regulamentando os salários. Quem desrespeitasse a lei seria duramente punido. Foi também a Convenção que criou escolas públicas e não religiosas, decretou liberdade dos escravos nas colônias francesas e a partilha dos bens dos nobres exilados entre a população pobre, além de realizar uma reforma agrária que beneficiou 3 milhões de pessoas.
   >
   > Com essas medidas, o Comitê conquistou a simpatia popular, recrutando mais de 300 000 pessoas, em geral pobres, para combater a contrarrevolução e os inimigos externos.
   >
   > Ken Hills. *A Revolução Francesa*. 4. ed. São Paulo: Ática, 1994. p. 23.

   a) Que força política liderava a Convenção?

   b) Segundo o texto, a Convenção jacobina era democrática ou repressora? Justifique.

   c) Quem eram os contrarrevolucionários e os inimigos externos mencionados no texto?

APLICAR

2. Foi durante a Revolução Francesa que surgiram os termos políticos "direita", "esquerda" e "centro". Eles denominavam os grupos políticos que compunham a Assembleia Francesa durante a Convenção, conforme o lado em que tais grupos se sentavam. Atualmente, esses termos são utilizados para definir a orientação política adotada pelos partidos ou por simpatizantes de determinadas ideias sociopolíticas. Reúnam-se em duplas e façam o que se pede.

   a) Descrevam os grupos políticos que compunham o governo francês durante a Convenção.

   b) Pesquisem o que significam as denominações políticas direita e esquerda atualmente.

   c) Com base em suas descobertas, como vocês definiriam os grupos revolucionários franceses?

   d) Identifiquem as medidas tomadas pelo Comitê de Salvação Pública. Expliquem de que forma essas medidas contradiziam a política adotada pelo próprio Comitê.

ANALISAR E VERIFICAR

3. Observe as imagens a seguir, leia as legendas e faça o que se pede.

   ↑ *O primeiro-cônsul Napoleão cruzando os Alpes no passo de Grande São Bernardo*, de Jacques-Louis David, óleo sobre tela. A obra, elaborada em 1802, retrata Napoleão Bonaparte em 1800.

   ↑ Toussaint L'Ouverture, líder dos escravizados insurgentes de São Domingo, retratado em 1802 por Manuel Lopes.

a) Qual é o tema de cada obra?

b) Compare as duas obras: em sua opinião, elas são semelhantes ou diferentes? Explique.

c) De acordo com o que você estudou nesta unidade, explique por que Napoleão e L'Ouverture foram representados dessa forma.

4. Leia o texto a seguir, sobre a colônia de São Domingo, e responda às questões.

> [...]
>
> Quando começaram as insurreições não custou para que os proprietários brancos escolhessem seus aliados. Os mulatos que eram filhos de negros, porém grandes proprietários, não custaram a entrar como aliados dos brancos com o fim de defender os seus direitos burgueses.
>
> Os costumes e linguagem vindos da África com os negros primeiramente [foram] uma barreira para a organização dos escravos na colônia, [pois] os traficantes de escravos [...] [utilizavam a técnica de mesclar africanos de diferentes etnias] [...] para dificultar a organização dos negros contra rebeliões. Porém, com o tempo essas mesclas de línguas, costumes e crenças foram se fundindo e dando origem a uma nova língua chamada *créole* e a um novo sincretismo religioso nomeado vudu. [...]
>
> O desenvolvimento do *créole* significou para os escravos enorme possibilidade de suprimir as diferenças étnicas, significou uma maior possibilidade de união entre eles, e também permitia que se organizassem, para dar informes e conspirarem sem serem descobertos.
>
> O vudu era uma prática religiosa que servia além de tudo para camuflar as conspirações [...]. Os rituais costumavam ser [feitos] nas montanhas, longe das fazendas, ao ritmo dos tambores, formavam-se sociedades secretas que ao longo do tempo tomaram caráter político. [...]
>
> [...]
>
> Alberto Maia Araújo. A disputa entre negros e mulatos no processo de independência do Haiti. *Caderno Temático de História*, v. 2, n. 1, jan./jun. 2014. Disponível em: <http://repositorio.uniceub.br/handle/235/6917>. Acesso em: 12 fev. 2019.

a) Por que os escravizados haitianos tinham dificuldade de se organizar durante o período colonial?

b) De que alternativas eles se utilizavam para se aproximar?

c) Para os escravizados, o que significava formar grupos de convivência na colônia?

CRIAR

5. A linha do tempo possibilita visualizar uma sucessão de acontecimentos relacionados entre si ao longo de um período determinado. Para construir uma linha do tempo, temos de levar em conta:

- a ordem cronológica dos eventos;
- uma escala temporal em que cada centímetro da linha traçada corresponda a uma unidade de tempo (dia, ano, década, século, etc.);
- a elaboração de um título que informe o principal assunto abordado.

a) Retome as datas mencionadas nesta unidade e selecione aquelas que você julgar mais importantes, assim como os respectivos eventos.

b) Em um papel quadriculado, construa uma linha do tempo organizando esses acontecimentos em ordem cronológica. Para isso, considere as orientações listadas acima.

c) Por fim, escreva um texto breve com o objetivo de relacionar os acontecimentos registrados nessa linha do tempo.

6. Na atividade 3 da abertura desta unidade, você refletiu sobre a importância do respeito às fronteiras territoriais de um país. O artigo XV da Declaração Universal dos Direitos Humanos, proclamada em 1948 pela Organização das Nações Unidas (ONU), afirma que todo ser humano tem direito a uma nacionalidade.

a) Em sua opinião, o direito de ter uma nação é respeitado atualmente?

b) Em caso positivo, apresente alguns exemplos em que isso ocorre.

IDEIAS EM CONSTRUÇÃO - UNIDADE 3

Capítulo 1 – A Revolução Francesa
- Identifico a composição da sociedade francesa nas décadas finais do século XIX?
- Compreendo o contexto que levou à Revolução Francesa?
- Identifico as diferentes fases da Revolução Francesa?
- Reconheço os interesses políticos dos grupos que participaram dos processos relacionados à Revolução Francesa?
- Reconheço as repercussões da Revolução Francesa na Europa?

Capítulo 2 – O Império Napoleônico e a Revolução de São Domingo
- Identifico os eventos e interesses que proporcionaram a ascensão de Napoleão Bonaparte ao poder?
- Identifico os interesses pelos quais Napoleão adotou uma política expansionista?
- Reconheço as repercussões da Revolução Francesa em São Domingo?
- Sei relacionar as agitações políticas em São Domingo com os eventos da Revolução Francesa, especialmente com o governo jacobino?
- Identifico as tensões entre o governo de Napoleão e as lideranças políticas negras de São Domingo?
- Identifico os interesses e as ações dos grupos sociais de São Domingo nos processos relacionados à sua independência?

VERIFICAR
Confira os conhecimentos adquiridos na unidade organizando suas ideias e resolvendo as atividades propostas.

UNIDADE 4

INDEPENDÊNCIAS NA AMÉRICA ESPANHOLA

A América espanhola passou por um processo de independência que derivou de fatores internos e externos. Na América, a formação de elites locais e as demandas por autonomia política, mudanças sociais e flexibilização econômica motivaram o crescente desejo pela independência. Do outro lado do Atlântico, na Espanha, a conjuntura de instabilidade, fruto da invasão e da ocupação lideradas por Napoleão, ocasionou movimentos nacionalistas na América e encorajou ideias independentistas.

CAPÍTULO 1
Independências no México e na América Central

CAPÍTULO 2
Independências na América do Sul

PRIMEIRAS IDEIAS

1. A América hispânica, colonizada pelos espanhóis entre os séculos XV e XIX, é composta de diversos países. Você conhece algum deles? Dê exemplos.
2. Você saberia identificar semelhanças e diferenças entre os povos desses países? Quais?
3. Que informações você tem sobre as independências desses países?
4. Você já ouviu falar da presença de negros e de indígenas na América espanhola? Sabe se houve escravidão nesses lugares, como houve no Brasil?

LEITURA DA IMAGEM

1. Essa imagem é de um encontro que acontece em paralelo à Cúpula das Américas. Descreva as pessoas retratadas.

2. Observando a vestimenta das pessoas da foto, que grupo social você acha que elas representam?

3. A Cúpula das Américas se apresenta como um fórum que discute a cooperação econômica entre os países do continente. Os eventos que acontecem paralelamente a ela buscam colocar em cena mais sujeitos sociais. Em sua opinião, qual é a importância de os governos considerarem as opiniões de diferentes grupos sociais para tomar decisões?

4. **ANALISAR** Veja as imagens de diferentes protestos na América Latina, leia as legendas e anote as principais reivindicações apresentadas.

Participantes da Cúpula dos Povos, encontro alternativo ocorrido durante a Cúpula das Américas, em Lima, Peru, 2018. A Cúpula das Américas é um encontro entre os chefes de Estado do continente americano.

Capítulo 1
INDEPENDÊNCIAS NO MÉXICO E NA AMÉRICA CENTRAL

Cada colônia da América espanhola apresentou particularidades em seu processo de independência, com diferentes composições sociais, lideranças e arranjos políticos. Como esses processos locais ajudam a entender a formação dos Estados e das nações, que, após a independência, constituíram com o Brasil a América Latina?

A ESPANHA SOB NAPOLEÃO

Em 1808, o exército napoleônico tomou Madri, a capital da Espanha. Na ocasião, o rei Fernando VII foi deposto e levado à França, onde ficou preso até 1814. Durante esse período, o trono espanhol foi ocupado por José Bonaparte, irmão de Napoleão.

Na Espanha e em suas colônias, houve resistência à autoridade de dom José. Ainda em 1808, os espanhóis entraram em conflito com o exército francês. Em 1812, na cidade de Cádis, representantes de diversas localidades da Espanha e dos vice-reinos na América se reuniram e promulgaram uma nova Constituição, a **Carta de Cádis**. Com características liberais, ela estabeleceu leis iguais para todos os domínios da Espanha.

Em 1814, o Império Napoleônico perdeu forças, o que pôs fim à guerra travada pela autonomia dos espanhóis. Após a expulsão dos franceses, a Coroa foi devolvida a Fernando VII. Reempossado, o rei ignorou o projeto liberal adotado em Cádis. Apoiado pela Igreja e por setores conservadores, retomou com vigor a "recolonização da América", enviando tropas às colônias para reforçar o monopólio comercial nas possessões espanholas.

Painel de azulejos na Plaza de España, em Sevilha, representando a proclamação da Carta de Cádis. Foto de 2017.

CONFLITOS NA AMÉRICA ESPANHOLA

As medidas tomadas por Fernando VII causaram grande insatisfação tanto entre os liberais na Espanha quanto entre a elite colonial. Essa situação acelerou o processo de desintegração dos vice-reinos e as lutas pelas independências na América.

Administradas pela Coroa espanhola desde o século XVI, as colônias que formavam a América hispânica tinham em comum o fato de apresentar grande quantidade de populações indígenas, em sua maioria marginalizadas. As atividades econômicas eram condicionadas aos interesses da Coroa e estavam concentradas nas elites. Os laços com a Espanha abrangiam desde aspectos culturais até a estrutura administrativa.

A administração colonial na América espanhola se organizava em vice-reinos. Inicialmente, foram criados os vice-reinos do Peru (1524) e de Nova Espanha (1535), a que se somaram os vice-reinos de Nova Granada (1717) e do Rio da Prata (1776). Havia também capitanias, a exemplo de Chile, Venezuela e Cuba.

Nos vice-reinos, o poder político estava concentrado nas mãos dos *chapetones*, espanhóis que ocupavam os mais altos cargos administrativos, militares e religiosos. Eles tinham bastante prestígio e privilégios na estrutura colonial. Os *criollos*, descendentes de espanhóis nascidos na América, faziam parte da elite econômica, mas eram impedidos de ter atuação política, reservada aos *chapetones*. Os mestiços de indígenas e espanhóis, os indígenas e os negros escravizados de origem africana formavam a maior parte da sociedade na época. Não tinham direitos políticos ou sociais e eram explorados por *chapetones* e *criollos*.

As medidas do rei Fernando VII provocaram reações da elite colonial, especialmente dos *criollos*. Esse grupo reivindicava liberdade para produzir mercadorias e fazer comércio com outras metrópoles e, para evitar o pagamento dos altos impostos, formava redes de corrupção, favorecidas pela difícil fiscalização dos vastos territórios coloniais.

Mas não eram apenas os setores da elite que estavam em conflito com a Coroa espanhola.

Fonte de pesquisa: Cláudio Vicentino. *Atlas histórico: geral e Brasil*. São Paulo: Scipione, 2011. p. 123.

> **LIVRO ABERTO**
>
> *A filha de Tupac Amaru*, de Sônia Sales. São Paulo: Companhia Editora Nacional, 2006 (Série Lazuli Juvenil).
>
> Em uma viagem a Cuzco e a Machu Picchu, no Peru, Ana Luísa e seu amigo Ricardo Alexandre conhecem um velho indígena que diz à garota que ela é uma princesa. Essa será uma viagem cheia de grandes descobertas.

A REVOLTA DE TUPAC AMARU II

Os indígenas eram alvos de uma agressiva política da Coroa espanhola. Eles tiveram suas terras invadidas, eram submetidos a trabalhos forçados – como o insalubre trabalho nas minas – e enfrentavam muitas situações de conflito. A resistência indígena se expressava de diversas formas, em negociações e também em revoltas. A mais importante dessas rebeliões foi a de Tupac Amaru, ainda no século XVIII.

O movimento foi liderado por José Gabriel Condorcanquí, que se autodenominou Tupac Amaru II. O nome escolhido por ele era uma referência ao último líder inca, Tupac Amaru I (do qual era descendente), e mostra a persistência de valores incas séculos após a dissolução daquele Estado.

Comerciante mestiço, Tupac Amaru teve contato com as ideias iluministas europeias. Também conhecia a realidade da exploração indígena, pois havia visitado as minas de Potosí, importante centro de mineração durante o período colonial, no qual os indígenas eram submetidos a degradantes condições de trabalho e de existência.

Amaru passou a se opor ao sistema colonial espanhol e, em novembro de 1780, liderou uma grande revolta contra a exploração exagerada do trabalho indígena e os desmandos das autoridades espanholas. Conseguiu algumas vitórias, mas foi derrotado e capturado pelos espanhóis em 1781. Morto em praça pública na cidade de Cuzco, Tupac Amaru tornou-se figura simbólica das aspirações anticoloniais dos indígenas.

Naquele momento, as ideias e os movimentos que desejavam a independência do vice-reino do Peru e de outras áreas na América ainda eram pouco expressivos, mas a rebelião de Tupac Amaru é considerada um importante "ensaio" do processo de emancipação dessas regiões.

Pintura em parede na província de Cuzco, Peru, dá boas-vindas aos visitantes da terra natal do líder revolucionário Tupac Amaru II, 230 anos após sua morte. Manuela Bastidas era sua esposa. Foto de 2011.

A INDEPENDÊNCIA DO MÉXICO

O vice-reino de Nova Espanha contou com intensa participação popular em seu processo de independência, que pode ser dividido em duas fases.

Na primeira fase, iniciada sob a liderança dos padres **Miguel Hidalgo** e **José María Morelos** em 1810, as camadas populares se agruparam em torno de reivindicações sociais e políticas, principalmente com relação à distribuição das terras. O movimento, que se espalhou por toda a Nova Espanha, era formado majoritariamente por trabalhadores pobres, mestiços e indígenas. Após algumas vitórias, os revoltosos sofreram muitas baixas, que culminaram com a prisão e a execução de Hidalgo (1811) e de Morelos (1815).

Mesmo após a derrota desses dois líderes, o clima de insatisfação continuou evidente na colônia. Temendo outras revoltas populares e a perda do poder, os *chapetones* e os *criollos*, que também questionavam a dominação espanhola, tomaram o controle do processo de independência, que, assim, entrava na segunda fase.

Em 1820, o líder *criollo* Agustín de Iturbide elaborou o **Plano de Iguala**, com base na Constituição liberal de Cádis. De acordo com esse plano, seria decretada a independência da Nova Espanha, tornando-a uma monarquia católica constitucional. Uma vez decretada a independência, não haveria distinção entre espanhóis e os nascidos na América hispânica. Em 1822, Iturbide proclamou-se imperador da região. Estavam declaradas a independência da Nova Espanha e a criação do Império do México.

O governo Iturbide durou pouco. Com características autoritárias, o imperador era contestado por líderes de diferentes regiões, a exemplo de Josefa Ortíz de Dominguez, conhecida como *La Corregidora*. Josefa Dominguez havia participado do processo de independência e defendia a implementação de uma república. Em 1823, Iturbide foi deposto e, no ano seguinte, executado. Uma nova Constituição foi elaborada, e o México tornou-se uma república federativa.

república federativa: regime republicano em que as províncias têm certa autonomia, mas estão unidas sob um governo federal.

O grito de Dolores, s. d. De autoria desconhecida, a pintura mural retrata, de modo simbólico, o evento que marcou o início da luta pela independência mexicana: na paróquia de Dolores, o padre Miguel Hidalgo teria feito soar os sinos da igreja, conclamando a população a lutar contra a dominação espanhola.

INDEPENDÊNCIAS NA AMÉRICA CENTRAL

Em 1804, o Caribe, centro geográfico e núcleo original da colonização espanhola, foi palco da independência do Haiti, a primeira na América hispânica. No fim do século XIX, na mesma região, ocorreu também a última delas, em Cuba.

Grande parte da América Central, onde se situa o Caribe, fazia parte do vice-reino de Nova Espanha (reveja o mapa da página 89) e, por isso, sofreu grande influência da independência mexicana. No México, o processo foi liderado pela elite *criolla* e, comparado às outras independências do período na América, foi menos sangrento e relativamente mais negociado.

Com a dissolução do efêmero Império Mexicano, em 1823, e sob o entusiasmo dos grupos liberais, os territórios localizados ao sul do atual México se congregaram em uma federação republicana, também conhecida como **Províncias Unidas da América Central**. Dois anos depois, a federação passou a ser denominada República Federativa da América Central. É possível notar, na organização política local após a independência, a influência da emancipação dos Estados Unidos e a propagação de ideias federalistas.

Apesar de apresentar uma imagem de homogeneidade, essa região comportava diferentes interesses locais, impulsionados pela desarticulada colonização espanhola. Economias pobres e pouco integradas representaram um grande obstáculo para o desenvolvimento da nova federação.

Além desse aspecto, as disputas entre os poderes locais e entre liberais e conservadores levaram, em 1840, à dissolução da federação, dando origem a alguns países que atualmente formam a América Central – Guatemala, Honduras, El Salvador, Nicarágua e Costa Rica.

Ao longo do século XIX, houve outras tentativas de agrupar esses países, por vezes inspiradas no **Pan-Americanismo** (como veremos ao final desta unidade), mas o projeto não foi concretizado.

↑ O brasão da República Federativa da América Central (República Federal de Centro América, em espanhol) explica parte do projeto político e de integração dessa região da América espanhola. As cinco montanhas representam os cinco territórios que compunham a federação e que correspondem aos atuais Costa Rica, El Salvador, Guatemala, Honduras e Nicarágua. Nele, observam-se, ainda, o mar, que banha todas as repúblicas, e o "barrete da liberdade", isto é, a touca vermelha usada pelos revolucionários durante a Revolução Francesa, mostrando a filiação política das recém-formadas repúblicas independentes.

O centro histórico de Antígua, na Guatemala, é tombado pela Organização das Nações Unidas para a Educação, a Ciência e a Cultura (Unesco) por preservar o traçado urbano e as características arquitetônicas do período colonial. A Guatemala se tornou independente da Espanha em 1821. Foto de 2017.

CUBA, A ÚLTIMA INDEPENDÊNCIA

Na composição social de Cuba, ilha caribenha próxima ao Haiti, predominavam os africanos escravizados, que trabalhavam nos latifúndios agrícolas. Dessa forma, a revolução de São Domingo repercutiu em Cuba provocando, nas elites, o medo de que as revoltas de escravizados também pudessem ocorrer em suas terras.

Esse medo levou a elite cubana a recusar engajar-se na busca de autonomia política, pois priorizava a manutenção de suas propriedades e da mão de obra escrava. Além disso, essa elite já tinha liberdade para comercializar com os Estados Unidos, uma atividade muito lucrativa.

Essa conjuntura ajuda a explicar o fato de o processo de independência cubano ter sido tardio e longo: teve início apenas em 1868 e se alongou, de modo intermitente, até 1898. Desde o início, ficou evidente que a Coroa espanhola lutaria para preservar seu domínio, pois Cuba era um dos últimos redutos coloniais da Espanha.

Um importante líder da independência cubana foi o poeta e escritor **José Martí**. Defensor da soberania do território e difusor de um sentimento nacional contra os colonizadores, Martí congregou amplas camadas sociais, como negros ex-escravizados, profissionais liberais e trabalhadores rurais. Na última fase da guerra de independência, que teve início em 1895, Martí morreu em combate.

Em 1898, os Estados Unidos entraram no conflito de forma decisiva, declarando guerra à Espanha e colocando fim aos embates. Após a independência, o governo estadunidense manteve tropas na ilha e exerceu forte interferência na elaboração da Constituição cubana, aprovada em 1901. Um dos artigos dessa Constituição, conhecido como **Emenda Platt**, assegurava aos Estados Unidos o direito de intervir nos assuntos internos do novo Estado cubano.

↗ Miguel Diaz Salinero. *Retrato de José Martí*, c. 1900. Martí fundou jornais separatistas e, posteriormente, em 1892, criou o Partido Revolucionário Cubano.

← Na foto, soldados cubanos acampados próximo a Guanabacoa durante a Guerra de Independência Cubana em 1898.

PROJETOS DE NAÇÃO

Antes mesmo dos conflitos declarados contra os espanhóis e das lutas pela independência, intelectuais e populares discutiam os rumos que as áreas administradas pela Coroa espanhola deveriam tomar. Após a independência, essa tarefa se tornou urgente.

Para compreender a formação desses Estados, é necessário distinguir os diferentes projetos de nação que estavam em jogo. O regime monárquico ainda tinha defensores na pós-independência, mas a maioria dos independentistas defendia a **república presidencialista**. Uma divisão clássica, que se repetiu em vários Estados nascentes da região e gerou confrontos políticos e, às vezes, militares, se deu entre liberais e conservadores.

De modo geral, os **liberais** defendiam, além do livre-comércio, a unidade e a centralização do governo. Inspirados nas ideias iluministas europeias, viam na formação dos Estados na América a possibilidade de construir uma nova civilização nos moldes europeus e postulavam que os novos países deveriam ser **modernos**.

Os **conservadores**, por outro lado, estavam ligados ao poder local. Tinham apoio popular mais notório no interior, com base nas relações de dominação vigentes no campo. Pendiam a defender o mercado interno nas relações comerciais, opondo-se em parte ao pensamento liberal. Defendiam os valores **tradicionais**, como a família e a Igreja.

Os projetos de nação se definiram nos embates acerca dos rumos das novas repúblicas no tocante à estrutura administrativa, ao grau de autonomia das províncias em relação ao poder central, ao papel das comunidades indígenas, entre outros. Nesse cenário, a Igreja católica, antes detentora de muitos privilégios durante a administração espanhola, enfrentava a oposição dos liberais, contrários à designação do catolicismo como religião oficial, às regalias que os membros do clero usufruíam e à propagação das ideias religiosas consideradas atrasadas. Assim, os novos Estados passaram por um processo de secularização do poder, também registrado nas novas constituições e com progressiva influência nos costumes e nas relações sociais (como o registro civil para os matrimônios, o enterro em cemitérios públicos e a educação laica).

GUERRA DA REFORMA

No México, as disputas entre os diferentes projetos de Estado, especialmente no que dizia respeito à secularização do poder, levaram a um conflito entre liberais e conservadores que ficou conhecido como Guerra da Reforma. Ela teve início em 1857 e só terminou em 1861, com a vitória dos liberais.

secularização: ato de tornar secular, isto é, tirar pessoas, crenças, instituições, etc. do domínio religioso e transferi-las para o domínio civil.

Crianças brincam em comunidade indígena na Nicarágua, 2016. Apesar de a cultura e os direitos indígenas terem sido pouco considerados nos projetos de nação da América Latina, o protagonismo dos povos indígenas lhes garantiu algumas conquistas. Mas ainda há muito o que conquistar.

ATIVIDADES

RETOMAR E COMPREENDER

1. Após a invasão de Napoleão, o rei espanhol Fernando VII ficou aprisionado entre 1808 e 1814 na França, enquanto o trono da Espanha foi assumido por José Bonaparte. Considerando o que foi apresentado neste capítulo, responda:

    a) Por que as colônias espanholas na América resistiram à autoridade de José Bonaparte?

    b) Como essa resistência influenciou as independências na América espanhola?

APLICAR

2. Leia atentamente o trecho de texto abaixo e responda às questões.

    > Entre os anos de 1810 e 1820 [...], o inimigo comum era a Espanha. Todos os esforços concentravam-se em acabar com o domínio da Espanha, e a tônica dos discursos era a liberdade. Liberdade, entretanto, não é um conceito entendido de forma única: tem significados diversos, apropriados também de formas particulares pelos diversos segmentos da sociedade.
    >
    > Maria Ligia Coelho Prado. *A formação das nações latino-americanas*. São Paulo: Atual, 1994. p. 14.

    a) Que diferentes sentidos de liberdade podem ser identificados nos processos de independência na América espanhola?

    b) Quais eram as semelhanças entre as concepções de liberdade adotadas por escravizados e por indígenas?

    c) Pensando no que você estudou neste capítulo, por que as elites se opunham às ideias de liberdade das camadas populares?

3. Durante o processo de independência de Cuba, Ana Betancourt (1832-1901) se destacou como uma aristocrata que, progressivamente, aderiu à causa da independência, chegando a integrar, com o marido, as tropas revolucionárias que ocupavam as florestas. Em pleno século XIX, ela combinou o discurso pró-independência nacionalista cubano com as reivindicações pelos direitos das mulheres. Discuta com um colega as questões a seguir e registre no caderno as conclusões a que vocês chegaram.

    a) Por que as mulheres tiveram pouca visibilidade nos processos de independência da América hispânica?

    b) O que as informações sobre Ana Betancourt indicam acerca da atuação feminina nas guerras de independência?

4. As independências levaram a uma reconfiguração do mapa da América. Observe o mapa América espanhola: Vice-reinos (séculos XVIII-XIX), da página 89, e compare-o com o mapa ao lado. Depois, responda às questões.

    a) Quais são as principais mudanças geográficas observadas na comparação entre os mapas?

    b) Em sua opinião, o Brasil passou por mudanças parecidas?

    Fonte de pesquisa: *Atlas geográfico escolar*. 7. ed. Rio de Janeiro: IBGE, 2016. p. 37, 39, 41.

    América Latina: Político (2016)

95

HISTÓRIA DINÂMICA

Direitos e a formação dos Estados na América hispânica

A formação dos Estados independentes na América hispânica, processo que se deu ao longo do século XIX, ocorreu de forma particular em cada contexto nacional. Contudo, havia desafios e tarefas comuns.

A disputa entre liberais e conservadores, por exemplo, continuou tensa durante a formação dos Estados, estendendo-se pelo século XX. Essas duas orientações políticas se enfrentaram em diversas questões, mas firmaram acordos que possibilitaram construir os elementos básicos dos novos Estados.

Como fruto dessa disputa, as **constituições nacionais** consolidaram desigualdades e privilégios, visto que, embora tenham sido elaboradas por membros da elite, buscavam uma sociedade alicerçada na igualdade de direitos e livre da colonização espanhola.

A relação dessas constituições com a nova Constituição liberal escrita na Espanha, a Carta de Cádis, é notória, mas havia muitas diferenças entre elas:

> Se em Cádis se tratava de colocar freios ao poder absolutista do monarca, de recortar, disciplinar e redefinir sua soberania, nas antigas colônias a urgência era garantir o poder da autoridade central. O traço unitário ou centralista era comum.
>
> Patricia Funes. *Historia mínima de las ideas políticas en América Latina*. Ciudad de México: El Colegio de México, 2014. p. 41. Tradução nossa.

As novas nações também passaram a elaborar uma narrativa sobre a independência, de forma que a história contada sobre o rompimento com os espanhóis também sustentasse os interesses políticos das elites e do Estado.

> O relato historiográfico do século XIX [...] começava com a independência [...]. Essa narrativa fundava a Nação mais contra o seu passado do que a partir dele. A história teria se desenvolvido fatalmente conforme o movimento universal de liberdade e progresso, impulsionado pela clarividência dos grandes homens. As culturas dos povos originários eram omitidas, quando não diretamente atacadas.
>
> Patricia Funes. *Historia mínima de las ideas políticas en América Latina*. Ciudad de México: El Colegio de México, 2014. p. 65. Tradução nossa.

← *Monumento à Independência*, na Cidade do México, em foto de 2017. A construção de símbolos, discursos e imagens que associassem os novos Estados, os regimes republicanos e um ideal de liberdade e de civilização teve papel central nas comemorações dos centenários da independência em toda a América espanhola, demarcando uma forma oficial de narrar o processo de emancipação dessa região.

No começo do século XX, os países da América Latina comemoraram com pompa e circunstância o primeiro centenário de suas independências, consolidando a versão que "deveria" ser contada sobre a história da independência.

> Entretanto, analisados em perspectiva histórica, os centenários podem ser pensados como o canto do cisne da ordem oligárquica. Essa apoteose otimista que inundou as celebrações não pôde ocultar as rachaduras que esse projeto trazia consigo: os protestos operários, camponeses e dos setores médios. Em síntese: dos excluídos.
>
> Patricia Funes. *Historia mínima de las ideas políticas en América Latina*. Ciudad de México: El Colegio de México, 2014. p. 80, 87. Tradução nossa.

Assim, os estudos históricos sobre a independência devem contemplar as atuações de grupos pouco retratados na "história oficial" das elites, como indígenas, negros, mulheres, camponeses, trabalhadores, entre outros. Essa é uma tarefa difícil, mas da qual muitos historiadores têm se ocupado nas últimas décadas. A escassez de fontes, o alto índice de analfabetismo no período e a ideia, hoje superada, de que somente a história dos grandes líderes interessava silenciaram por muito tempo a participação histórica, e essencial, desses grupos.

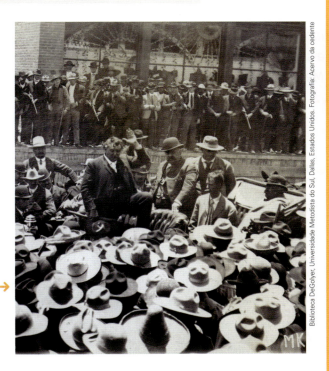

As primeiras décadas do século XX, na América Latina, foram marcadas por movimentos e protestos organizados pelos grupos sociais que haviam sido relegados a segundo plano nos projetos de independência. Na foto, trabalhadores em greve fazem reivindicações ao proprietário da empresa. Cananea, México, 1906.

Em discussão

1. Quais diferenças podem ser observadas entre o processo de escrita das constituições nacionais na América espanhola e a redação da Carta de Cádis?

2. Após a independência, os Estados correspondentes a territórios outrora dominados pela Espanha elaboraram bandeiras, hinos, constituições, datas comemorativas, etc. Por que havia a preocupação em (re)criar esses elementos?

3. Com relação à historiografia das independências produzida no século XIX, responda:
   a) Que grupo foi apresentado como protagonista das independências?
   b) E que grupos foram ignorados pela "história oficial"?
   c) Em sua opinião, por que esses grupos foram ignorados?

Capítulo 2
INDEPENDÊNCIAS NA AMÉRICA DO SUL

Assim como na América Central e no México, os processos de independência nas colônias espanholas da América do Sul foram liderados pelas elites locais. Que motivos levaram os interesses das elites locais a se chocar com os da Metrópole?

A INDEPENDÊNCIA DA VENEZUELA E A DE NOVA GRANADA

O processo de independência do vice-reino de Nova Granada e da capitania-geral da Venezuela foi liderado pela elite econômica local. Para essa elite, a dominação espanhola significava um impedimento para a conquista de mercados consumidores nos Estados Unidos, no Caribe e na Europa. Sem a interferência da Espanha e contando com uma posição geográfica estratégica, os comerciantes de Nova Granada e da Venezuela poderiam atuar diretamente nesses mercados.

Em 1810, em meio à crise do governo espanhol, formaram-se, em várias cidades de Nova Granada e da Venezuela, juntas governativas compostas de pessoas influentes, que passaram a responder pelo poder político nessas localidades.

Os integrantes dessas juntas não reconheciam a autoridade de José Bonaparte e se negavam a obedecer ao governo espanhol enquanto este estivesse nas mãos dos franceses.

O processo de independência na região foi impulsionado por essa crise de legitimidade do governo da Metrópole. Em 1811, a Junta de Caracas (capital da capitania) proclamou a independência da Venezuela. As forças da Metrópole reagiram com bastante violência, dando início a um período de intensos conflitos armados. As forças a favor da independência foram mais tarde chamadas de **patriotas** e tinham **Simón Bolívar** como principal liderança.

↓ Jovem colombiano enfeita com flores a estátua de Simón Bolívar em Bogotá, Colômbia, 2016. Simón Bolívar (1783-1830) nasceu em Caracas, em importante família de proprietários rurais. Viajou pela Europa e, em contato com as ideias iluministas, passou a gestar o sonho de ver sua pátria tornar-se independente da Espanha, além de idealizar a integração hispano-americana. Voltou à América para se engajar nas lutas de independência e tornou-se um dos maiores líderes do processo de emancipação desse continente.

A GRÃ-COLÔMBIA

Nascido em uma família abastada, Simón Bolívar teve uma educação de inspiração liberal. Ele defendia, além da independência, a unificação das colônias espanholas após a conquista da autonomia. Acreditava na república como forma de governo, mas não defendia a participação popular ou mudanças estruturais na sociedade.

Para colocar esse plano em prática, contou com reforços de indígenas, negros escravizados e mestiços em seu exército. Após anos de luta, em 1819, o exército bolivariano venceu a Batalha de Boyaca contra os **realistas** (partidários do rei da Espanha) e Bolívar proclamou a independência do vice-reino, que passou a se chamar **Grã-Colômbia**. Tornou-se, então, presidente do novo país.

Em 1821, a Venezuela foi incorporada à Grã-Colômbia. Bolívar sonhava que todas as ex-colônias da América hispânica pudessem formar uma só nação, mas esse projeto encontrou forte oposição de grande parte das elites locais.

Em 1830, a Grã-Colômbia foi dissolvida e dividida nos atuais países Colômbia (até 1903 também abrangendo o Panamá), Venezuela e Equador.

Nos novos Estados criados, a divisão política e ideológica entre liberais e conservadores deu o tom da organização das novas repúblicas. Na **Colômbia**, por exemplo, os liberais assumiram o poder em 1849, após longa temporada sob o domínio dos conservadores.

Nesse período, aboliram a escravidão (1851) e passaram a restringir a atuação da Igreja católica, tradicional aliada dos conservadores colombianos.

A tensão entre os grupos desencadeou guerras civis e períodos de acentuada violência. Na década de 1870, os conservadores voltaram ao poder e reverteram várias medidas adotadas durante a República Liberal.

R. Weibezahl. *Desfile da vitória de Simón Bolívar em Caracas*. Litografia com giz, 1832. Bolívar foi chamado de *El libertador* e é visto como herói em muitos países da América Latina.

> **AS CAMPANHAS DO DESERTO**
>
> A partir da década de 1870, o governo argentino passou a patrocinar ofensivas contra as comunidades indígenas ao sul do território para ocupar suas terras. Essas ofensivas ficaram conhecidas como *Campanhas do Deserto*, e a justificativa do governo era "civilizar" os indígenas e expandir a fronteira agrícola.
>
> Os indígenas se organizaram para enfrentar as tropas militares, mas o desequilíbrio de forças resultou na morte de milhares deles; os que escaparam foram forçados a deixar suas terras em direção ao norte do país.

↑ Estátua de José Artigas, em Washington (EUA). Foto de 2017.

A INDEPENDÊNCIA DO VICE-REINO DO RIO DA PRATA

A independência do vice-reino do Rio da Prata (atuais Argentina, Paraguai, Bolívia e Uruguai) também foi articulada pelas elites. Assim como em Nova Granada, havia ali um conflito de interesses entre as elites locais e a Coroa espanhola.

Em 1810, formou-se em Buenos Aires uma junta governativa que passou a exercer o poder político local. Liderada por Cornelio Saavedra, era composta de membros de diferentes vertentes políticas, mas enfrentou resistência das regiões do interior, que temiam que sua economia local ficasse subordinada a essa cidade.

Após várias batalhas entre realistas e patriotas, em 1816, no **Congresso de Tucumán**, foi declarada a independência das Províncias Unidas do Rio da Prata. Essa denominação vigorou até 1826, quando a primeira carta constitucional mudou o nome do país para **Argentina**. Um dos principais líderes da emancipação política argentina foi **José de San Martín** (1778-1850), governador da província de Mendoza, na atual Argentina. Ele era contra a dominação da Espanha e o absolutismo e tendia a defender, para os novos países da América hispânica, uma monarquia constitucional.

San Martín e seus aliados acreditavam que, para garantir a independência da Argentina, seria necessário libertar também outras regiões da América do Sul, como a capitania do Chile e o vice-reino do Peru, uma vez que o domínio espanhol nessas regiões poderia representar ameaça ao novo país. Diante disso, ele avançou com as tropas em direção a essas áreas. A primeira independência conquistada foi a do **Chile**, em 1818, na Batalha de Maipu, na qual San Martín se aliou ao líder local Bernardo O'Higgins (que governou o Chile independente até 1823). Dois anos depois, as tropas de San Martín deslocaram-se para o Peru.

A **Bolívia** conquistou sua autonomia política apenas em 1825, no contexto da luta pela independência do Peru, e seu nome foi uma homenagem a Simón Bolívar.

A INDEPENDÊNCIA DO URUGUAI

No início do século XIX, em meio aos processos de independência, o território hoje correspondente ao Uruguai foi disputado por dois "gigantes" que o circundavam: Brasil e Argentina. Antiga parte do vice-reino do Rio da Prata, o Uruguai foi invadido pelo Brasil em 1825 e então batizado de Província Cisplatina. Com o apoio dos argentinos, a resistência local conseguiu a independência do Império Brasileiro. Na disputa, destacou-se a liderança de José Artigas (1764-1850), militar que também havia lutado pela independência do vice-reino do Rio da Prata. A independência uruguaia foi oficializada em 1828 com o Tratado de Montevidéu.

A INDEPENDÊNCIA DO VICE-REINO DO PERU

Na área que abrangia o vice-reino do Peru ficava grande parte dos recursos minerais explorados durante o período colonial. Lima, a capital, fundada em 1535, concentrava a maior parte do fluxo de pessoas, mercadorias e ideias da região.

As relações entre os colonizadores e a população envolvia uma trama de interesses. Os indígenas haviam se revoltado contra os espanhóis diversas vezes ao longo do período colonial, e o ponto máximo desse confronto foi a revolta liderada por Tupac Amaru em 1780. Entretanto, parte da elite *criolla* sentia-se amparada pelo regime colonial e apoiava os espanhóis. Assim, quando, nas primeiras décadas do século XIX, os territórios da América espanhola declararam-se independentes do poder colonial, o vice-reino peruano também viveu o clima de instabilidade política e jurídica, mas permaneceu sob o domínio espanhol.

O complexo processo de independência do Peru envolveu as tropas de San Martín e as de Simón Bolívar, que acreditavam que, para vencer definitivamente os espanhóis na América, seria essencial expulsá-los daquela região. Após campanhas militares bem-sucedidas, San Martín chegou ao Peru vindo do sul e ocupou Lima. Parte da população local apoiou o movimento, e a independência do Peru foi decretada em 1821. Todavia, havia focos de resistência ao projeto de independência, pois alguns *criollos* eram realistas e não queriam romper o vínculo colonial.

Por esse motivo, após a luta pela independência do vice-reino de Nova Granada, as tropas de Bolívar entraram no vice-reino do Peru pelo norte e reforçaram as forças patriotas. Depois da decisiva batalha de Ayacucho, em 1824, o Peru tornou-se, em definitivo, um país independente.

PASSAPORTE DIGITAL

Fundação Memorial da América Latina
A Fundação Memorial da América Latina é um centro cultural situado na cidade de São Paulo. Sedia diferentes eventos e tem exposições permanentes com temas relacionados à América Latina. No *site*, além da programação dos eventos, há documentos e imagens de países latino-americanos.
Disponível em: <http://linkte.me/b6406>. Acesso em: 12 fev. 2019.

ANALISAR

Acompanhe as trajetórias de Simón Bolívar e San Martín e registre no caderno os principais fatos destacados nas imagens.

Juan Lepiani. *A independência do Peru*. Óleo sobre tela, 1904.
Nessa pintura, San Martín, de costas, proclama a independência do Peru e é saudado pela multidão. Ao seu redor, podem-se observar os estratos sociais que garantiram a condução do processo de independência peruana e a elaboração da Constituição desse Estado: membros da elite *criolla*, na maioria militares, e um sacerdote católico.

CONTINUIDADES E RUPTURAS NO PÓS-INDEPENDÊNCIA

Ao longo desta unidade, vimos que os processos de independência de cada região da América espanhola tiveram particularidades, mas também algumas características em comum.

Em todas as regiões, houve o rompimento político em relação à Espanha, o que provocou debates sobre os rumos das novas repúblicas e levou à refundação das estruturas jurídicas e políticas. Contudo, quem debateu e promoveu os rumos das novas nações foram as elites, que excluíram outros grupos sociais dos projetos das nações independentes. Um quadro de inegável opressão social e sujeição política e econômica foi a realidade "independente" de comunidades indígenas, populações negras, mulheres, pequenos comerciantes e trabalhadores pobres.

O sentido de liberdade e independência propagado pelas elites estava ligado principalmente às questões comerciais. Portanto, não incluía a abolição da escravidão nem a concessão de direitos mínimos às mulheres, às comunidades indígenas ou às camadas populares.

As elites coloniais apropriaram-se de maneira particular de eventos e ideias que ocorriam em outros lugares, como a independência dos Estados Unidos, o Iluminismo na Europa e as disputas pelo trono espanhol. Interpretados com base na realidade do continente, esses acontecimentos foram adaptados às novas condições e aos interesses de diferentes grupos sociais, sofrendo modificações e reinvenções. O vínculo entre a América espanhola e os antigos colonizadores europeus envolveu a assimilação de algumas características culturais, políticas e administrativas, mas também a rejeição de outras, sendo necessário um olhar apurado para a realidade de cada novo país.

> **O DIREITO DE PARTICIPAR**
>
> Em muitas regiões da América espanhola, a independência era um anseio popular, mas foram as elites que assumiram a luta e o poder.
>
> 1. Discuta com os colegas o papel que as elites podem ter em uma luta política e quais são as perdas quando não existe envolvimento popular nas decisões políticas de uma nação.
> 2. **ANALISAR** Observe as imagens sobre as independências na América espanhola e identifique quais são os grupos sociais retratados.

> **O MURALISMO**
>
> A imagem desta página é representativa do muralismo, manifestação artística que surgiu nas primeiras décadas do século XX, no México.
>
> Coloridos e realistas, os murais desse movimento têm como tema recorrente a história do país. O objetivo dos muralistas é narrar uma história não oficial, em que todos os segmentos sociais estejam retratados.

Detalhe do mural *Retablo de la Independencia*, 1961, em exposição no Museu Nacional de História (Cidade do México). Produzido pelo arquiteto e pintor mexicano Juan O'Gorman, o mural tem quase 16 metros de largura e mais de 4 metros de altura e retrata diversas fases do processo de independência mexicano. O detalhe representa a luta popular, simbolizada pela presença do padre José María Morelos, ao centro.

ATIVIDADES

RETOMAR E COMPREENDER

1. Estabeleça uma relação entre a independência do vice-reino do Rio da Prata e a do vice-reino do Peru.

2. Identifique pelo menos dois líderes dos processos de independência na América espanhola citados neste capítulo. No caderno, escreva o nome de cada um, o local em que atuou e suas principais ideias.

3. A conformação territorial da Argentina passou pela confederação de províncias do antigo vice-reino do Rio da Prata, formando as Províncias Unidas do Rio da Prata.
   a) O que configura uma confederação de territórios?
   b) Qual foi a importância dessa confederação para a emancipação política e a formação da atual Argentina?

APLICAR

4. Leia o trecho a seguir e, depois, faça o que se pede.

   > As vitórias e derrotas das forças rebeldes lideradas por Simón Bolívar, no norte da América do Sul, demonstravam a dificuldade da Espanha em vencer os rebeldes e os obstáculos que estes enfrentavam para manter as conquistas. Depois da restauração de Fernando VII […] chegou a Nova Granada a grande expedição do general Pablo Morillo para reconquistar os territórios perdidos. A repressão foi muito violenta, indicando, num primeiro momento, que esta era a estratégia correta. Mas a resistência rebelde também adensou, alimentada por insatisfação crescente frente às arbitrariedades das forças realistas. Bolívar e seus generais reorganizaram os exércitos e iniciaram a virada de tabuleiro da guerra, prometendo alforria aos escravos que se alistassem e terra aos soldados do exército.
   >
   > Maria Ligia Prado. *História da América Latina*. São Paulo: Contexto, 2016. p. 32.

   a) Quais foram os impactos da restauração de Fernando VII para as guerras de independência encabeçadas por Simón Bolívar na Grã-Colômbia?
   b) Como se deu a participação dos escravizados no processo de independência da Grã-Colômbia?

5. Observe a imagem e responda às questões.

← Martín Tovar y Tovar. *Batalha de Boyaca*, 1895. Afresco do Palácio Federal Legislativo de Caracas.

   a) Qual evento histórico é representado nessa pintura?
   b) Observe as roupas usadas pelos soldados rebeldes. O que explica essa diferenciação?
   c) Qual foi a importância dos setores populares nesse evento?

AMPLIANDO HORIZONTES

O Pan-Americanismo

O Pan-Americanismo corresponde ao ideário de integração dos países da América, sendo motivo de disputas, discursos e ações de diversos agentes ao longo do tempo. Durante as independências, **Simón Bolívar** foi um notório defensor da integração dos países hispano-americanos após a libertação do jugo espanhol. Na **Carta da Jamaica**, escrita em 1815, Bolívar expôs suas ideias acerca dessa integração.

> Eu desejo, mais do que qualquer outro, ver se formar na América a maior nação do mundo, menos por sua extensão e riqueza, que por sua liberdade e glória. [...] É uma grande ideia pretender formar no novo mundo uma única nação, que ligue suas partes entre si e com o todo. Já que tem a mesma origem, linguagem, costumes e religião, deve, portanto, ter um único Governo, o que confederaria os diferentes estados [...].
>
> Simón Bolívar. *Carta de Jamaica*: 1815-2015. Caracas: Comisión Presidencial para la Conmemoración del Bicentenario de la Carta de Jamaica, 2015. p. 23, 28. Tradução nossa.

O desdobramento do Pan-Americanismo de Bolívar foi o **Congresso do Panamá**, em 1826, do qual participaram o México, a República Federativa da América Central, a Grã-Colômbia (Colômbia, Venezuela e Equador) e o Peru (incluindo, então, a Bolívia). Decidiram pela abolição do tráfico de escravos e pela cooperação militar caso houvesse novas guerras contra a Espanha. Mas o principal objetivo, ou seja, o de implementar a união entre os países da América espanhola, enfrentou resistências.

Como os Estados independentes da América espanhola não avançaram muito no projeto de integração entre os países, este foi apropriado pelos Estados Unidos, no fim do século XIX. Sob um contexto de política expansionista, os estadunidenses organizaram as **Conferências Pan-Americanas**, que reuniram políticos, cientistas, empresários e vários outros segmentos da sociedade civil para debater acordos e programas comuns para os países da América. O projeto do Pan-Americanismo daria origem à **Organização dos Estados Americanos** (OEA), fundada em 1948 e atuante até hoje.

A primeira conferência Pan-Americana ocorreu em Washington, capital dos Estados Unidos, entre 1889 e 1890, à qual se sucederam outras, em várias cidades do continente americano, até 1954. Nessa fase, o Pan-Americanismo estava diretamente relacionado à expansão comercial e política dos Estados Unidos, que passaram a olhar com mais atenção para os outros países da América por razões que incluem a influência cultural e política, a garantia de mercados econômicos e a hegemonia nas relações interamericanas. Entretanto, essa proposta de pan-americanismo atrelado a um projeto político estadunidense enfrentou oposição crescente dos países da América hispânica e do Brasil, que buscavam imprimir outra identidade e outra agenda para sua integração.

Em 1891, o herói da independência cubana, José Martí, escreveu um texto defendendo a união dos países hispano-americanos fora da órbita dos Estados Unidos.

Nesse contexto, o discurso do intelectual argentino **José Ingenieros** (1877--1923), em 1922, atestava essa nova fase da integração regional, que passou a uma crescente crítica ao termo pan-americanismo e às ideias a ele associadas.

Não por acaso, pouco tempo depois, Ingenieros fundou a **União Latino-Americana**, instituição que evidenciou os novos sentidos da integração da América ibérica, da qual o Brasil participou cada vez mais.

> Acreditamos que nossas nacionalidades estão diante de um dilema de ferro. Entregarmo-nos submissos e louvar a União Pan-americana (América para os norte-americanos) ou prepararmo-nos coletivamente para defender nossa independência, fundando as bases de uma União Latino-Americana (América para os latino-americanos).
>
> Arthur Ardao. Panamericanismo y Latinoamericanismo. Em: Leopoldo Zea. *América Latina en sus ideas*. Ciudad de México: Siglo Vientiuno, 1986. p. 169. Tradução nossa.

↑ Participantes da Primeira Conferência Pan-Americana em visita a South Bend, Indiana, nos Estados Unidos da América, em 1889.

Para refletir

1. Sistematize no caderno as diferentes abordagens de instituição do Pan-Americanismo defendidas desde o início do século XIX. Indique também os agentes históricos que promoveram essa proposta de integração.

2. Pesquise e registre no caderno exemplos de organismos de integração que existem hoje no continente americano.

3. Debata com os colegas esta questão: Quais são as diferenças entre o processo de formação histórico-cultural da América hispânica e o da América Latina? Para responder, retomem o conteúdo estudado nesta unidade e considerem o papel do Brasil e dos Estados Unidos nesses processos.

ATIVIDADES INTEGRADAS

RETOMAR E COMPREENDER

1. Em 1960, foi instituído o torneio de futebol mais importante do continente americano, a Copa Libertadores da América. Disputada por clubes de vários países da América Latina, essa competição é prestigiada até hoje.

   a) O nome Libertadores está associado à valorização de qual processo histórico ocorrido na América?

   b) Quem seriam os libertadores? Cite alguns deles.

2. Responda a estas questões referentes ao Congresso do Panamá, idealizado por Simón Bolívar em 1826.

   a) Qual foi a principal motivação desse congresso?

   b) A qual movimento político esse evento está relacionado?

APLICAR

3. José Martí, um dos principais líderes do processo de independência cubano, morreu antes de ver consolidada a emancipação de Cuba. Não obstante, Martí também é apontado como um dos idealizadores do Pan-Americanismo. Que tipo de integração ele defendia?

ANALISAR E VERIFICAR

4. Em 2015, a então presidente da Argentina, Cristina Kirchner, e o presidente da Bolívia, Evo Morales, inauguraram, em Buenos Aires, um monumento de grandes proporções, esculpido em bronze. Tratava-se de uma homenagem póstuma a Juana Azurdy (1780-1862), militar boliviana de origem indígena, reconhecida como uma das líderes do processo de independência da América espanhola e que morreu na miséria.

   O monumento a Juana Azurdy ocupou o lugar antes destinado à estátua de Cristóvão Colombo, no centro de Buenos Aires, capital da Argentina. Foto de 2017.

   a) O que a mulher retratada segura na mão esquerda? O que isso representa?

   b) De origem indígena, Azurdy nasceu precisamente durante uma rebelião de indígenas na América espanhola. Que rebelião foi essa?

   c) Evo Morales, o primeiro presidente de origem indígena na história da Bolívia, financiou o projeto de construção do monumento em Buenos Aires. Por que motivo, em sua opinião, a estátua foi colocada na Argentina?

5. Leia atentamente este trecho de uma carta escrita por Simón Bolívar em 1815.

   > O índio é de um caráter tão dócil que unicamente deseja o repouso e a solidão [...]. Felizmente esta espécie de homem é a que menos reclama a preponderância, ainda que seu número exceda à soma dos outros habitantes. Esta parte da população americana é uma espécie de barreira a conter os demais partidos: ele não pretende a autoridade, porque não a ambiciona nem se crê com aptidões para exercê-la, contentando-se com sua paz, sua terra e sua família.
   >
   > Simón Bolívar. Carta ao editor da *Gazeta Real da Jamaica*. Em: Jaime Pinsky e outros. *História da América através de textos*. São Paulo: Contexto, 2013. p. 66-67.

a) De que forma os indígenas foram caracterizados por Simón Bolívar?

b) Bolívar afirmou que os indígenas não ambicionavam a autoridade. A que autoridade ele se referia?

c) Muitos indígenas lutaram pela causa da independência. Pelo trecho da carta, é possível assegurar que eles teriam seus direitos garantidos nos novos Estados da América espanhola?

6. No antigo território do vice-reino do Rio da Prata, houve, logo após a independência, uma ofensiva contra os indígenas que ocupavam as terras ao sul de Buenos Aires (capital da futura Argentina).

↑ Calixto Tagliabúe. *Expedição nos desertos do sul*, 1833. Gravura colorizada em cuja legenda está escrito, em espanhol: "Expedição nos desertos do sul contra os índios selvagens, no ano de 1833, executada com o maior acerto e sabedoria por seu digno chefe o grande Rosas".

a) A qual episódio da história argentina se refere a cena retratada nessa gravura?

b) Nessa imagem, é possível ver homens deitados no chão e outros montados em cavalos. A que grupos sociais esses homens pertenciam?

c) Analisando a legenda da imagem, indique o que se pensava acerca dos indígenas durante a formação do Estado argentino.

CRIAR

7. Reúna-se com um colega para elaborar uma biografia de um dos libertadores da América. Para construir uma narrativa desse gênero literário, temos de levar em conta:

   - a escolha do indivíduo a ser biografado;
   - a realização de uma pesquisa para reunir os principais fatos da vida desse indivíduo;
   - a apresentação das informações em uma sequência temporal.

   Após elaborar a biografia, combine com o professor uma data para compartilhar a leitura com os colegas.

8. Na atividade 3 da abertura desta unidade, você refletiu sobre a importância de os governos considerarem as opiniões de diversos grupos sociais para tomar decisões. Discuta, agora, com os colegas: No Brasil, as opiniões de todos os grupos sociais são consideradas nas decisões governamentais? Pense em exemplos que comprovem sua resposta.

IDEIAS EM CONSTRUÇÃO - UNIDADE 4

Capítulo 1 – Independências no México e na América Central
- Compreendo a relação entre as instabilidades políticas na Espanha e as independências da América espanhola?
- Identifico os diferentes grupos sociais presentes na América espanhola?
- Diferencio os interesses e a atuação de cada grupo social em relação à independência?
- Identifico elementos dos processos que levaram à independência do México e das colônias da América Central?
- Reconheço os projetos de nação presentes na organização dos países recém-independentes?

Capítulo 2 – Independências na América do Sul
- Reconheço e diferencio os ideais dos líderes independentistas das colônias espanholas da América?
- Identifico como foi a participação desses líderes nos processos de independência?
- Identifico elementos dos processos que levaram à independência dos vice-reinos de Nova Granada, do Peru e do Rio da Prata, bem como das capitanias do Chile e da Venezuela?
- Reconheço as características do Pan-Americanismo e identifico seus principais pensadores?

 VERIFICAR

Confira os conhecimentos adquiridos na unidade organizando suas ideias e resolvendo as atividades propostas.

BRASIL: A INDEPENDÊNCIA E O PRIMEIRO REINADO

UNIDADE 5

Em 1808, a cidade do Rio de Janeiro abrigou a Família Real de Portugal e a colônia portuguesa na América tornou-se a sede dessa monarquia. Contudo, essa nova condição política não eliminou as contradições da sociedade colonial. Em 1821, dom João VI retornou a Portugal e dom Pedro I assumiu o trono. Pressionado por uma série de circunstâncias, em 1822, dom Pedro promulgou a Independência do Brasil. Em 1831, abdicou em nome de seu filho, que tinha apenas 5 anos de idade.

CAPÍTULO 1
Tensões na Colônia

CAPÍTULO 2
A Independência do Brasil

CAPÍTULO 3
O Primeiro Reinado

PRIMEIRAS IDEIAS

1. O que você imagina que deve ter mudado no cotidiano da cidade do Rio de Janeiro durante a estada da Corte portuguesa?
2. O que você conhece sobre o processo de Independência do Brasil?
3. Você sabe dizer quais foram os motivos que levaram dom João VI a deixar o trono do Brasil com seu filho, dom Pedro I?

LEITURA DA IMAGEM

1. Que local está retratado nessa imagem? Descreva-o sucintamente.

2. Você conhece locais como o da foto em sua cidade? Já os visitou?

3. A instituição retratada na foto foi fundada por dom João VI durante o período em que a Família Real portuguesa viveu no Rio de Janeiro (1808-1821). A chegada da Família Real proporcionou diversas melhorias no Rio de Janeiro, mas a maior parte da população continuou vivendo em condições precárias. Em sua opinião, qual é o problema de promover mudanças que não contemplem toda a sociedade?

4. **CRIAR** Conheça outras construções desse período e monte um mural informativo com base no que você observou.

Interior do prédio da Biblioteca Nacional, sede da instituição desde 1910. Rio de Janeiro, foto de 2017.

Capítulo 1
TENSÕES NA COLÔNIA

No fim do século XVIII, o regime colonial português apresentava sinais de crise. Você sabe dizer que sinais eram esses? E quais as relações deles com a transferência da Família Real para o Brasil?

AS REFORMAS POMBALINAS NA AMÉRICA PORTUGUESA

Entre 1750 e 1777, o Marquês de Pombal foi ministro de dom José I, monarca português considerado um **déspota esclarecido** (assunto tratado na unidade 2). Em busca de modernizar a economia portuguesa, Pombal estimulou a criação de manufaturas, facilitando a importação de matérias-primas e cobrando impostos sobre produtos estrangeiros. Além disso, incentivou o comércio e organizou a produção de vinho e a pesca.

Na América portuguesa, as reformas propostas pelo Marquês de Pombal visavam aumentar o controle do rei sobre o território e sobre as atividades econômicas, além de aperfeiçoar a arrecadação de impostos. Para melhorar a fiscalização da atividade mineradora e facilitar o controle das fronteiras do sul da Colônia, a sede do governo foi transferida de Salvador para o Rio de Janeiro em 1763. Para garantir o monopólio comercial, Pombal criou as Companhias de Comércio do Grão-Pará e Maranhão (1755) e de Pernambuco e Paraíba (1759). Embora assegurassem que as mercadorias produzidas na Colônia teriam preço mínimo e garantissem a disponibilidade de navios para transportá-las a Portugal, essas companhias restringiam a liberdade de compra e venda.

Uma das medidas tomadas pelo governo português nessa época, e que provocou mais resistência por parte dos colonos, foi o restabelecimento de um tributo conhecido como **quinto**.

↓ Cidade histórica de Ouro Preto (MG), uma das mais importantes da economia mineradora. À direita, monumento em homenagem a Tiradentes construído em 1892. Foto de 2015.

A CONJURAÇÃO MINEIRA

O quinto tornou-se um grande problema para os exploradores de metais preciosos de Minas Gerais, pois o esgotamento das minas de ouro dificultava a obtenção das 100 arrobas exigidas pela Metrópole.

Contudo, alegando que os mineradores contrabandeavam o ouro para não pagar os impostos, o governo metropolitano não abria mão da cobrança do quinto. Como, em 1788, o imposto em atraso era de 596 arrobas, ou seja, quase 9 mil quilos, as autoridades coloniais ameaçaram executar a **derrama**. A derrama era a cobrança forçada dos impostos atrasados: bens e objetos de ouro eram confiscados para completar a cota do imposto devido.

Revoltados com essa ameaça, membros da elite de Minas Gerais reuniram-se para promover um movimento contra a Coroa portuguesa. A notícia da independência das colônias inglesas na América do Norte, em 1776, e os ideais iluministas de igualdade e liberdade difundidos na Europa nas últimas décadas serviram de inspiração e estímulo aos colonos insatisfeitos com o governo colonial.

A rebelião foi marcada para quando começasse a derrama, prevista para fevereiro de 1789. O alferes (segundo-tenente) Joaquim José da Silva Xavier, apelidado **Tiradentes**, ficou encarregado de prender o governador e dar início ao levante. No entanto, os planos da conjuração não chegaram a ser colocados em prática, pois o movimento foi denunciado por um dos participantes, Joaquim Silvério dos Reis, que, em contrapartida, obteve o perdão de suas dívidas com a Coroa portuguesa.

Os conjurados pretendiam, caso conseguissem tomar o poder: proclamar a independência em Minas Gerais; instaurar um governo republicano, a ser sediado em São João del-Rei; criar uma universidade em Vila Rica; incentivar as manufaturas; explorar jazidas de ferro e de salitre; instalar uma fábrica de pólvora.

As autoridades portuguesas prenderam várias pessoas, a maioria membros da elite. Onze dos acusados foram condenados à morte na forca; outros, banidos da Colônia. Entretanto, dona Maria I substituiu por degredo perpétuo na África a pena de morte de dez dos conjurados. Tiradentes, preso enquanto tentava convencer outros a se juntar ao movimento, foi o único a ter sua sentença mantida. Enforcado em 21 de abril de 1792, no Rio de Janeiro, o alferes foi também esquartejado. Partes de seu corpo foram expostas em pontos do Caminho Novo, que ligava o Rio de Janeiro a Minas Gerais; sua cabeça foi exposta na praça central de Vila Rica.

Com essa punição, a Coroa pretendia mostrar aos outros colonos o que aconteceria àqueles que se rebelassem contra Portugal. Embora não tenha sido bem-sucedida, a Conjuração Mineira estabeleceu um novo cenário político na Colônia.

O QUINTO

O quinto consistia na arrecadação de 20% de todo o ouro extraído pelos colonos. Apesar de existir desde o início da exploração aurífera, ao longo dos anos esse tributo foi substituído por outras tarifas. Como as jazidas de ouro começavam, naquele período, a dar sinais de exaustão e a arrecadação de impostos vinha diminuindo, o governo retomou essa cobrança, acrescentando a obrigatoriedade de os colonos recolherem o mínimo anual de 100 arrobas (cerca de 1 500 quilos) do metal.

↗ Barras de ouro quintadas entre os séculos XVIII e XIX.

CONJURAÇÃO OU INCONFIDÊNCIA?

A Coroa portuguesa considerou a conspiração ocorrida na região de Minas Gerais em 1789 uma "inconfidência", isto é, uma infidelidade à rainha. Isso faz sentido do ponto de vista da Metrópole. Contudo, para os defensores do Brasil independente, o uso desse termo não é adequado. Por esse motivo, tem-se utilizado o termo "conjuração" – união de pessoas em torno de um juramento – para designar o movimento mineiro.

A CONJURAÇÃO BAIANA

Outro movimento de contestação ao domínio português foi a Conjuração Baiana, ocorrida em 1798 na Bahia. Nos anos anteriores a essa mobilização, muitas terras outrora destinadas à produção de gêneros alimentícios foram destinadas ao cultivo da cana-de-açúcar. Isso provocou a escassez de alimentos e o consequente aumento dos preços, gerando profunda insatisfação na população, sobretudo nas camadas menos favorecidas, que passaram a enfrentar a fome. Além disso, a corrupção das autoridades e a pesada carga de impostos cobrados na Colônia contribuíram para o crescimento da rejeição à Coroa portuguesa.

Nessa mesma época, as **ideias iluministas** eram cada vez mais difundidas entre os intelectuais da região, que promoviam reuniões abertas para debatê-las. Desse modo, os ideais de liberdade se incorporaram também ao universo popular.

Em 12 de agosto de 1798, as ruas de Salvador amanheceram repletas de panfletos com dizeres que incitavam à luta, defendendo projetos revolucionários como a instauração de uma república, o fim da escravidão e a diminuição dos impostos. As autoridades agiram rapidamente, colhendo denúncias que resultaram na prisão de 36 pessoas. Os conspiradores da elite baiana foram poupados. Todos os conjurados presos eram negros ou mestiços.

No final do processo judicial, quatro líderes populares foram condenados à morte por enforcamento. Em 1799, eles tiveram os corpos esquartejados e expostos em locais públicos de Salvador. Os demais foram condenados à prisão ou ao banimento (expulsão) para o continente africano.

Quem eram os conjurados?

- oficiais militares de baixa patente
- soldados
- pequenos comerciantes
- negros libertos
- escravizados
- alfaiates e outros artesãos

↓

A Conjuração Baiana também foi chamada de **Conjuração dos Alfaiates**, por contar com a participação de vários alfaiates. Além da insatisfação em relação à Coroa, a maior parte dos conjurados tinha em comum a condição social: eram pobres.

↓

Quatro líderes do movimento foram condenados à morte após o processo contra os conjurados: Lucas Dantas de Amorim Torres, Luiz Gonzaga das Virgens, Manuel Faustino dos Santos Lira e João de Deus do Nascimento.

↓ Praça da Piedade, em Salvador, no século XIX. Nesse local, foram executados os líderes da Conjuração Baiana.

A TRANSFERÊNCIA DA CORTE PARA O RIO DE JANEIRO

Nos primeiros anos do século XIX, Portugal tentava manter sua independência e a integridade de seu império colonial em meio às disputas entre a Inglaterra e a França napoleônica. Os franceses pressionavam a Coroa portuguesa a aderir ao **Bloqueio Continental** (assunto tratado na unidade 3) e a fechar os portos aos navios ingleses. Já a Inglaterra, com a qual Portugal mantinha uma tradicional aliança, exigia que Lisboa ignorasse as ameaças de Napoleão e liberasse o comércio colonial aos navios ingleses.

O eficiente exército francês representava uma ameaça real de invasão ao território de Portugal, enquanto a poderosa Marinha inglesa ameaçava a posse das colônias portuguesas, incluindo a mais rica e lucrativa delas, o Brasil.

Em meados de 1807, Napoleão deu um ultimato ao príncipe regente dom João: ou Portugal aumentava sua participação na liga anti-inglesa ou seu reino seria invadido. Entre ver o reino invadido e perder as colônias, a Coroa portuguesa optou por salvar o Império, aliando-se aos ingleses.

Em novembro do mesmo ano, o exército de Napoleão cruzou a Espanha e invadiu Portugal. Sob a ameaça da chegada das tropas francesas a Lisboa, a Família Real, grande parte dos funcionários do Estado e uma imensa comitiva, composta de cerca de 10 mil pessoas, embarcaram em 36 navios portugueses rumo ao Rio de Janeiro. Sob a proteção da frota inglesa, depois de uma breve estada em Salvador, dom João chegou ao Rio de Janeiro em 7 de março de 1808.

Com a chegada da Família Real e de parte da Corte portuguesa à Colônia na América, teve início um processo de grande transformação urbana e social na cidade do Rio de Janeiro.

> **SÉTIMA ARTE**
>
> *Carlota Joaquina: a princesa do Brasil*. Direção: Carla Camurati. Brasil, 1995 (100 min).
> O filme apresenta, de forma caricata e satírica, a chegada da Família Real portuguesa ao Brasil.

> **COMPREENDER**
>
> Como era composta a Família Real portuguesa? Conheça a árvore genealógica dessa família.

Armando Martins Viana. *Chegada de dom João VI à igreja do Rosário* (detalhe), 1937. Óleo sobre tela. Nessa obra, o artista retratou a visita de dom João e da Corte portuguesa à igreja de Nossa Senhora do Rosário, onde haveria missa comemorativa da chegada da Família Real ao Rio de Janeiro.

O REINO DO BRASIL

Em 1815, o Brasil foi elevado à condição de Reino Unido a Portugal e Algarves, deixando de ser colônia. Em 1818, dois anos após a morte da rainha dona Maria I, afastada do governo desde 1792, dom João foi aclamado rei de Portugal, do Brasil e de Algarves, com o título de dom João VI.

 VERIFICAR

Saiba mais sobre as mudanças ocorridas na cidade do Rio de Janeiro após a chegada da Família Real. Anote no caderno suas principais descobertas.

REFORMAS INSTITUCIONAIS E ESTRUTURAIS

Capital colonial desde 1763, o Rio de Janeiro se destacava em muitos aspectos das outras cidades da América portuguesa e dispunha de um razoável sistema de defesa, além de ter o maior contingente militar da colônia. Mesmo antes da vinda da Corte, a cidade já era uma das sedes da esquadra da Marinha de Guerra portuguesa e apresentava uma economia bastante ativa, contando com uma forte elite comerciante.

Apesar disso, em 1808, a capital ainda conservava o aspecto de uma cidade colonial comum. Suas ruas eram estreitas e sem pavimentação, e predominavam as casas térreas, construídas sem planejamento. Além disso, era extremamente **insalubre**: o sistema de distribuição de água era insuficiente e o de esgoto era quase inexistente. Havia pântanos, brejos e outros espaços alagadiços espalhados pela cidade; esses locais eram foco de grande parte das doenças e de epidemias, como febre amarela e varíola, que frequentemente atingiam a população.

A quantidade de moradias disponíveis não dava conta de abrigar o número de pessoas que chegou de Portugal com a Família Real. Em consequência disso, muitos moradores do Rio de Janeiro – principalmente os mais ricos – foram desalojados de suas residências para dar espaço à Família Real e à Corte portuguesa.

A estrutura da cidade não satisfazia às necessidades da nobreza, acostumada com o luxo de palácios e castelos. Muitas obras e melhoramentos urbanos – como o calçamento de ruas, o aterramento das áreas alagadiças e os investimentos no sistema de água, de esgotos e de iluminação – foram realizados por ordem de dom João.

Além disso, para administrar o Império no Brasil, a monarquia portuguesa precisou implantar alguns **órgãos de Estado** na cidade, como os tribunais superiores e a Intendência Geral da Polícia, que cuidava da segurança pública.

O príncipe regente também criou diversas instituições, como o Real Teatro São João; a Escola Real de Ciências, Artes e Ofícios; a Real Biblioteca (atual Biblioteca Nacional); e o Museu Real. Outra grande contribuição para o Brasil foi a instituição da Imprensa Régia – até então, jornais e livros não eram publicados de forma oficial na colônia.

↓ Jean-Baptiste Debret. *Vista da cidade do Rio de Janeiro a partir da igreja de Nossa Senhora da Glória*, década de 1820. Aquarela sobre papel.

AS MUDANÇAS NA ECONOMIA BRASILEIRA

O estabelecimento da Corte portuguesa no Rio de Janeiro e a ocupação de Portugal pelo exército francês mudaram radicalmente as relações entre o Brasil e o Império português. Não havia mais Metrópole que comprasse os produtos coloniais nem era mais viável adquirir produtos europeus no porto de Lisboa. Ao mesmo tempo, a aliada Inglaterra, incapacitada de vender seus produtos para a Europa por causa do Bloqueio Continental, exigia acesso livre ao mercado brasileiro.

Diante disso, dom João decretou, em 28 de janeiro de 1808, a **abertura dos portos** brasileiros a todas as nações amigas, isto é, àquelas que não fossem aliadas à França. Tratava-se basicamente da Inglaterra, e o impacto da medida se fez sentir imediatamente.

Ainda em 1808, dom João criou o Banco do Brasil para administrar as contas do governo e oferecer crédito aos empreendedores. Seu governo adotou uma política de incentivo à instalação de manufaturas, e a própria Coroa introduziu a siderurgia, com a criação da Real Fábrica de Ferro de São João de Ipanema, em 1810, nas proximidades de Sorocaba (SP).

Mas o incentivo às manufaturas não resultou na industrialização do Brasil. Na verdade, a dependência em relação à indústria inglesa foi reforçada com a assinatura do **Tratado de Comércio e Navegação**, em 1810. Esse tratado estabelece uma tarifa de apenas 15% para os produtos ingleses desembarcados nos portos brasileiros, o que fazia com que qualquer produto não inglês manufaturado tivesse preços muito mais altos e, portanto, ficasse sem condições de concorrer com as mercadorias inglesas. Os produtos de outros países eram taxados em 24% e, mesmo para os produtos portugueses, a taxa era mais alta do que para os itens ingleses: 16%.

> **LIVRO ABERTO**
>
> *D. João carioca: a Corte portuguesa no Brasil (1808-1821)*, de Lilia Moritz Schwarcz e Spacca. São Paulo: Companhia das Letras, 2007.
>
> Esse livro, em formato de história em quadrinhos, apresenta aspectos da vida de dom João VI e da Corte portuguesa no Rio de Janeiro, além dos impactos desse acontecimento na cidade que passou a sediar a monarquia.

↓ Prédio da antiga fundição da Real Fábrica de Ferro de São João de Ipanema, em Araçoiaba da Serra (SP). Foto de 2016.

A REVOLUÇÃO PERNAMBUCANA

Durante a época em que dom João VI esteve no Brasil, também houve mobilizações contrárias ao domínio português. A maior delas resultou em um movimento conhecido como **Revolução Pernambucana**. Entre 1815 e 1816, ocorreu grande seca nas capitanias brasileiras ao norte da Bahia. A falta de chuva arruinou parte das lavouras, o que prejudicou a produção e trouxe fome à população mais pobre. Na cidade do Recife, centro da capitania de Pernambuco e do comércio local, a situação econômica se agravou ainda mais por causa da queda dos preços internacionais do açúcar e do algodão e do domínio comercial praticado pelos portugueses, que tinham negócios na região.

Apesar dessa situação, o governo sediado na cidade do Rio de Janeiro promoveu o aumento dos impostos na região de Pernambuco, visando custear a campanha militar de conquista da Banda Oriental (Uruguai), a execução de obras públicas e os gastos da Corte, além do pagamento aos funcionários públicos.

Não demorou para que setores das elites pernambucanas, unindo militares, religiosos, comerciantes, advogados, proprietários de terras e intelectuais, começassem a se organizar contra a dominação portuguesa. O movimento revolucionário deflagrado em Recife, em março de 1817, destituiu o governador e proclamou a independência e a **República de Pernambuco**. As camadas mais pobres apoiaram a revolução, movidas pelo ressentimento contra os comerciantes portugueses. As capitanias da Paraíba, do Rio Grande do Norte e do Ceará também aderiram ao movimento.

Em 29 de março do mesmo ano, o governo provisório da República de Pernambuco anunciou a convocação de uma Assembleia Constituinte e proclamou uma lei que estabelecia, entre outros pontos, a igualdade de direitos dos cidadãos e a liberdade de expressão. Haveria também liberdade de culto, apesar de o catolicismo ser mantido como religião oficial.

Vista aérea da Praça da República, Recife (PE), 2016. Chamado de Campo dos Mártires nas primeiras décadas do século XIX, foi nesse local que, em 1817, os líderes da Revolução Pernambucana foram enforcados.

As garantias estabelecidas, contudo, não contemplaram toda a população. Ao contrário, tais garantias serviram para poucos, pois os líderes revolucionários não pretendiam abolir a escravidão.

A Coroa enviou tropas e navios de guerra para cercar Recife e prender os conjurados, que não conseguiram resistir e se renderam em maio de 1817. Seguiram-se as prisões e as execuções dos líderes do movimento.

Apesar da derrota, a Revolução Pernambucana mostrava às autoridades régias que a independência e a República haviam ganhado popularidade.

ATIVIDADES

RETOMAR E COMPREENDER

1. Copie no caderno o quadro a seguir e complete-o, estabelecendo comparações entre as duas conjurações ocorridas na América portuguesa.

	Conjuração Mineira	Conjuração Baiana
Período		
Objetivos		
Consequências		

2. Considerando a posição social dos conjurados, qual era a principal diferença entre a Conjuração Mineira e a Conjuração Baiana?

3. Explique o que era a derrama e por que ela contribuiu para a Conjuração Mineira.

4. Quais ideais inspiraram os conjurados da Bahia? Mencione outros movimentos internacionais que também se inspiraram nesses ideais.

5. Por quais motivos o príncipe regente dom João queria evitar conflitos com a Inglaterra e com a França?

APLICAR

6. A imagem ao lado representa a cerimônia de bênção das bandeiras dos revolucionários republicanos por sacerdotes católicos, ocorrida em 23 de abril de 1817, em Recife, capital de Pernambuco. Observe os elementos representados e, depois, responda às questões.

Dakir Parreiras. *Bênção das bandeiras dos revolucionários republicanos no Campo do Erário em Recife*, início do século XX. Óleo sobre tela.

a) O que você entende por "bênção das bandeiras dos revolucionários republicanos"? O que poderia significar o ato retratado na imagem, no contexto da cidade do Recife em 1817?

b) Tomando como referência as roupas usadas pelos participantes desse ato, a que grupo social eles possivelmente pertenciam?

c) Quais grupos sociais estão ausentes na cena representada? De acordo com o que você estudou neste capítulo, como essa ausência pode ser justificada?

119

ARQUIVO VIVO

Zumbi, Pai João ou nenhum dos dois?

A escravização, presente em todo o sistema colonial estabelecido nas Américas, é conhecida por fundamentar-se na violência e no controle absoluto sobre homens, mulheres e crianças negras que viveram no continente.

No Brasil, a expressão "entre Zumbi e Pai João" surgiu para denominar duas formas opostas de comportamento entre os escravizados. "Zumbi" seria aquele que se rebelava ou fugia do cativeiro; "Pai João", por sua vez, seria aquele que se conformava com sua posição e, assim, colaborava com a estrutura escravista.

Apesar de a quantidade de fontes históricas escritas por escravizados ser pequena, devido ao alto índice de analfabetismo entre as populações escravizadas, elas nos ajudam a discutir essa visão estereotipada. O documento a seguir é um exemplo.

Tratado proposto a Manuel da Silva Ferreira pelos seus escravos durante o tempo em que se conservaram levantados

Meu Senhor, nós queremos paz e não queremos guerra; se meu senhor também quiser nossa paz há de ser nessa conformidade, se quiser estar pelo que nós quisermos a saber.

Em cada semana nos há de dar os dias de sexta-feira e de sábado para trabalharmos para nós não tirando um destes dias por causa de dia santo.

Para podermos viver nos há de dar rede, tarrafa e canoas.

[...]

Faça uma barca grande para quando for para a Bahia nós metermos as nossas cargas para não pagarmos frete.

[...]

Os atuais feitores não os queremos, faça eleição de outros com a nossa aprovação.

[...]

Poderemos plantar nosso arroz onde quisermos, e em qualquer brejo, sem que para isso peçamos licença, e poderemos cada um tirar jacarandás ou qualquer pau sem darmos parte para isso.

A estar por todos os artigos acima, e conceder-nos estar sempre de posse da ferramenta, estamos prontos para os servimos como dantes, porque não queremos seguir os maus costumes dos mais Engenhos.

Poderemos brincar, folgar, e cantar em todos os tempos que quisermos sem que nos empeça e nem seja preciso licença.

João José Reis; Eduardo Silva. *Negociação e conflito*: a resistência negra no Brasil escravista. São Paulo: Companhia das Letras, 1989. p. 123-124.

brejo: terreno muito úmido e alagado.

dantes: no passado, de antes.

feitor: funcionário encarregado de fiscalizar e punir os trabalhadores escravizados.

jacarandá: árvore encontrada em diversas regiões da América e ainda hoje utilizada na fabricação de móveis.

levantado: refere-se àquele que se revolta, que provoca um levante.

tarrafa: pequena rede de pesca.

Organizar ideias

1. Releia o documento e, em seguida, responda às questões.
   a) Quem são os autores do documento?
   b) A quem o texto se dirige?
   c) De que trata o texto?
   d) Em sua opinião, os estereótipos Zumbi e Pai João dão conta de qualificar as pessoas que escreveram o texto?
   e) Converse com um colega sobre o trecho em que os escravizados pedem para brincar, folgar e cantar. Por que eles precisavam fazer essa solicitação? Registre no caderno as conclusões a que vocês chegarem.

2. Observe a gravura a seguir e, depois, faça o que se pede.

↑ Johann Moritz Rugendas. *Batuque*, 1835. Litografia.

   a) Descreva as pessoas que aparecem nessa imagem.
   b) Descreva o espaço físico retratado.
   c) Por que você acha que a casa retratada ao fundo está isolada em relação ao grupo de pessoas?
   d) Em sua opinião, essa parece ser uma imagem típica da escravidão? Justifique.
   e) A imagem tem alguma semelhança com cenas de dança ou eventos sociais da atualidade? Esses eventos são aceitos hoje?

3. Em sua opinião, o texto do documento e a imagem tratam de questões parecidas? Justifique.

Capítulo 2
A INDEPENDÊNCIA DO BRASIL

Durante o período em que a Família Real esteve no Brasil eclodiu a chamada Revolução Liberal em Portugal. Você sabe qual é a relação entre esse movimento revolucionário e a ruptura das relações coloniais entre Brasil e Portugal?

A REVOLUÇÃO LIBERAL DO PORTO

A ausência do rei dom João VI em Portugal e o fim do monopólio comercial com o Brasil foram muito danosos para a economia portuguesa. Além disso, a manutenção da Corte no Brasil exigia que fossem enviados para a colônia os impostos arrecadados em Portugal. Assim, grande parte dos portugueses esperava que, com o fim da guerra com a França, o rei e a Corte retornassem a Portugal. Contudo, mesmo com a derrota de Napoleão em 1815, dom João VI não dava sinais de que retornaria a Portugal nem de que a abertura dos portos brasileiros seria revogada.

A elevação do Brasil à categoria de Reino Unido alarmou ainda mais os portugueses, que viram a autonomia brasileira juridicamente consolidada.

Diante das dificuldades vividas em Portugal, em agosto de 1820 um grupo se organizou e iniciou, na cidade do Porto, um movimento que ficou conhecido como **Revolução Liberal de 1820**. O principal objetivo dos revolucionários era a realização de uma Assembleia Constituinte para elaborar uma Constituição que deveria ser aceita por todos os cidadãos portugueses, incluindo o rei, que estava no Brasil.

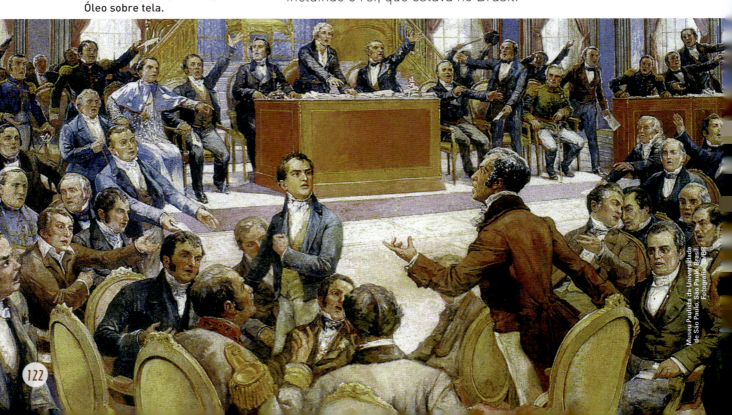

↓ Oscar Pereira da Silva. *Sessão das Cortes de Lisboa* (detalhe), 1822. Óleo sobre tela.

AS EXIGÊNCIAS DAS CORTES PORTUGUESAS

Os liberais em Portugal pretendiam extinguir o absolutismo, submetendo o rei à Constituição. A regência, que governava Portugal em nome de dom João VI desde 1807, não teve meios de conter o movimento e acabou deposta em setembro de 1820.

Chegando ao poder, os liberais colocaram em prática seu projeto político, convocando assembleias populares – tradicionalmente chamadas de **Cortes** –, com o intuito de elaborar a Constituição. Elas se reuniram pela primeira vez em janeiro de 1821.

Inicialmente, a Revolução foi vista com bons olhos pela elite política brasileira, que considerava o fim do absolutismo uma forma de aumentar sua autonomia e participação política no reino.

Além de elaborar a Constituição, as Cortes funcionavam como Poder Legislativo, governando o reino em nome de todos os portugueses. Para assegurar a consolidação das medidas revolucionárias também no Brasil, as Cortes incentivaram a formação de **juntas governativas**, órgãos administrativos das províncias brasileiras leais à revolução, e ordenaram o imediato retorno de dom João VI a Lisboa.

Diante da hesitação do rei em obedecer à determinação, as tropas do Rio de Janeiro se rebelaram e exigiram que o rei se submetesse ao poder das Cortes. Sob risco de ser deposto e preso, dom João VI submeteu-se aos revoltosos e cumpriu as ordens vindas de Lisboa. Jurou fidelidade à Constituição e, em 26 abril de 1821, acompanhado de uma comitiva de 4 mil portugueses, embarcou rumo a Portugal.

← Jean-Baptiste Debret. *Partida da rainha*, 1839. Litografia. A cena representa o embarque da rainha Carlota Joaquina e sua corte, no retorno a Portugal. Ao fundo, veem-se os navios da Coroa portuguesa ancorados na baía.

Com o retorno da Corte a Lisboa, dom João VI, sem consultar as Cortes, criou uma regência para governar o Brasil em seu lugar. O regente escolhido foi o príncipe **dom Pedro**, filho mais velho do rei e herdeiro do trono português.

A permanência de dom Pedro no Brasil desagradou os liberais de Lisboa, que pretendiam restabelecer o controle político sobre o Brasil e temiam que um governante poderoso agindo a distância pudesse reinstituir o absolutismo.

AS CORTES CONTRA DOM PEDRO

Pouco a pouco, os brasileiros que, inicialmente, apoiaram os liberais portugueses começaram a perceber que as revolucionárias Cortes de Lisboa não só ignorariam os interesses locais como tinham a intenção de **recolonizar** o Brasil. Ou seja, os deputados das Cortes apresentavam projetos que, na prática, fariam o então Reino Unido retornar à condição de colônia de Portugal. Um desses projetos propunha fechar os portos brasileiros aos navios estrangeiros.

Outra medida das Cortes para diminuir a autonomia política do Brasil foi a imposição de regras que limitavam o poder do regente. Por fim, exigiram que dom Pedro também voltasse a Portugal.

Os grandes proprietários de terras das províncias de São Paulo, do Rio de Janeiro e de Minas Gerais se opuseram aos atos das Cortes e resolveram se mobilizar para que dom Pedro permanecesse no Brasil. Entendiam que, dessa forma, teriam mais força política. Além disso, a manutenção da monarquia garantiria a continuidade da ordem escravista.

Depois de receber uma carta de José Bonifácio de Andrada e Silva, membro da Junta de Governo da Província de São Paulo, e um abaixo-assinado com mais de 8 mil assinaturas, dom Pedro decidiu permanecer no Brasil. Era o dia 9 de janeiro de 1822, que ficou conhecido como o **Dia do Fico**. Em seguida, organizou um novo ministério, liderado por José Bonifácio. Em 4 de maio de 1822, Bonifácio decretou que todas as ordens vindas de Portugal só teriam valor no Brasil após a aprovação do príncipe regente.

Em junho do mesmo ano, dom Pedro convocou uma assembleia para elaborar a **Constituição do Brasil**. Desse modo, o príncipe regente tentava conquistar a confiança dos liberais brasileiros.

Jean-Baptiste Debret. *Aclamação de dom Pedro I no Campo de Santana*, c. 1834-1839. Litografia colorida à mão. A decisão de dom Pedro de permanecer no Brasil foi o primeiro ato de insubordinação da regência ao governo português. A imagem retrata o evento ocorrido em 12 de outubro de 1822, no qual dom Pedro é visto como um herói que funda a nova nação com o apoio popular, nos moldes do liberalismo.

A INDEPENDÊNCIA

Em 14 de agosto de 1822, dom Pedro partiu para uma visita oficial à província de São Paulo. Após sua partida, novas ordens chegaram de Portugal, dando um ultimato ao príncipe regente: ou ele entregava a administração do Brasil às autoridades indicadas pelas Cortes, ou tropas portuguesas seriam enviadas para levá-lo à força para Lisboa.

Dom Pedro recebeu essas ordens enquanto, vindo de Santos, passava pelas margens do riacho Ipiranga, nas proximidades da cidade de São Paulo, no dia 7 de setembro de 1822, e decidiu romper com Portugal, declarando a **Independência do Brasil**.

Por sua decisão, dom Pedro foi muito festejado em São Paulo e depois no Rio de Janeiro, para onde retornou em 14 de setembro. Mas a Independência não se implantou imediatamente em todo o Brasil. As tropas portuguesas estacionadas na Bahia, no Pará, no Maranhão e no Piauí, por exemplo, permaneceram leais a Portugal. Nessas regiões, foi preciso o uso de força militar para assegurar a emancipação do país.

Segundo diversos historiadores, o processo que culminou na Independência em 1822 teve início em 1808, com a chegada da Família Real ao Rio de Janeiro. Outro evento fundamental teria sido a unificação do Brasil ao reino de Portugal em 1815, alterando sua condição de Colônia. Por isso, apesar das resistências no Brasil e em Portugal, entende-se que a declaração da Independência representou a formalização de um rompimento que já estava em processo desde a primeira década do século XIX.

> **LIVRO ABERTO**
> *A Independência do Brasil (1808-1828)*, de Márcia Regina Berbel. São Paulo: Saraiva, 2011.
> Nesse livro, você conhecerá, com riqueza de detalhes, o processo de Independência do Brasil e de consolidação do Estado imperial que se formava.

François-René Moreaux. *A proclamação da Independência*, 1844. Óleo sobre tela. Representante do Romantismo na pintura, Moreaux não se preocupou em retratar de modo realista o momento em que dom Pedro declarou a Independência. O que interessava ao artista era estabelecer a simbologia que colocaria o então príncipe regente no papel de herói daquele processo.

> **MARIA QUITÉRIA E A INDEPENDÊNCIA**
>
> Nascida em uma família pobre de agricultores de Feira de Santana, no interior da Bahia, Maria Quitéria destacou-se na Guerra da Independência do Brasil.
>
> Quando soube da guerra entre Brasil e Portugal, Quitéria teria pedido ao pai para se alistar, mas ele se opôs a que a jovem se juntasse aos combatentes. Então ela resolveu fugir de casa e se unir ao Exército brasileiro disfarçada de homem, como "soldado Medeiros". Até onde se tem registro, Maria Quitéria foi a primeira mulher a integrar uma unidade militar no país.
>
> Seu desempenho no campo de batalha garantiu sua permanência no Exército, mesmo após ser descoberta. Depois disso, Maria Quitéria não precisou mais se vestir com roupas masculinas.

AS REAÇÕES À INDEPENDÊNCIA

A declaração de Independência não garantiu ao novo governo o controle sobre todo o território do Brasil. Para isso, dom Pedro reorganizou o Exército brasileiro, comprou navios e contratou militares estrangeiros, que lutaram e venceram as resistências em várias províncias, como as do Grão-Pará, do Maranhão, da Cisplatina (atual Uruguai) e da Bahia.

Na **Bahia**, a luta foi muito violenta. As tropas portuguesas, aquarteladas em Salvador, foram cercadas por terra, mas continuaram a receber reforços de Lisboa por mar. Em novembro de 1822, durante a **Batalha de Pirajá**, mais de 200 soldados portugueses morreram. Com o bloqueio do porto da capital baiana pela esquadra imperial, as tropas portuguesas se renderam em 2 de julho de 1823. Quase 5 mil pessoas, entre tropas de portugueses e seus familiares, deixaram a cidade de Salvador.

Em algumas regiões do Brasil, grupos de civis se mobilizaram contra as tropas fiéis a Portugal. Na província do **Piauí**, por exemplo, ocorreu a **Batalha do Jenipapo**, no município de Campo Maior. Em 13 de março de 1823, cerca de 2 mil vaqueiros, comerciantes, roceiros e escravizados lutaram contra tropas leais aos portugueses, lideradas pelo oficial Cunha Fidié. Apesar da resistência sertaneja, as tropas de Fidié venceram o conflito e seguiram em direção à província do Maranhão. No caminho, enfrentaram outro grupo de piauienses, que capturou o oficial português e deu fim ao combate. Fidié foi transferido para o Rio de Janeiro e, posteriormente, deportado para Portugal.

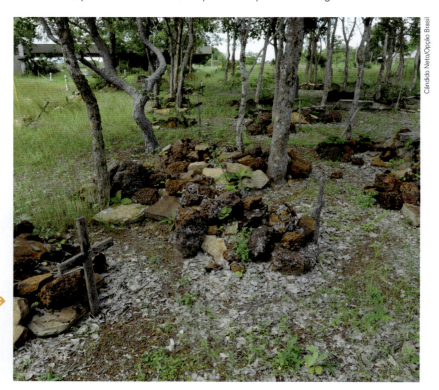

Cemitério do Batalhão, em Campo Maior (PI), 2014. Por muito tempo, acreditou-se que nele estivessem enterrados os mortos na Batalha do Jenipapo. Ainda hoje, muitos fiéis fazem romarias ao local em busca de milagres.

ATIVIDADES

RETOMAR E COMPREENDER

1. O que pensavam os habitantes do Brasil em 1820 sobre a Revolução Liberal portuguesa?

2. Por que dom João VI cedeu às pressões dos portugueses e decidiu voltar para Lisboa em 1821?

APLICAR

3. Leia o texto a seguir, sobre a emancipação (independência) do Brasil, e faça o que se pede.

> [...] nossa emancipação não deixou de ser particular e trivial. Se o movimento foi liberal, porque rompeu com a dominação colonial, mostrou-se conservador ao manter a monarquia, o sistema escravocrata e o domínio senhorial. [...] Com isso, noções bastante frouxas de representatividade das instituições políticas se impuseram, mostrando como a Independência criou um Estado mas não uma Nação.
> Lilia Moritz Schwarcz. *Brasil*: uma biografia. São Paulo: Companhia das Letras, 2015. p. 222.

   a) Quais são as contradições apresentadas na emancipação do Brasil?

   b) Com base na ideia de Estado (estudada no capítulo 2 da unidade 3), por que a autora afirma que as noções de representatividade das instituições políticas pós-independência eram frouxas?

   c) A formação do Estado e da nação brasileira ocorreram ao mesmo tempo? Explique.

4. A imagem a seguir ilustra a partida de dom João VI do Rio de Janeiro. Observe-a e, depois, responda às questões.

↑ Representação da partida de dom João VI para Portugal no cais do Rio de Janeiro. Detalhe de gravura de Alphonse de Beauchamp. s. d.

   a) Como o autor da imagem representou a partida de dom João VI?

   b) Que personagens você vê na imagem retratada acima?

   c) Com base no que foi estudado acerca da Independência do Brasil, compare a obra de Debret reproduzida no início deste capítulo (p. 123), que também representa a partida da Corte de dom João VI para Portugal, com a gravura acima. Em que elas se parecem e em que se diferenciam?

Capítulo 3
O PRIMEIRO REINADO

Os anos posteriores à Independência do Brasil foram marcados por disputas políticas e conflitos militares em torno da necessidade de preservar a unidade territorial e de garantir o reconhecimento de outros países. De que modo esses movimentos afetaram o governo de dom Pedro I?

O RECONHECIMENTO EXTERNO

Vencidos os conflitos militares que eclodiram logo após a declaração da Independência, o recém-formado Império Brasileiro precisava obter o reconhecimento dos países europeus e das novas nações americanas. Esse reconhecimento era fundamental porque viabilizaria as alianças militares, bem como o comércio e os empréstimos externos.

O fato de o Brasil romper os laços com Portugal, mas manter a monarquia como forma de governo, agradava aos reinos europeus que haviam restaurado fronteiras e governantes após a queda de Napoleão Bonaparte (esse assunto será visto na unidade 7). A manutenção da monarquia, embora vista com suspeita pelos Estados Unidos, não chegou a ser um empecilho para que este se tornasse o primeiro país a reconhecer a Independência do Brasil. Afinal, para os estadunidenses era interessante considerar o direito de ex-colônias se libertarem de suas metrópoles, como eles haviam feito com a Inglaterra em 1776.

O grande interesse da Inglaterra pela Independência do Brasil pautou as negociações entre ingleses e portugueses. Mesmo pressionado, Portugal só aceitou a emancipação do Brasil em 1825, sob algumas condições, entre elas o pagamento de uma elevada indenização de 2 milhões de libras, quitada com empréstimos feitos em bancos ingleses. Depois de Portugal, Inglaterra, Áustria, França e outros influentes países da Europa reconheceram a Independência do Brasil.

↓ Jean-Baptiste Debret. *Coroação de dom Pedro, imperador do Brasil* (detalhe), c. 1835-1839. Litografia aquarelada. A imagem representa o evento ocorrido em 1º de dezembro de 1822, promovido pelos membros mais conservadores do governo. A cerimônia é dotada de um caráter privado, com a completa ausência da população, segundo um modelo mais parecido com as formalidades do Antigo Regime.

A ASSEMBLEIA CONSTITUINTE

Em maio de 1823, a **Assembleia Constituinte**, convocada por dom Pedro I em junho de 1822, reuniu-se, então, para elaborar a **Constituição** do novo Estado. Nos debates que marcaram as primeiras sessões, ficou clara a divisão em dois grupos políticos distintos: o "partido português" e o "partido brasileiro". Apesar do nome, esses agrupamentos não formavam um partido nos moldes dos atuais, mas apenas representavam correntes de pensamento.

O "partido português", formado por grandes comerciantes portugueses e pelos funcionários públicos de cargos mais altos, defendia poderes absolutos para o imperador. O "partido brasileiro", por sua vez, defendia uma monarquia constitucional e se subdividia em **liberais moderados** e **liberais exaltados**. O grupo dos moderados era composto de ricos comerciantes brasileiros e de proprietários de terras que defendiam uma monarquia institucional que restringisse o poder do imperador mantendo a ordem vigente. Os exaltados, ou radicais, eram representantes das camadas médias urbanas que defendiam reformas mais amplas, com maior participação política e a descentralização do poder, o que implicava mais autonomia para as províncias.

Em comum, a maioria dos representantes da Assembleia tinha a disposição de manter intocada uma das instituições mais lucrativas do Brasil: a escravidão.

A "CONSTITUIÇÃO DA MANDIOCA"

O projeto de Constituição formulado pela Assembleia previa eleições mediante o **voto censitário**, isto é, só poderiam votar ou candidatar-se a deputado aqueles que comprovassem renda anual equivalente a 150 alqueires de farinha de mandioca. Assim, o projeto constitucional foi apelidado de "Constituição da Mandioca" e excluiu grande parte da população do processo eleitoral. Mulheres, escravizados e indígenas também estavam excluídos.

Ao mesmo tempo que não desejavam promover mudanças radicais no Brasil, mantendo o latifúndio e a escravidão, os deputados constituintes não eram favoráveis às tendências absolutistas do imperador. Dessa forma, o projeto elaborado pela Assembleia pretendia subordinar o monarca ao **Poder Legislativo**, ou seja, o texto previa que o imperador não poderia vetar nem modificar as decisões dos deputados.

Logo, surgiram conflitos entre dom Pedro e grande parte dos membros da Constituinte. Apesar de se declarar liberal e defensor da monarquia constitucional, o imperador não pretendia abrir mão de exercer o poder máximo do Estado.

A INGLATERRA E O TRÁFICO DE ESCRAVOS

A Inglaterra obteve vantagens econômicas no comércio com o Brasil entre 1826 e 1827 por meio de taxações exclusivas sobre as importações, além de conseguir que o governo imperial se comprometesse em tornar ilegal o tráfico de escravos.

Esse acordo desagradou grande parte dos políticos do governo imperial à época, pois eles, como senhores ou mesmo vendedores de escravos, viam a medida como uma afronta à propriedade privada. Esse foi um dos principais fatores que contribuíram para o desgaste da figura de dom Pedro, que passou a ser visto como "sabotador" da nação.

Em 7 de novembro de 1831, chegou a ser promulgada a primeira lei, que ficou conhecida como Lei Feijó, proibindo o tráfico atlântico de escravos para o Brasil. Essa lei, entretanto, foi praticamente ignorada pelos traficantes e, muitas vezes, pelo próprio Estado, situação que acabou dando origem a uma expressão usada até hoje: lei "para inglês ver". O tráfico escravo só seria abolido de fato em 1850, com a promulgação da Lei Eusébio de Queiroz.

↓ Johann Moritz Rugendas. *Desembarque de escravos no Rio de Janeiro*, 1835. Litografia colorida à mão.

↑ Manuel de Araújo Porto-Alegre. *Retrato de dom Pedro I*, século XIX. Óleo sobre tela. Essa pintura representa o imperador do Brasil apoiando a mão direita sobre a Constituição do Império.

outorgado: que foi concedido, dado ou aprovado por alguém.

vitalício: que vale ou dura por toda a vida.

A CONSTITUIÇÃO OUTORGADA

A tensão entre os constituintes e o imperador resultou na dissolução da Assembleia Constituinte. Em novembro de 1823, dom Pedro ordenou que as tropas do Exército cercassem o edifício onde se reuniam os deputados; vários deles foram presos e alguns, exilados.

Após a dissolução da Assembleia, o imperador nomeou um **Conselho de Estado**, composto de um pequeno grupo de pessoas de sua confiança, que redigiu um novo projeto de carta constitucional. Esse texto serviu de base para a elaboração da **Constituição do Império**, que foi outorgada por decreto em 25 de março de 1824.

A Constituição de 1824 formalizou a existência de quatro poderes: além do **Executivo**, do **Legislativo** e do **Judiciário**, foi criado o chamado **Poder Moderador**. As atribuições do Poder Judiciário não ficaram bem definidas no texto constitucional, o que deveria ser ajustado em legislação posterior. O Poder Legislativo, vinculado às ideias liberais de soberania popular, era exercido pela **Assembleia Geral**, formada pelo Senado e pela Câmara dos Deputados, órgãos cuja função era elaborar e aprovar as leis do Brasil.

Enquanto os deputados eram eleitos pelas províncias para um mandato de quatro anos, os senadores tinham mandato vitalício e eram escolhidos por dom Pedro com base em uma lista dos deputados mais votados de cada província. Assim, muitos desses senadores ajudavam a barrar projetos que desagradavam o imperador, que, por sua vez, chefiava os poderes Executivo e Moderador.

O Poder Moderador permitia ao monarca intervir nos poderes Legislativo e Judiciário, com possibilidade de dissolver a Assembleia e demitir juízes, instituindo, portanto, um regime autoritário semelhante ao absolutismo.

O sistema de voto era aberto, indireto e censitário. Os votantes, que deveriam ser homens livres, maiores de 25 anos e ganhar mais de 100 mil-réis anuais, escolhiam aqueles que seriam os eleitores. Esses eleitores, cuja renda mínima deveria superar 200 mil-réis anuais, elegiam os deputados.

A Assembleia reuniu-se pela primeira vez em 1826, então composta de 102 deputados e 50 senadores, que representavam as províncias do Império. Embora o imperador exercesse um poder muito maior do que aquele que a Assembleia Constituinte de 1823 pretendia estabelecer antes de ser dissolvida, o texto da Constituição ainda garantia aos deputados e senadores a liberdade de expressão e a possibilidade de influência no governo. A relação entre dom Pedro e a Assembleia, porém, foi constantemente marcada por um clima de hostilidade.

A POLÍTICA INDIGENISTA NO IMPÉRIO

O principal documento a tratar da questão indígena no início do Império, chamado *Apontamentos para a civilização dos índios bravos do Império do Brasil*, foi elaborado por José Bonifácio em 1821, ainda antes da Independência, mas só foi apresentado à Assembleia Constituinte de 1823.

Desde a proibição da escravização dos indígenas, na segunda metade do século XVII, discutia-se como o Estado deveria agir em relação aos povos nativos. Esse debate se avolumou no início do século XIX, e essa questão passou a fazer parte das reflexões sobre a formação da nação brasileira.

O projeto de Bonifácio consistia basicamente em inserir os indígenas na sociedade brasileira fazendo-os viver de acordo com o modo de vida europeu. O documento enfatizava a importância da integração social dos indígenas por meio dos aldeamentos, da educação e da convivência desses povos com os não indígenas. A ideia era que, a princípio, tal processo ocorresse de forma pacífica e que a força e violência poderiam ser usadas quando necessárias.

Esse projeto foi aprovado pela Assembleia Constituinte de 1823, porém foi excluído da Constituição outorgada em 1824. Deixar de incluir os indígenas nas leis que regulamentavam o funcionamento do Estado brasileiro significava não considerá-los cidadãos da nação recém-independente.

Com a exclusão dos indígenas da Constituição, o Império teve de recorrer a outros meios legais para mantê-los sob controle. Para isso, foi criada uma política indigenista que, assim como o documento de José Bonifácio, distinguia os povos indígenas entre "civilizados" e "bravos".

Essa classificação utilizava como critério o nível de integração à sociedade do reinado. Os povos considerados "civilizados", como os indígenas da vila de Itaguaí, na província do Rio de Janeiro, estariam submetidos às leis comuns. Quanto aos "bravos", entretanto, era recomendado que se criassem aldeamentos específicos para que neles eles pudessem adquirir os modos, a educação, a cultura e a religião considerados, pelos europeus, necessários para o convívio social.

> **IDEIAS CONTESTADAS**
>
> No início do século XIX, acreditava-se que os povos indígenas viviam em um estado inferior, como se não tivessem cultura, história, religião, etc. Segundo essa perspectiva, para saírem desse estágio considerado "primitivo", seria preciso que se portassem de acordo com os costumes da civilização europeia.
>
> Dominante por décadas, hoje essa ideia é profundamente contestada. Além disso, há uma forte mobilização indígena em busca constante pela garantia de seus direitos, os quais contemplam tanto a preservação de sua organização social, tradições e língua quanto a demarcação das terras que ocupam.

↓ Johann Moritz Rugendas. *Indígenas em suas cabanas*, c. 1835. Litografia colorida à mão.

> **FREI CANECA E O IDEAL LIBERAL**
>
> Um dos principais líderes da Confederação do Equador foi Frei Caneca. Ele havia estudado no Seminário de Olinda, centro de discussão e de difusão de ideias liberais, e participado da Revolução Pernambucana de 1817.
>
> Crítico das ações do Imperador Pedro I, escrevia textos acessíveis com o objetivo de divulgar suas ideias entre a população pernambucana.
>
> Foi condenado à forca, mas, como era muito popular, o carrasco se recusou a executá-lo. Por esse motivo, foi fuzilado.

A CONFEDERAÇÃO DO EQUADOR

A dissolução da Assembleia Constituinte em 1823 e a imposição da Constituição de 1824 provocaram protestos em todo o território do Império, sobretudo nas províncias do Norte do novo país. A ideia de que as províncias necessitavam de autonomia era propagada pelos jornais liberais e ganhava cada vez mais força, principalmente entre os pernambucanos.

Em maio de 1824, dom Pedro demitiu o governador de Pernambuco, o liberal Paes de Andrade. Os pernambucanos, porém, recusaram-se a cumprir a ordem imperial e defenderam sua autonomia com armas. O movimento criticava a centralização do poder no Rio de Janeiro e defendia a formação de uma república federalista. Em 2 de julho, os revolucionários proclamaram a independência, formando a **Confederação do Equador**. A esse projeto aderiram as províncias da Paraíba, do Rio Grande do Norte e do Ceará.

A Confederação do Equador, que chegou a abolir o tráfico de africanos escravizados e a convocar uma Assembleia Constituinte, conquistou o apoio popular. Contudo, as forças imperiais terminaram por vencer os revolucionários em setembro do mesmo ano, e os líderes do movimento foram presos e executados.

A GUERRA DA CISPLATINA

Em 1816, a chamada Banda Oriental, na bacia do rio da Prata, foi tomada pelas tropas de dom João VI. Com a independência política do Brasil, a região foi incorporada ao Império e passou a se chamar **Província Cisplatina**. Com língua e cultura diferentes, os habitantes da Cisplatina, originalmente colonizados pela Espanha, não admitiam ficar sob o domínio de outro Estado. Em 1825, a província se rebelou, iniciando uma guerra pela independência. O governo de Buenos Aires, capital das Províncias Unidas do Rio da Prata (atual Argentina), apoiou a revolta, pois tinha interesse em anexar a região, cuja localização era estratégica para a navegação e o comércio na bacia do rio da Prata.

Dom Pedro fez empréstimos com os ingleses para contratar tropas mercenárias e chegou a viajar para o Sul a fim de chefiá-las. Mesmo assim, as forças brasileiras registraram inúmeros fracassos, que culminaram na derrota em 1828, quando o monarca teve de abrir mão da Província Cisplatina definitivamente. A Inglaterra ajudou nas negociações de paz, pois estava interessada em restaurar suas relações comerciais na região. O Brasil perdeu a província, o governo de Buenos Aires não conseguiu incorporá-la a seu território e o Uruguai tornou-se um Estado independente.

Fonte de pesquisa: *Atlas histórico escolar*. Rio de Janeiro: FAE, 1991. p. 36.

A OPOSIÇÃO SE ORGANIZA

A derrota na Cisplatina, que custou ao Império considerável perda territorial, recursos financeiros e a vida de soldados, deteriorou ainda mais a imagem de dom Pedro. Não bastassem as constantes críticas da imprensa liberal, os deputados eleitos para um novo mandato fizeram aumentar o número de opositores ao imperador na Câmara.

Em junho de 1830, uma revolução na França depôs o rei absolutista Carlos X, alimentando esperanças de liberais no Ocidente. No Brasil, estudantes e políticos comemoraram a queda do rei francês e foram reprimidos pela polícia. A tensão crescente entre dom Pedro e seus opositores agravou-se quando, em novembro de 1830, o jornalista **Líbero Badaró**, crítico do imperador, foi assassinado em São Paulo.

Após a Câmara ter encerrado seus trabalhos naquele mês exigindo reformas constitucionais, dom Pedro viajou a Minas Gerais em busca de apoio. Foi, porém, recebido com frieza e cerimônias fúnebres em homenagem a Badaró.

A ABDICAÇÃO

Dia após dia, a oposição a dom Pedro se acirrava e a ela se juntava um sentimento antilusitano, mais comum nas camadas populares. Os portugueses eram associados ao aumento do custo de vida, uma vez que muitos deles eram comerciantes e locatários de imóveis. Do ponto de vista político, eram associados ao colonialismo e ao absolutismo.

Dom Pedro procurou agradar à oposição instituindo um ministério composto apenas de políticos nascidos no Brasil. Mas a pressão não diminuiu, e o imperador trocou os ministros novamente em abril de 1831. Dessa vez, escolheu como aliados pessoas de seu convívio mais próximo. Como reação, 4 mil pessoas ocuparam o Campo da Aclamação, atual Campo de Santana, no Rio de Janeiro, e pediram a reinstituição do Ministério dos Brasileiros. Além de não atender ao pedido, o imperador enviou tropas para reprimir os manifestantes.

O Exército brasileiro, contudo, também estava descontente com o governo. Muitos oficiais ocupavam cargos inferiores aos dos portugueses, e as tropas eram mal treinadas e deficientemente armadas. O soldo (pagamento aos soldados) era baixo, e os castigos físicos eram excessivos.

Assim, em vez de sufocar os focos de revolta, o Exército aderiu às manifestações. Isolado e sem o comando das forças militares, em 7 de abril de 1831 dom Pedro abdicou do trono brasileiro em favor de seu filho de apenas 5 anos de idade, dom Pedro de Alcântara. Em seu retorno a Portugal, foi coroado como rei dom Pedro IV.

VERDADEIRO OU FALSO?

Dom Pedro I era visto como autoritário no Brasil, por ter outorgado a Constituição de 1824 e criado o Poder Moderador. Por outro lado, ao voltar a Portugal, ele foi reconhecido como liberal, pois lutou contra a retomada do absolutismo por seu irmão, dom Miguel.

1. Em sua opinião, é aceitável que um líder político apresente posturas contrastantes conforme a situação em que se encontra? Converse com os colegas sobre o assunto.
2. **CRIAR** Observe as imagens, leia as legendas e produza uma charge que represente dom Pedro I de um desses modos: autoritário ou liberal.

A NOITE DAS GARRAFADAS

Em março de 1831, no retorno da viagem que tinha feito a Minas Gerais em busca de apoio, dom Pedro I foi recebido no Rio de Janeiro com uma festa preparada por seus partidários. Seus opositores consideraram esse evento uma provocação. Os ânimos exaltados transformaram-se em uma guerra de garrafas e cacos de vidro que ficou conhecida como Noite das Garrafadas.

ATIVIDADES

RETOMAR E COMPREENDER

1. Quais foram os grupos políticos envolvidos nas discussões da Assembleia Constituinte? O que esses grupos defendiam?

2. Por que o projeto da Constituição de 1823 ficou conhecido como "Constituição da Mandioca"?

3. Explique o que era o Poder Moderador.

4. Explique os motivos que levaram a Província Cisplatina a lutar contra o Império do Brasil.

APLICAR

5. De acordo com o que foi apresentado neste capítulo, podemos dizer que, durante o Primeiro Reinado, os indígenas eram considerados cidadãos do Império? Justifique sua resposta.

6. Os versos a seguir teriam sido proferidos nas ruas do Rio de Janeiro, na década de 1830. Leia-os e responda às questões.

> Passa fora pé de chumbo
> Vai-te do nosso Brasil
> Que o Brasil é brasileiro
> Depois do 7 de abril.
>
> Prefeitura da Cidade do Rio de Janeiro. Secretaria Municipal de Educação. Portal MultiRio. Disponível em: <http://www.multirio.rj.gov.br/historia/modulo02/abdicacao_dpedroi.html>. Acesso em: 12 fev. 2019.

a) O que se entende por "Vai-te do nosso Brasil" e "Que o Brasil é brasileiro"?

b) O que aconteceu em 7 de abril? A que ano essa data se refere?

7. Leia o trecho e, em seguida, faça o que se pede.

> As ideias de [José] Bonifácio tinham raízes num segmento da elite política brasileira que desejava criar o sentimento de uma nova nação e achava que os índios deveriam fazer parte dessa comunhão através de meios pacíficos, especialmente pela catequese. Renovou-se a ideia de que somente pela religião os índios chegariam à civilização, e pensou-se até em chamar de volta os jesuítas (cuja Ordem se havia reconstituído em 1814), ou, posteriormente, convidar os monges trapistas, terminando por se optar pelos capuchinhos italianos.
>
> Mércio Pereira Gomes. *Os índios e o Brasil*: passado, presente e futuro. São Paulo: Contexto, 2012. p. 86-87.

a) Qual é a relação entre o desejo de criar um sentimento de nação e as políticas destinadas aos povos indígenas?

b) Em sua opinião, as ideias de José Bonifácio sobre a forma de incorporar os indígenas à sociedade brasileira demonstravam algum tipo de preconceito? Justifique.

c) Discuta com os colegas se as políticas voltadas aos povos indígenas do final do período colonial – e consolidadas por José Bonifácio em seu projeto de lei – respeitavam ou não as necessidades e as demandas sociais dos povos indígenas.

8. Leia o texto e responda às questões.

> Dissolvendo a Constituinte e decretando a Constituição de 1824, o imperador deu uma clara demonstração de seu poder [...].
>
> Em Pernambuco, esses atos discricionários puseram lenha em uma fogueira que não deixara de arder desde 1817 e mesmo antes. A propagação das ideias republicanas, antiportuguesas e federativas (opostas à centralização do poder) ganhou ímpeto com a presença de Cipriano Barata, vindo da Europa [...].
>
> Boris Fausto. *História do Brasil*. São Paulo: Edusp, 2006. p. 52.

a) A que movimento o autor do texto se refere?

b) O que o autor quis dizer com a frase "atos discricionários puseram lenha em uma fogueira que não deixara de arder desde 1817"?

AMPLIANDO HORIZONTES

Formas de governo na América pós-Independência

Após a Independência, é possível destacar duas grandes tendências de organização política no continente americano: a república e a monarquia.

As repúblicas se fundamentavam nos princípios de liberdade individual, de política representativa e de divisão do Estado em três poderes (Executivo, Legislativo e Judiciário). Algumas repúblicas poderiam agrupar-se em confederações, como a Grã-Colômbia e as Províncias Unidas da América Central, regidas pelo princípio do federalismo, a exemplo dos Estados Unidos.

Na outra tendência, depois de se tornarem independentes, alguns países optaram por manter a organização política dos países colonizadores (Espanha e Portugal), isto é, a monarquia, também com viés constitucional. A formação do Estado centralizado na figura do monarca que transmite seu poder de forma hereditária foi quase uma exclusividade brasileira – outro exemplo foram as breves experiências monárquicas no México (Agustín de Iturbide, entre 1821 e 1823, e Maximiliano de Habsburgo, entre 1863 e 1867).

Dessa forma, no continente americano conviveram distintas formas de governo ao longo do século XIX, nem sempre de modo pacífico. No plano militar, irromperam guerras por questões de fronteira e de hegemonia, a exemplo da Guerra do Prata entre 1850 e 1851.

Disputas ideológicas também motivaram a adoção de diferentes formas de governo na América. Os processos de consolidação do Estado nacional e de sua respectiva identidade diferenciaram o Brasil da América espanhola, dividindo mentalidades e estruturas. Do lado brasileiro, via-se um país unitário, regido por uma monarquia constitucional, que buscava projetar uma imagem de coesão e estabilidade. Do outro lado, a fragmentação dos territórios hispânicos e os sucessivos governos conflitantes, em uma imagem que a monarquia brasileira buscava projetar como um "caos republicano", a fim de desencorajar ideias republicanas.

Tais disputas políticas e ideológicas, assim como o fato de apenas o Brasil ter sido colonizado por Portugal, ajudam a explicar uma realidade presente até nossos dias: no Brasil, grande parte da população não reconhece haver identidade cultural entre o país e as outras nações da América Latina.

Para refletir

1. Quais são as diferenças entre o regime republicano e o monarquista?
2. Qual era o interesse das elites brasileiras em caracterizar o republicanismo como um caos?
3. Em sua opinião, existe identidade cultural entre o Brasil e os demais países da América Latina? Explique.

ATIVIDADES INTEGRADAS

RETOMAR E COMPREENDER

1. Leia um trecho do relato do viajante inglês John Mawe (1764-1829) sobre o que ocorreu aos produtos ingleses após a abertura dos portos do Brasil. Depois, responda à questão.

   > [...] Tão grande e inesperado foi o fluxo de manufaturas inglesas ao Rio de Janeiro [...] que o aluguel das casas para guardá-las elevou-se extraordinariamente. A baía cobriu-se de navios e a alfândega não tardou a transbordar de mercadorias; mesmo o sal, barris de ferragem e pregos, peixe salgado, barris de queijo, chapéus, [...] cestos e barris de louça de barro e de vidro, cordame, barris e garrafas de cerveja, tintas, armas, resina, alcatrão, etc., ficavam expostos, não só ao sol e à chuva, mas à depredação geral. [...]
   >
   > John Mawe. *Viagens ao interior do Brasil.* Belo Horizonte: Itatiaia; São Paulo: Edusp, 1978. p. 216 (Coleção Reconquista do Brasil, v. 33).

   - Segundo o trecho acima, quais foram os impactos da abertura dos portos para os brasileiros?

APLICAR

2. Observe a charge e responda às questões.

   a) A que acontecimento da história do Brasil a charge se refere?

   b) Quais são as personagens representadas na charge?

   c) Nessa charge existem elementos anacrônicos, ou seja, que não faziam parte do contexto histórico nela representado. Que elementos são esses?

   d) O acontecimento a que essa charge se relaciona gerou muita insatisfação entre a população da região mineradora e contribuiu para uma revolta anticolonial. De acordo com o que você estudou nesta unidade, que revolta foi essa?

↑ Charge de Carlos Eduardo Novaes e César Lobo. *História do Brasil para principiantes.* São Paulo: Ática, 1998. p. 123.

3. A pintura ao lado, feita pelo pintor francês Jean-Baptiste Debret em 1822 para comemorar a Independência do Brasil, é uma alegoria da nação brasileira. Alegoria é uma obra de arte que, por meio de símbolos, transmite uma mensagem. Observe a pintura e, depois, responda às questões.

   a) Quais grupos étnicos podem ser identificados na pintura?

   b) Algumas personagens estão ajoelhadas e outras estão com os braços erguidos. Qual é o significado desses gestos?

   c) Se você fosse construir uma alegoria do Brasil de nossos dias, quais símbolos usaria? Justifique.

↑ Jean-Baptiste Debret. Pintura em pano de boca homenageando a Independência do Brasil (detalhe), 1822. Litografia.

4. Considerando o que foi apresentado nesta unidade, leia o texto a seguir e responda às questões propostas.

Cais do Valongo (RJ) ganha título de Patrimônio Mundial

O Brasil recebeu cerca de quatro milhões de escravos nos mais de três séculos de duração do regime escravagista, o que equivale a 40% de todos os africanos que chegaram vivos nas Américas, entre os séculos XVI e XIX. Destes, aproximadamente 60% entraram pelo Rio de Janeiro, sendo que cerca de um milhão deles pelo Cais do Valongo. A partir de 1774, [...] o desembarque de escravos no Rio foi integralmente concentrado na região da Praia do Valongo, onde se instalou o mercado de escravos [...].

A vinda da família real portuguesa para o Brasil e a intensificação da cafeicultura ampliaram consideravelmente o tráfico escravagista. Em 1811, com o incremento do tráfico e o fluxo de outras mercadorias, foram feitas obras de infraestrutura, incluindo o calçamento de pedra de um trecho da Praia do Valongo, que constitui atualmente o Sítio Arqueológico do Cais do Valongo.

Instituto do Patrimônio Histórico e Artístico Nacional (Iphan). Cais do Valongo (RJ) ganha título de Patrimônio Mundial. Disponível em: <http://portal.iphan.gov.br/noticias/detalhes/4188/>. Acesso em: 12 fev. 2019.

a) Por que a Lei Feijó, de 1831, que abolia o tráfico atlântico de escravos para o Brasil, foi considerada uma lei "para inglês ver"?

b) No dia 13 de maio é comemorada a abolição definitiva da escravidão, promulgada apenas em 1888, décadas após a primeira lei que tornou ilegal o tráfico de escravos. Quanto tempo se passou entre a publicação dessas leis? O que motivou essa demora?

c) Em 2017, o sítio arqueológico do Cais do Valongo ganhou o título de Patrimônio Mundial da Unesco. Converse com um colega sobre a importância de preservar um espaço de memória da escravidão. Depois, escrevam um breve texto com as conclusões a que vocês chegarem.

ANALISAR E VERIFICAR

5. Analise os motivos que levaram à Revolução Pernambucana, no Brasil, em 1817, e os que levaram à Revolução Liberal do Porto, em Portugal, em 1820. Registre-os no caderno. Então, atente para os modelos de governo propostos por esses movimentos. Em seguida, converse com um colega sobre as semelhanças e as diferenças entre as duas revoluções. Escreva no caderno as conclusões a que vocês chegarem.

CRIAR

6. Imagine que você é jornalista e vive na cidade do Rio de Janeiro no ano de 1808. O jornal *Gazeta do Rio de Janeiro*, o primeiro publicado no Brasil, acabou de lhe encomendar um texto sobre a chegada da Família Real portuguesa à cidade. Considere o que foi apresentado nesta unidade e escreva um texto que contemple tanto as alterações ocorridas nessa cidade quanto as condições de vida da população carioca entre os anos de 1808 e 1821. Se julgar necessário, busque mais informações em livros ou na internet. Após a pesquisa e a elaboração do texto, apresente-o à turma.

7. Na atividade 3 da abertura desta unidade, você refletiu sobre o problema de promover melhorias urbanas que não contemplem toda a sociedade. Foi o caso, por exemplo, da cidade do Rio de Janeiro, no início do século XIX, em que boa parte da população continuou vivendo em condições precárias mesmo depois das melhorias urbanas realizadas por ocasião da chegada da Família Real. Faça uma pesquisa na internet sobre a cidade em que você mora e considere sua própria experiência. Em sua opinião, qual obra deve ser realizada para atender um setor da população que não esteja sendo bem atendido? Explique também por que essa obra deve ser executada.

IDEIAS EM CONSTRUÇÃO - UNIDADE 5

Capítulo 1 – Tensões na Colônia
- Sei explicar a Conjuração Mineira e a Conjuração Baiana, identificando nesses movimentos apropriações das ideias iluministas?
- Identifico, na Conjuração Mineira e na Conjuração Baiana, elementos que revelam a repercussão da Revolução Francesa e da Independência dos Estados Unidos da América na Colônia?
- Diferencio os grupos sociais participantes de uma e de outra conjuração e reconheço suas reivindicações?
- Sei caracterizar as mudanças na organização política e social do Brasil causadas pela permanência da Corte portuguesa no Rio de Janeiro?
- Identifico as razões que levaram à eclosão da Revolução Pernambucana de 1824?

Capítulo 2 – A Independência do Brasil
- Identifico a atuação dos grupos sociais que defenderam e apoiaram a Independência do Brasil em 7 de setembro de 1822?
- Compreendo que a Proclamação da Independência não foi aceita em todo o território brasileiro e identifico a existência de conflitos armados em vários locais do país?
- Reconheço o protagonismo de grupos civis na defesa da Independência em algumas regiões do Brasil?

Capítulo 3 – O Primeiro Reinado
- Reconheço que a Assembleia Constituinte de 1823 estava dividida em diferentes grupos políticos com interesses distintos?
- Compreendo o sistema de governo imposto pela Constituição de 1824 e o que era o Poder Moderador?
- Identifico os interesses e os conflitos envolvidos na formulação de projetos para a formação da nação brasileira?
- Identifico a exclusão dos grupos sociais indígenas – e de seu modo de viver – do projeto de nação desenvolvido no Primeiro Reinado?
- Reconheço que, após a formulação das leis e das políticas da nova nação, a violência imposta aos africanos escravizados foi mantida?
- Reconheço os fatores de insatisfação com o governo de dom Pedro I que resultaram em sua abdicação em 1831?

VERIFICAR
Confira os conhecimentos adquiridos na unidade organizando suas ideias e resolvendo as atividades propostas.

UNIDADE 6

AS REGÊNCIAS E O SEGUNDO REINADO

Os anos que se seguiram à abdicação de dom Pedro I foram marcados por revoltas que refletiam a insatisfação das províncias com o governo central. Ao fim do período Regencial, o Brasil voltaria a ter um monarca: dom Pedro II. Seu governo foi marcado por fenômenos que alteraram profundamente a sociedade e a economia brasileira, como a expansão cafeeira, a imigração e a abolição da escravidão.

CAPÍTULO 1
O período Regencial

CAPÍTULO 2
O Segundo Reinado

CAPÍTULO 3
O fim da escravidão e a imigração no Brasil

PRIMEIRAS IDEIAS

1. Durante o Segundo Reinado, o café passou a ter grande importância comercial na Europa. Isso influenciou diretamente a economia e a política do Brasil naquele período. Você sabia que a expansão cafeeira estimulou a vinda de imigrantes europeus para o Brasil? Conhece alguma família de imigrantes?

2. No município em que você vive, existe alguma comunidade de imigrantes? O que você sabe sobre ela?

3. A Lei Áurea, proclamada em 1888, aboliu a escravidão no Brasil. Em sua opinião, que mudanças essa lei trouxe para os ex-escravizados?

LEITURA DA IMAGEM

1. Onde e em que data essa fotografia foi feita?
2. Descreva as pessoas retratadas e o que elas estão fazendo.
3. Na primeira metade do século XIX, predominou, nas plantações de café do Brasil, o uso de mão de obra escrava. Nas últimas décadas desse século, os imigrantes já eram maioria nas fazendas de café e, muitas vezes, foram tratados como escravizados. Em sua opinião, é justo escravizar alguém para que trabalhe para outros? Isso ainda acontece nos dias atuais?
4. **VERIFICAR** Veja imagens da época do auge dessa atividade econômica e anote no caderno o que mais chamou sua atenção.

Escravizados trabalhando em terreiro de fazenda de café no vale do Paraíba. Foto de Marc Ferrez, 1882.

Capítulo 1
O PERÍODO REGENCIAL

O período das regências foi marcado por crises econômicas e pela insatisfação geral da população, que desejava maior autonomia local e representação popular. Por que os anseios da sociedade entravam em choque com as políticas adotadas durante a Regência?

A HERANÇA POLÍTICA DE DOM PEDRO I

Quando dom Pedro I abdicou do trono brasileiro, em 1831, seu filho, dom Pedro de Alcântara, tinha apenas 5 anos e, evidentemente, não poderia assumir o governo. A Constituição do Império previa que, em um caso como esse, o Brasil seria governado por um conselho de três regentes até que o herdeiro do trono atingisse a maioridade. Como a Assembleia Geral, que deveria escolher os regentes, estava em recesso na época em que dom Pedro abdicou, a princípio o governo ficou sob a responsabilidade de uma **Regência Trina Provisória**. Dois meses depois, os parlamentares elegeram a **Regência Trina Permanente.**

Mesmo com o novo governo organizado, as tensões políticas que levaram à abdicação de dom Pedro I permaneciam: em várias regiões do Brasil, os poderes locais tinham interesses próprios e pleiteavam maior autonomia em relação ao poder central. Em algumas regiões, parte da população não via vantagem em fazer parte do Império e, assim, expressava tendências separatistas (ou seja, desejava que sua região se desligasse do restante do Brasil).

No outro extremo, grande parte dos portugueses que viviam no Brasil defendia não só a unidade do país, mas também o retorno de dom Pedro I ao trono – eram os **restauradores**.

↓ Detalhe da tela de Manuel de Araújo Porto-Alegre. *O juramento da Regência Trina Permanente*, c. 1850. Óleo sobre tela. Nessa representação, Costa Carvalho, um dos regentes, jura fidelidade à Constituição.

A ALIANÇA ENTRE MODERADOS E EXALTADOS

A Câmara dos Deputados passou a discutir a reforma da Constituição de 1824 com o objetivo de estabilizar o quadro político, diminuindo os conflitos políticos. Durante as discussões acerca da reforma constitucional, os liberais **moderados** se aliaram aos **exaltados** (sobre esses grupos políticos, reveja o capítulo 3 da unidade 5) contra os restauradores, também chamados de **conservadores**, e possibilitaram a aprovação de uma reforma que conciliava os interesses dessas duas correntes políticas. Essa reforma ficou conhecida como **Ato Adicional de 1834**.

Os exaltados conseguiram incluir, na reforma, a garantia de maior autonomia às províncias do Império (que correspondiam, aproximadamente, aos estados atuais), dando poderes às assembleias locais para legislar sobre economia, justiça, educação, etc. Já os moderados garantiram a manutenção do Poder Moderador e a substituição da Regência Trina por uma **Regência Una**, medidas que fortaleceram o poder central. Ou seja, o Ato buscava conciliar dois projetos de país contraditórios – um com o poder centralizado no monarca, e o outro dando às províncias grande grau de autonomia. Em 1835, apoiado pelos liberais, foi eleito o primeiro regente uno, o padre **Diogo Feijó**.

O Ato Adicional, que já nasceu contraditório, não foi eficaz para acalmar os ânimos, que pioraram por causa de uma forte crise econômica. Enfraquecidas pela crise, as forças locais de algumas províncias alimentavam sentimentos contra o poder central e estimulavam revoltas sociais.

Pressionado pelas rebeliões provinciais, Diogo Feijó renunciou ao cargo em 1837. O regente foi substituído pelo conservador **Araújo Lima**, cujo governo voltou a ser centralizado, diminuindo a importância das **Assembleias Provinciais** e retrocedendo em relação às reformas de 1834.

A GUARDA NACIONAL

As manifestações do povo nas ruas e os constantes levantes das tropas militares geravam medo e insegurança nas elites. Procurando diminuir a influência do Exército na sociedade e conter o ímpeto rebelde, o então ministro da Justiça da Regência Trina Provisória, padre Diogo Feijó, criou a Guarda Nacional em 1831.

O alistamento na Guarda Nacional era obrigatório para os cidadãos com idade entre 21 e 60 anos que tivessem direito de voto. Como pela Constituição de 1824 só votavam as pessoas com renda anual acima de 100 mil-réis, os mais pobres não podiam participar da Guarda Nacional.

OS GRUPOS POLÍTICOS NA REGÊNCIA

Restauradores

Grupo composto de comerciantes portugueses e de funcionários públicos.

Liberais moderados

Representantes de grandes proprietários de terras e de ricos comerciantes brasileiros.

Liberais exaltados

Integrantes das camadas médias urbanas que defendiam reformas mais amplas, com maior participação política e a descentralização do poder, além de mais autonomia para as províncias.

← Prédio onde funcionou, até 1967, a Assembleia Provincial do Rio Grande do Sul, posteriormente, Assembleia Legislativa. Foto de cerca de 1900. Atualmente, o prédio é a sede do Memorial do Legislativo.

As revoltas regenciais

A insatisfação popular diante dos problemas políticos e econômicos do império no período Regencial resultou em inúmeras revoltas que contaram com ampla participação das camadas mais pobres. Contudo, cabe destacar que algumas dessas revoltas foram influenciadas pelas elites, as quais buscavam defender interesses próprios.

A instabilidade gerada pelas disputas entre as elites locais do Grão-Pará abriu caminho para uma grande rebelião popular. A repressão aos revoltosos resultou no massacre de um quinto da população da província.

A crise da indústria do algodão e os conflitos agrários levaram vaqueiros, agricultores e balaios (produtores de um tipo de cesto chamado balaio) a se rebelar contra o governo regencial.

A insatisfação das elites de Salvador com o governo regencial e o sentimento de revolta da população, explorada pelos comerciantes portugueses, desencadearam a revolta.

No extremo sul, os estancieiros (fazendeiros criadores de gado e produtores de charque, um tipo de carne) consideravam abusivos os impostos cobrados pelo governo e a proibição do trânsito de rebanhos pela fronteira com o Uruguai.

O mapa representa a divisão política do Brasil em 1829.

RETOMAR
Conheça as imagens das províncias e dos grupos sociais envolvidos nas revoltas regenciais e veja como essas revoltas são lembradas na atualidade pela população local.

Fonte de pesquisa do mapa: Pierre M. Lapie. *Carte du Brésil*. Paris: Eymery Fruger et Cie, 1829.

Fontes de pesquisa: José Murilo de Carvalho. A vida política. Em: José Murilo de Carvalho (Coord.). *A construção nacional*. Rio de Janeiro: Objetiva, 2012 (Coleção História do Brasil Nação: 1808-2010. Dir. Lilia M. Schwarcz; v. 2); Boris Fausto. *História concisa do Brasil*. São Paulo: Edusp, 2002; Ronaldo Vainfas (Dir.). *Dicionário do Brasil imperial (1822-1889)*. Rio de Janeiro: Objetiva, 2002.

A Cabanagem (1835-1840)

Os **cabanos**, como eram conhecidos os que habitavam em cabanas na região da Amazônia, reivindicavam maior participação política e a adoção do sistema de governo republicano. A repressão a essa população pobre incentivou uma revolta armada, que uniu cabanos, lavradores, seringueiros e até latifundiários. Em 1835, os rebelados tomaram a cidade de Belém e assumiram o governo. Após dois governos cabanos, Belém foi retomada pelas forças regenciais, em 1836. No interior, os conflitos duraram até 1840. Os líderes cabanos foram presos e executados.

A Balaiada (1838-1841)

A crise econômica que atingia a região – e resultava da queda do preço do algodão no mercado internacional –, os conflitos pela posse de terras e o elevado poder dos estrangeiros no comércio local motivaram os grupos sociais oprimidos, entre eles os chamados **balaios**, a lutar contra o governo. Grupos urbanos de tendência liberal apoiaram o levante. Somou-se a isso uma insurreição de escravos.

Os rebeldes chegaram a dominar Caxias, a segunda maior cidade do Maranhão, mas divergências de ideologia e de interesse facilitaram a ação das forças imperiais. Os líderes da revolta foram enforcados e o movimento resultou em 15 mil mortos.

A Sabinada (1837-1838)

A insatisfação com o governo regencial levou as camadas médias de Salvador a proclamar a **República Baiense** em 1837. A revolta foi liderada pelo médico Francisco Sabino, e o governo republicano deveria durar somente até a maioridade do imperador dom Pedro II.

Os grandes proprietários de terras e de escravos do Recôncavo Baiano não aderiram à revolta e colaboraram com o governo central. Salvador foi cercada e aproximadamente 1,8 mil pessoas morreram nos combates. A província ficou sob intervenção militar por cinco anos.

A Revolução Farroupilha (1835-1845)

No sul do Brasil, os fazendeiros e produtores de charque e de couro divergiam do governo sobre a tributação de produtos e o alistamento militar. A tensão levou à **Guerra dos Farrapos** ou Revolução Farroupilha. Os rebeldes proclamaram, em 1836, a independência da província, fundando a **República Rio-Grandense**. Em 1839, invadiram a província de Santa Catarina.

A paz veio somente em 1845, depois de acordos feitos para anistiar os líderes revoltosos, todos membros da elite gaúcha.

AS REPERCUSSÕES DA REVOLTA DOS MALÊS

A Revolta dos Malês repercutiu em todo o Império. O texto a seguir, do historiador João José Reis, trata desse assunto.

A revolta deixou a cidade em polvorosa durante algumas horas, tendo sido vencida com a morte de mais de 70 rebeldes e uns dez oponentes. Mas o medo de que um novo levante pudesse acontecer se instalou durante muitos anos entre os seus habitantes livres. Um medo que, aliás, se difundiu pelas demais províncias do Império do Brasil. Em quase todas elas, principalmente na capital do país, o Rio de Janeiro, os jornais publicaram notícias sobre o acontecido na Bahia e as autoridades submeteram a população africana a uma vigilância cuidadosa e muitas vezes a uma repressão abusiva.

João José Reis. *Rebelião escrava no Brasil*: a história do levante dos malês em 1835. São Paulo: Companhia das Letras, 2003. p. 126.

deflagrar: fazer surgir repentinamente, provocar, irromper.

OS NEGROS ISLAMIZADOS E LETRADOS NA BAHIA

Entre o final do século XVIII e o início do século XIX, muitos negros escravizados originários da África Ocidental, sobretudo da região da costa do atual Benim, chegaram a Salvador. A maioria deles era muçulmana, praticante do islamismo, e sabia ler e escrever em árabe. Na Bahia, eles ficaram conhecidos como **malês** – termo da língua iorubá que significa muçulmano.

Como os malês moravam e trabalhavam na área urbana, o grau de independência deles era maior que o dos escravizados que ocupavam áreas rurais. Muitos dos malês trabalhavam em Salvador como escravos de ganho, atuando como carregadores, vendedores de doces e quitutes, pintores, pedreiros ou barbeiros, entre outras funções. Repassavam a seus senhores uma parte do que ganhavam e, então, ficavam com o excedente. Por isso, era comum entre os malês a compra da própria alforria com o dinheiro que poupavam.

Os malês mantinham entre si laços de solidariedade étnica e religiosa, reunindo-se em determinados pontos da cidade, os chamados **cantos**, nos quais exerciam suas atividades. Nesses lugares, eram representados por lideranças, os capitães de canto, que organizavam a contratação dos serviços.

O fato de se reunirem diariamente nos cantos, o uso da língua árabe e o reconhecimento de uma identidade étnica e religiosa em comum deram aos malês a oportunidade de desenvolver ideias políticas e formas de resistência contra a escravidão, tanto que acabaram por deflagrar a **Revolta dos Malês** em 1835. Com o objetivo de tomar o poder em Salvador, a revolta foi iniciada por cerca de seiscentos negros escravizados de diferentes grupos étnicos.

O movimento, contudo, foi sufocado em poucas horas, com um saldo de setenta mortos e a punição de quinhentos rebeldes com prisões, chibatadas, exílio e fuzilamentos.

Jean-Baptiste Debret. *O colar de ferro*, 1834-1839. Gravura. Nessa obra, Debret representou escravos de ganho que viviam no Rio de Janeiro. No centro da imagem, três desses escravizados têm o pescoço envolvido pelo instrumento mencionado no título da obra (colar de ferro), que era utilizado como punição por tentativa de fuga.

ATIVIDADES

RETOMAR E COMPREENDER

1. Durante o período Regencial, houve uma disputa entre liberais moderados e liberais exaltados a respeito da distribuição dos poderes no Império. Qual era o projeto de cada um desses grupos?

2. Por que se considera o Ato Adicional de 1834 contraditório?

3. Observe o mapa e, em seguida, preencha no caderno a tabela com os dados sobre as revoltas regenciais.

Fonte de pesquisa: *Atlas histórico escolar*. Rio de Janeiro: FAE, 1991. p. 36.

Nome da revolta	Características		
	Objetivos	Causas	Composição social
1			
2			
3			
4			

APLICAR

4. Reveja o infográfico deste capítulo (páginas 144 e 145) e compare o modo como as forças imperiais trataram os líderes derrotados da Cabanagem à maneira como lidaram com os líderes da Revolução Farroupilha. Em sua opinião, o que explica a diferença de tratamento dado a esses grupos?

5. Leia o texto a seguir e responda às questões.

> Os malês protagonizaram a maior das rebeliões escravas ocorridas na Bahia, quiçá no Brasil, mas também a última. Esses rebeldes realizaram o levante como uma rebelião escrava, mas também étnica e religiosa […]. O levante fracassou por diversas razões […]. O mais grave, para eles [os rebeldes], porém, foi que seus inimigos eram muitos e se uniram: toda a população livre da Bahia – branca e negra, rica ou miserável – se articulou, por laços de interesse, solidariedade ou medo, contra a insurreição africana.
>
> Lilia Moritz Schwarcz; Heloisa Murgel Starling. *Brasil*: uma biografia. São Paulo: Companhia das Letras, 2015. p. 257.

a) Com base no que você estudou neste capítulo, explique por que se pode considerar que a Revolta dos Malês foi, além de escrava, étnica e religiosa.

b) No texto, as autoras afirmam que um dos motivos pelos quais a população livre da Bahia se articulou contra a revolta foi o medo. Um evento ocorrido algumas décadas antes, em uma colônia da América, certamente influenciou esse medo. Relembre as unidades anteriores deste livro e responda: Que evento foi esse?

6. Leia o texto a seguir e responda às questões.

> Separado do mundo da política, d. Pedro não imaginava ser convidado em breve para a missão que o aguardava. Ao contrário, "a Regência" aos poucos se firmava, já que desde o Ato Adicional de 1834 garantia-se não só uma certa descentralização no poder, como instituía-se um regente único e eleito.
>
> Lilia Moritz Schwarcz. *As barbas do imperador*: D. Pedro II, um monarca nos trópicos. São Paulo: Companhia das Letras, 1998. p. 64.

a) Por que a autora afirma que dom Pedro estava separado do mundo da política?

b) Você sabe qual era a missão que aguardava dom Pedro? Explique.

c) Qual é a relação entre o Ato Adicional de 1834 e a instabilidade política do período regencial?

147

Capítulo 2 — O SEGUNDO REINADO

Após o período Regencial, o Brasil voltou a ter um imperador: Pedro de Alcântara, que assumiu o trono em 1840, com 14 anos de idade, e recebeu o título de dom Pedro II. Você sabe dizer quais foram as principais mudanças ocorridas no Brasil durante o período em que dom Pedro II foi imperador do Brasil?

↓ Detalhe da tela de François-René Moreaux. *Ato da coroação de Sua Majestade o imperador*, 1842. Óleo sobre tela. Nessa representação da coroação de dom Pedro II, é possível perceber que ele era muito jovem quando se tornou imperador.

O GOLPE DA MAIORIDADE

Como vimos, as diversas revoltas regionais que eclodiram de norte a sul no Império do Brasil durante o período Regencial e as disputas entre liberais moderados, liberais exaltados e conservadores configuraram uma situação de instabilidade política permanente.

Interessada em manter a unidade do país, a elite política resolveu antecipar a maioridade de dom Pedro de Alcântara para coroar um monarca nascido em território brasileiro – alguém que teria legitimidade para governar e, simbolicamente, representaria a união de todas as províncias.

Os deputados ligados ao Partido Liberal tomaram a frente desse projeto, articulando uma manobra política que ficou conhecida como **Golpe da Maioridade**. O jovem Pedro de Alcântara, então com 14 anos, tornou-se legalmente dom Pedro II, imperador do Brasil, no dia 23 de julho de 1840. Com essa nomeação, iniciava-se no país o Segundo Reinado, que durou até 1889.

A antecipação da maioridade constitucional de Pedro de Alcântara garantiu a manutenção e o fortalecimento da ordem escravocrata, da centralização política e da unidade do Império.

A POLÍTICA DO SEGUNDO REINADO

Durante a maior parte do Segundo Reinado, dois partidos se revezaram no poder: o Partido Conservador e o Partido Liberal. Em termos de organização política e administrativa, os liberais defendiam um Poder Legislativo mais forte e com maior grau de autonomia regional; já os conservadores acreditavam que o Poder Executivo deveria ser centralizador e zelar pela unidade da nação.

Contudo, os dois partidos, cujos integrantes vinham da elite econômica do Império, concordavam quando se tratava de manter a estrutura social vigente, na qual estava incluída a escravidão. Existia até mesmo um dito popular que fazia graça com as semelhanças entre os dois grupos: dizia não haver nada mais parecido com um **saquarema** (como eram chamados os conservadores) do que um **luzia** (como eram chamados os liberais).

O primeiro ministério de dom Pedro II foi ocupado pelos principais articuladores do Golpe da Maioridade – ou seja, pelos liberais. Como os conservadores tinham a maioria na Câmara, dom Pedro II convocou novas eleições. Para garantir a vitória na Câmara e, portanto, sua permanência no ministério, durante essas eleições os liberais usaram diversos artifícios, inclusive de violência, para obrigar os eleitores a votar em seus candidatos. Por isso, essas eleições ficaram conhecidas como "eleições do cacete". Entretanto, a Câmara foi destituída pelo imperador antes mesmo de se reunir: dom Pedro II havia cedido às pressões dos conservadores.

> **LIVRO ABERTO**
>
> *As barbas do imperador: D. Pedro II, a história de um monarca em quadrinhos*, de Lilia Moritz Schwartz e Spacca. São Paulo: Companhia das Letras, 2014.
> O livro, versão em quadrinhos de um estudo histórico, fala sobre a vida de dom Pedro II e a construção feita em torno de sua figura para consolidar a ideia da nação brasileira e propagar uma visão positiva sobre a monarquia. De modo leve e divertido, traz informações valiosas sobre o tema.

↑ Capa do jornal *O Diario Novo*, de 13 de janeiro de 1843.

REVOLTAS LIBERAIS

O ministério conservador adotou medidas que contrariaram os liberais, como a restauração do Conselho de Estado. As funções desse Conselho eram auxiliar dom Pedro II na tomada de decisões importantes, centralizar o Poder Judiciário e reorganizar as autoridades policiais sob o controle do imperador, a fim de evitar rebeliões.

Em resposta à destituição da Câmara dos Deputados, revoltas liberais eclodiram em São Paulo e em Minas Gerais. Essas províncias se recusaram a acatar as novas medidas – que minavam ainda mais sua independência – e não reconheceram a autoridade dos presidentes de província nomeados pelo governo imperial.

Tanto o movimento paulista quanto o mineiro tinham como objetivo estabelecer governos provinciais mais autônomos, mas foram rapidamente reprimidos por tropas militares vindas do Rio de Janeiro.

REVOLUÇÃO PRAIEIRA

Em Pernambuco, ocorreu uma revolta de liberais mais radicais contra o poder imperial. O **Partido da Praia**, formado em 1842, era uma ala dissidente do Partido Liberal. Seu nome se devia à rua da Praia, no Recife, onde ficava a sede do jornal *O Diário Novo*, editado pelo partido.

Em 1845, os praieiros conseguiram assumir o governo pernambucano, derrotando os representantes dos liberais e dos conservadores. No entanto, em 1848, o imperador afastou o presidente da província, Chichorro da Gama, membro do Partido da Praia.

A interferência do governo imperial em Pernambuco tornou tensa a política local. A nomeação de um conservador mineiro, Herculano Ferreira Pena, para presidente da província em novembro daquele ano foi o estopim para o confronto armado.

No início, os praieiros obtiveram algumas vitórias. Em 1849, porém, sofreram as primeiras derrotas para as forças do governo imperial. Em 1850, os últimos líderes do movimento se renderam.

↓ Frederick Hagedorn. *Panorama de Recife*, 1855. Litografia colorida. Essa representação mostra a cidade poucos anos após a Revolução Praieira.

A GUERRA DO PARAGUAI

Entre 1864 e 1870, o Brasil esteve envolvido na maior guerra da América do Sul, que colocou Argentina, Uruguai e Brasil contra o Paraguai e marcou o processo de consolidação dos Estados nacionais na região. As causas do conflito foram as disputas pelo controle da bacia do rio da Prata e, nesse contexto, a interferência do Paraguai, da Argentina e do Brasil na política interna do Uruguai.

Em 1864, o Império Brasileiro invadiu o Uruguai, com o qual tinha um longo histórico de disputas por fronteiras, e promoveu a destituição do presidente do país, que fazia parte do chamado partido *blanco*. Essa atitude contrariou o governo paraguaio, que temia que o Brasil dominasse o Uruguai e assumisse o controle da embocadura do rio da Prata. Assim, em 13 de dezembro de 1864, o Paraguai declarou guerra ao Império Brasileiro.

Em 1865, a Argentina, inicialmente neutra, entrou na guerra, devido à invasão de seus territórios pelo Paraguai. No mesmo ano, no Uruguai, o grupo dos colorados – que era alinhado com os interesses brasileiros – derrotou os *blancos* e assumiu o controle do governo do país. Os dois países, então, se aliaram ao Império Brasileiro, formando a **Tríplice Aliança**.

Inicialmente, houve uma ofensiva paraguaia, avançando sobre os territórios dos países da Tríplice Aliança. Depois de algumas vitórias, o Paraguai foi derrotado na batalha naval do Riachuelo, ainda em 1865. No ano seguinte, iniciou-se a contraofensiva dos aliados, que, apenas em 1869, conseguiram tomar a capital paraguaia, Assunção. A guerra acabou em 1870 e arrasou o Paraguai, que perdeu quase a metade de sua população, entre militares e civis.

AS CONSEQUÊNCIAS PARA O BRASIL

Para o Império Brasileiro, a Guerra do Paraguai teve muitas consequências. O Brasil foi o país que mais contribuiu no financiamento e no fornecimento de soldados para a Tríplice Aliança, o que afetou a economia nacional. Além disso, a necessidade de incorporar escravizados às tropas combatentes estimulou os contínuos questionamentos sobre a escravidão. Por fim, o Exército, praticamente inexistente antes dessa guerra, tornou-se uma instituição mais coesa e com valores próprios, que, mais tarde, no processo que levou à instauração da república, voltou-se contra a monarquia.

Guerra do Paraguai (1864-1870)

Fonte de pesquisa: *Atlas histórico escolar*. Rio de Janeiro: FAE, 1991. p. 40-41.

O IMPÉRIO DO CAFÉ

Durante o Segundo Reinado, o **café** se tornou o principal produto de exportação brasileiro, o que provocou significativas mudanças econômicas e sociais no país.

Até o final do século XVIII, a colônia francesa de São Domingo foi um dos principais produtores mundiais de café, mas a guerra de independência e as dificuldades ligadas à reestruturação econômica do país recém-formado – o Haiti –, levaram à diminuição da produção.

A menor oferta e o constante aumento do consumo de café elevaram seu preço no mercado internacional e incentivaram os proprietários de terras brasileiros a cultivar o produto, que já era cultivado no Brasil para o consumo doméstico.

Na década de 1830, já havia no Brasil mais lavouras cafeeiras que de cana-de-açúcar, até então o principal produto agrícola de exportação, e o café correspondia a praticamente metade das exportações do país. Assim como a produção de cana-de-açúcar, a produção cafeeira se organizava com base na cultura extensiva com mão de obra escrava.

A expansão cafeeira no Brasil compreende três grandes fases. A primeira fase corresponde à implantação das lavouras de café no Rio de Janeiro e à extensão do cultivo em direção à parte paulista do **vale do Paraíba**. Na segunda fase, por volta dos anos 1850, as fazendas de café avançaram para o interior de São Paulo, tendo como centro a região de Campinas.

A última fase iniciou-se em 1870, quando as fazendas a oeste da região de Ribeirão Preto consolidaram sua produção. Toda essa região cafeicultora do interior de São Paulo ficou conhecida como **Oeste Paulista**, ainda que não correspondesse ao Oeste geográfico do estado.

> **CAPITAIS PARA O CAFÉ**
>
> O café foi um dos principais produtos do Brasil Imperial, mas seu cultivo só foi possível com o investimento de lucros advindos de outras atividades econômicas. Para alguns historiadores, o capital aplicado na produção do café veio inicialmente de comerciantes de gêneros e animais no Rio de Janeiro. Para outros, a maior parte dos capitais iniciais veio de mineradores decadentes de Minas Gerais.

COMPREENDER

Além do café, outras atividades econômicas foram importantes durante o Segundo Reinado. Leia mais sobre essas atividades e elabore um esquema organizando o que você aprendeu sobre o assunto.

↓ Colheita de café realizada por escravizados em fazenda do vale do Paraíba, 1880. Fotografia de Marc Ferrez.

MUDANÇAS PROVOCADAS PELA CAFEICULTURA

A elite cafeeira assumiu um papel importante no cenário político ao longo da segunda metade do século XIX. Organizados, os cafeicultores pressionavam as autoridades públicas para que subsidiassem a construção de ferrovias, que, em geral, eram planejadas com base na localização das fazendas.

Foram construídos milhares de quilômetros de estradas de ferro. Em 1867, a companhia férrea **São Paulo Railway** – constituída por iniciativa brasileira e com investimentos ingleses – interligou o porto de Santos às cidades de São Paulo e Jundiaí, o que ajudou na exportação do café. A esse ramo ferroviário ligaram-se outras linhas que se espalharam pelo interior paulista. Observe, no mapa desta página, a expansão da rede ferroviária no estado de São Paulo nas últimas décadas do século XIX.

Com a expansão ferroviária, levava-se cada vez menos tempo para ir de um lugar a outro. Até a metade do século XX, as ferrovias foram o principal meio de transporte – de cargas e de passageiros – utilizado no sudeste brasileiro.

A pressão dos fazendeiros também impulsionou uma reforma bancária que expandiu o crédito rural para os próprios cafeicultores, os quais aplicavam-no na modernização das lavouras.

As cidades próximas às fazendas também se transformaram com o aumento de população e, com a construção ou reforma de casarões e de outros edifícios, como teatros, jornais e salões literários.

OUTRAS ATIVIDADES ECONÔMICAS

Durante a maior parte do século XIX, o café foi o principal produto da economia brasileira. Contudo, outras atividades também foram economicamente importantes nesse período.

O cultivo de **açúcar**, item que desde os anos finais do século XVII disputava mercado com o concorrente holandês produzido nas Antilhas, manteve-se como atividade relevante na economia nacional, principalmente em engenhos baianos e pernambucanos.

O plantio de **algodão** em áreas do agreste nordestino ganhou força em decorrência do mercado externo, pois a indústria têxtil, que crescera na Inglaterra durante a Revolução Industrial, necessitava dessa matéria-prima.

Por algum tempo, no final do século XIX, o **látex** brasileiro – extraído das seringueiras da região amazônica – também esteve em alta, mas pouco depois perdeu espaço para a concorrência asiática, que vendia essa matéria-prima em condições mais vantajosas para o mercado europeu.

Expansão ferroviária em São Paulo (1870-1890)

Fonte de pesquisa: Flavio de Campos; Miriam Dolhnikoff. *Atlas história do Brasil*. São Paulo: Scipione, 2006. p. 25.

A NAÇÃO BRASILEIRA IMAGINADA

> **ANALISAR**
> Conheça outras pinturas do Romantismo brasileiro, leia as legendas e elabore um texto descrevendo como as pessoas e a natureza são representadas.

Durante o Segundo Reinado, as medidas adotadas pelo governo visavam promover a centralização política e a unidade do Império em torno de dom Pedro II. Essas medidas também podem ser entendidas do ponto de vista cultural, pois o projeto imperial abrangia as artes, as letras e mesmo a escrita da História.

Desde os movimentos pela Independência, artistas, literatos e historiadores buscavam uma linguagem que transmitisse os aspectos da cultura nacional sem a influência da antiga Metrópole. A ideia de uma nação brasileira mestiça foi, então, estabelecida com base em concepções iluministas e na escolha de um antepassado que definisse o Brasil: o indígena.

O modo como autores e pintores do **Romantismo brasileiro** imaginaram o nascimento da nação exemplifica essa intenção. Eles criaram romances e pinturas nas quais os indígenas eram representados como os primeiros brasileiros prontos para "receber" a civilização trazida pelos colonizadores. Assim, tais escritores e artistas representavam os laços com a sociedade colonial, indicando também o que deveria ser superado.

Na escrita da História, a situação era similar. A influência de dom Pedro II como patrono das artes, das letras e das ciências foi enorme. O imperador atuou, por exemplo, no **Instituto Histórico e Geográfico Brasileiro** (IHGB), fundado em 1838, que tinha por tarefas a coleta e a divulgação de fontes sobre a história do Brasil e o incentivo aos estudos históricos.

A difusão da História foi fundamental para a construção da nação. Naquele momento, desejava-se que o Brasil fosse visto como um modelo de civilização e de progresso. Para que isso ocorresse, essa história teria de ser restrita aos brancos civilizados, sendo os indígenas retratados como um elemento de mestiçagem superado, enquanto os negros nem seriam mencionados.

Dessa forma, nas artes, nas letras e igualmente na História, excluía-se da nação brasileira a maior parte da população: pessoas livres e pobres e negros escravizados. Foi só nas últimas décadas do século XX que a importância das práticas culturais dessas populações excluídas, definitivas na formação da identidade brasileira, começou a ser reconhecida pelo Estado.

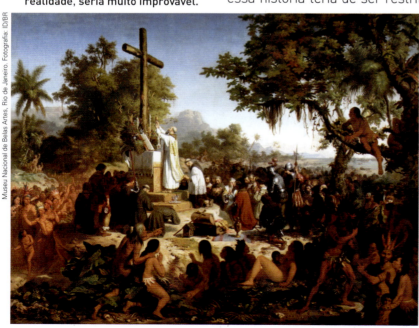

↓ Victor Meirelles. *Primeira missa no Brasil*, 1861. Óleo sobre tela. Nessa representação romântica e idealizada da primeira missa ocorrida no período colonial, o artista busca mostrar a chegada dos portugueses como um evento pacífico e benéfico aos indígenas. Estes últimos, por sua vez, demonstram uma postura de respeito e de entendimento daquele rito – postura essa que, na realidade, seria muito improvável.

ATIVIDADES

RETOMAR E COMPREENDER

1. Por que a maioridade de dom Pedro II foi antecipada?

2. A situação política e social brasileira se alterou com a coroação de dom Pedro II? Explique.

3. Quais foram as consequências da vitória da Tríplice Aliança para o Império Brasileiro?

4. Sobre a Guerra do Paraguai, observe o mapa da página 151 e, em seguida, responda às questões.
   a) Que trecho do território brasileiro o Paraguai pretendia anexar?
   b) Qual região do Paraguai foi anexada à Argentina?

APLICAR

5. Considerando o que foi abordado neste capítulo, observe a tabela e responda às questões.

Produtos	1821-1830	1831-1840	1841-1850	1851-1860
Açúcar	30,1	24,0	26,7	21,2
Algodão	20,6	10,8	7,5	6,2
Café	18,4	43,8	41,5	48,8

BRASIL – PRINCIPAIS PRODUTOS EXPORTADOS, EM % (1821-1860)

Fonte de pesquisa: Alice Piffer Canabrava. *História econômica*: estudos e pesquisas. São Paulo: Hucitec/Ed. da Unesp/ABPHE, 2005. p. 144.

   a) Quais eram os dois produtos mais exportados na década de 1820?
   b) O que aconteceu com ambos os produtos dos anos 1830 em diante?

6. Leia o trecho a seguir.

> Conhecida como Guerra da Tríplice Aliança na bibliografia argentina e uruguaia ou como Guerra Grande, como chamou o escritor paraguaio Augusto Roa Bastos, a Guerra do Paraguai (1864-1870) é o nome pelo qual ficou celebrizado no Brasil o conflito militar mais importante e sangrento dentre todos os ocorridos na América Latina ao longo do século XIX. Morreram em combate cerca de 150 a 300 mil soldados, número só inferior nas Américas à Guerra de Secessão nos Estados Unidos (1861-1865), na qual a morte alcançou 600 mil soldados, entre Yankees e confederados.
>
> Ronaldo Vainfas (Org.) *Dicionário do Brasil Imperial*. Rio de Janeiro: Objetiva, 2008. p. 322.

   a) Quais foram os países que participaram da Guerra do Paraguai?
   b) Por que essa guerra tem denominações diferentes? Justifique.

7. Observe a imagem abaixo e leia a legenda e o fragmento de texto que a acompanham. Em seguida, responda às questões propostas.

↑ Famílias se despedem de jovens que vão lutar na Guerra do Paraguai. Ilustração publicada na revista *Semana Illustrada*, 1865.

> [...] o recrutamento de soldados para o exército sempre foi problemático. Na Guerra do Paraguai havia os "voluntários da pátria", mas também os "voluntários da corda", homens livres compulsoriamente incorporados nas tropas imperiais. [...]
>
> Luiz Felipe de Alencastro (Org.). *História da vida privada no Brasil*, v. 2: Império. São Paulo: Companhia das Letras, 1997. p. 308.

   a) Descreva a imagem. Quais elementos nela presentes mais chamam sua atenção?
   b) Segundo o texto, quem eram os "voluntários da corda"?
   c) Relacione a imagem ao texto. Eles se complementam ou se contradizem? Justifique sua resposta.

HISTÓRIA DINÂMICA

Os indígenas no Segundo Reinado

Em 1845, foi criado o **Regulamento das Missões**, base da legislação indigenista instituída pelo Império. Esse regulamento reafirmava a importância da catequese e a utilidade dos aldeamentos, compreendendo-os como forma de permitir que os indígenas fossem "assimilados" à sociedade colonial. Assim, de certa maneira, garantia a eles algumas terras, mas condicionava essa possibilidade à submissão ao modo de vida dito "civilizado". Isso mostra como os interesses envolvidos eram muitos, conforme a tese da historiadora Soraia Sales Dornelles.

> Além do evidente interesse sobre as terras indígenas, o sistema de aldeamentos mantinha outra perspectiva: a possibilidade do aproveitamento de seus contingentes em trabalhos rurais e na navegação. Nos aldeamentos deveriam ser instaladas "oficinas de artes mecânicas", e ser incentivadas as atividades produtivas locais, que trariam o maior proveito e a mais rápida adaptação dos índios ao novo modo de vida. Os índios poderiam ser chamados tanto ao serviço do aldeamento, quanto ao serviço público e de particulares.
>
> Soraia Sales Dornelles. *A questão indígena e o Império*: índios, terra, trabalho e violência na província paulista, 1845-1891. 2017. Tese (Doutorado em História Social) – Unicamp, Campinas. p. 35-36.

A aplicação dessa regulamentação deixou aos indígenas apenas dois caminhos: o extermínio, prática tanto física como simbólica que vinha ocorrendo desde a chegada dos portugueses, ou a integração à sociedade, mediada pelos interesses políticos do Segundo Reinado.

Aqueles que participassem do processo de aldeamento, de "civilização", integrariam o país, deixando a "vida selvagem" e, possivelmente, seriam usados como mão de obra. Os outros, segundo o Estado, estariam declarando guerra, justificando, assim, sua perseguição.

A presença indígena no Brasil Imperial foi debatida por diversos grupos e instituições. Nos gabinetes científicos, discutiam-se noções de raça e do papel do indígena na formação da história do país. Em outro grupo, a discussão se pautou pelas comunidades que estavam em contato direto com as populações indígenas e apresentavam questões locais sobre como lidar com esses povos. O Estado desempenhava o papel de agente aglutinador, mediando as diferentes perspectivas e também manifestando interesses próprios.

← Hércules Florence. *Índia Apiaká em Diamantino de Mato Grosso*, 1827. Desenho feito durante a Expedição Langsdorff, que percorreu várias partes do Brasil entre 1825 e 1829.

E os indígenas, o que faziam com essa lei? Em geral, eles foram retratados como atores coadjuvantes, agindo sempre em função de interesses alheios ou assumindo um posicionamento passivo em reação a tais interesses ou a conflitos. Contudo, as atitudes dos indígenas não se reduziram apenas à resistência ou à submissão passiva:

> Os índios faziam, há longa data, usos das instâncias legais para promover seus interesses, usos que se ampliaram com o advento do Decreto de 1845, como mesmo atestam os primeiros documentos produzidos pela diretoria geral dos índios paulista. O uso de petições dirigidas ao poder público para reclamar os abusos sofridos no tocante ao direito territorial e chamar, com isso, as autoridades à sua responsabilidade denota grande consciência da política em curso.
>
> Soraia Sales Dornelles. *A questão indígena e o Império*: índios, terra, trabalho e violência na província paulista, 1845-1891. 2017. Tese (Doutorado em História Social) – Unicamp, Campinas. p. 63-64.

Nos aldeamentos, os índios entraram em contato com práticas culturais e étnicas que lhes serviram de recurso para as negociações com o Estado. De fato, negociar com o Estado significava também resistir; afinal, às vezes essa era a única forma de manter suas terras e suas aldeias. Ainda assim, muitas aldeias não conseguiram reagir e foram dizimadas.

João Henrique Elliott. *Aldeamento de São Pedro de Alcântara*, 1859. Detalhe da gravura que ilustra o mapa corográfico da província do Paraná.

Em discussão

- Leia atentamente o trecho do Regulamento das Missões reproduzido a seguir e responda às questões. Observe que várias palavras são grafadas de forma diferente da que utilizamos hoje.

> Art. 1º Haverá em todas as Províncias um Director Geral de Indios, que será de nomeação do Imperador. Compete-lhe:
>
> [...] § 3º Precaver que nas remoções não sejão violentados os Indios, que quizerem ficar nas mesmas terras, quando tenhão bem comportamento, e apresentem um modo de vida industrial, principalmente de agricultura.
>
> Decreto n. 426, de 24 de julho de 1845. Mantida a grafia original. Disponível em: <http://legis.senado.leg.br/legislacao/ListaTextoSigen.action?norma=387574&id=14390167&idBinario=15771126&mime=application/rtf>. Acesso em: 13 fev. 2019.

a) Sob quais condições o Império permitiria que os indígenas permanecessem em seus territórios?

b) Apesar da menção explícita ao não uso da violência, é possível afirmar que as políticas indigenistas no período eram violentas?

c) De que forma o Império buscou "civilizar" os indígenas?

Capítulo 3
O FIM DA ESCRAVIDÃO E A IMIGRAÇÃO NO BRASIL

No século XIX, o trabalho com mão de obra escrava passou a ser cada vez mais contestado no mundo ocidental. No Brasil, a proibição definitiva do tráfico de escravizados, em 1850, foi o início de um longo processo que culminou na abolição da escravidão em 1888. Você imagina quais mudanças na sociedade brasileira essas medidas podem ter ocasionado?

O FIM DO TRÁFICO DE ESCRAVOS

Grande parte do capital que possibilitou os investimentos na indústria e a Revolução Industrial na Inglaterra veio do tráfico de escravos, pois os ingleses atuaram fortemente nesse comércio. Entretanto, à medida que a Revolução Industrial avançava, essa atividade não só perdeu a grande importância que tinha na economia inglesa, como passou a representar entraves relativos aos interesses dos empresários ingleses. Tornava-se desvantajoso, por exemplo, retirar mão de obra da África, pois havia importantes reservas de matérias-primas a serem exploradas naquele continente. Pesava contra o tráfico, ainda, uma mobilização cada vez mais forte da sociedade contra a escravidão.

Em 1807, o tráfico de escravos passou a ser ilegal na Inglaterra, e o governo inglês começou a advogar o fim do tráfico em todo o mundo. Em 1845, promulgou a lei **Bill Aberdeen**, que permitia à Marinha inglesa apreender, no Atlântico, navios negreiros de qualquer nacionalidade.

Em 1850, foi aprovada no Brasil a **Lei Eusébio de Queirós**, que proibia em definitivo o tráfico de escravos. A partir de então, o fim da escravidão parecia apenas uma questão de tempo. Assim, governo e proprietários de terras passaram a debater soluções para substituir a mão de obra escrava.

↓ Festejos na cidade do Rio de Janeiro quando a escravidão foi legalmente abolida. Fotografia de Augusto Elias, 1888.

O CRESCIMENTO DO ABOLICIONISMO

Com a proibição do tráfico de escravos, o debate em torno da abolição se intensificou. Após o fim da Guerra de Secessão (1861-1865) nos Estados Unidos, o Brasil se tornou a única nação independente da América a manter pessoas trabalhando na condição de escravizadas.

Os movimentos em prol da abolição ganhavam cada vez mais força no país, ao mesmo tempo que os ingleses continuavam a pressionar as autoridades brasileiras para abolir a escravidão.

A Guerra do Paraguai (1864-1870) também provocou diversos questionamentos sobre a escravidão, uma vez que foi necessário incorporar escravizados aos combatentes do Exército brasileiro. Por um lado, muitos escravizados haviam recebido a promessa de alforria para lutar na guerra. Por outro, era moralmente questionável que os africanos e seus descendentes combatessem em nome do Brasil, mas, em território brasileiro, não fossem considerados cidadãos.

Mesmo diante da forte mobilização pela abolição, as elites agrárias brasileiras resistiam à ideia de acabar com a escravidão. A questão tornou-se efetivamente o problema central do Império Brasileiro nos anos 1880, quando o movimento abolicionista passou a agrupar diversos setores da sociedade e diferentes partidos políticos em torno dessa causa, com a fundação da Sociedade Brasileira contra a Escravidão (1880) e a Confederação Abolicionista (1883).

O debate sobre a abolição encontrava adeptos tanto na Corte como entre intelectuais, jornalistas e profissionais liberais, e as opiniões eram difundidas pela imprensa, em livros, associações e comícios.

LEIS PARA ACALMAR OS ÂNIMOS

Para diminuir a tensão em torno do tema da abolição, foram criadas leis que, em tese, levariam à extinção gradual da escravidão. Contudo, essas leis não promoviam mudanças significativas e foram criticadas pelos abolicionistas.

A **Lei do Ventre Livre** (28 de setembro de 1871), também chamada Lei Rio Branco, declarava livres os filhos de escravizadas nascidos no Brasil a partir daquela data. No entanto, os recém-nascidos ficavam sob os cuidados dos senhores até os 8 anos de idade. Além disso, uma vez que as crianças completassem essa idade, os senhores poderiam entregá-las ao poder público e receber uma indenização do Estado ou mantê-las trabalhando até que completassem 21 anos.

A **Lei dos Sexagenários** (28 de setembro de 1885), ou Lei Saraiva-Cotegipe, declarava livres os escravizados a partir de 60 anos. Entretanto, como indenização, esses ex-escravizados deviam trabalhar para seus antigos senhores por mais três anos.

Fonte: Revista *Pesquisa Fapesp*, ed. 240, fev. 2016

← Integrantes da Confederação Abolicionista em 1888. Na foto, podem ser identificados dois dos mais importantes líderes do movimento: José do Patrocínio (em pé, primeiro à esquerda) e André Rebouças (sentado, primeiro à esquerda).

A ABOLIÇÃO

Em 1884, as províncias do Ceará e do Amazonas se anteciparam ao restante do Brasil e aboliram a escravidão. Na mesma época, várias cidades do sul também já não mantinham mão de obra escrava.

Por mais que as elites agrárias e os conservadores se posicionassem contra o movimento abolicionista, este havia se fortalecido e se espalhado. Nesse processo, fugas, rebeliões e compras de alforrias coletivas tiveram papel fundamental. Assim, escravizados e ex-escravizados figuram entre os protagonistas do processo de abolição no Brasil.

Sem ter como resistir às pressões da maior parte da sociedade, em 13 de maio de 1888, a Câmara e o Senado aprovaram a lei que extinguiu definitivamente a escravidão. Como dom Pedro II estava fora do país, Isabel, a princesa regente, assinou a **Lei Áurea**, que continha apenas dois artigos: "1º – É declarada extinta, desde a data desta Lei, a escravidão no Brasil; 2º – Revogam-se as disposições em contrário".

A Lei Áurea significou, em teoria, o direito dos ex-escravizados à igualdade civil. Na prática, porém, não se garantiu a inserção dos libertos na sociedade brasileira no período pós-abolição.

Motivada pelo preconceito, a elite brasileira não teve interesse em empregar os ex-escravizados: negros e mestiços – tanto escravizados quanto ex-escravizados – e trabalhadores livres – oriundos de várias gerações de descendentes de europeus, africanos e indígenas – eram considerados inferiores, o que, sabemos, não é verdade. Não há, entre os seres humanos, diferenciação de capacidade ou de personalidade definida por origem ou cor de pele; contudo, essas concepções equivocadas serviram ideologicamente à elite branca, que se julgava superior.

Além de não encontrar emprego, os afrodescendentes não tiveram nenhum apoio do Estado brasileiro para inserir-se na vida do país como cidadãos com direitos. De escravizados tornaram-se pessoas livres sem recursos financeiros, sem trabalho e sem moradia. Começavam uma nova vida, mas não dispunham das condições mínimas de sobrevivência.

OS DIREITOS CIVIS E A PRÁTICA DA CIDADANIA

Na sociedade brasileira do século XIX, poucos cidadãos tinham direitos assegurados, e as leis existentes não beneficiavam as pessoas que eram mantidas escravizadas. Mesmo após o fim da escravidão, os ex-escravizados não tiveram o direito de igualdade civil respeitado. Promulgada em 1988, a Constituição que hoje vigora no Brasil determina que todos são iguais perante a lei.

1. Considere a cidade em que você mora e responda: Em sua opinião, o fato de a Constituição determinar a igualdade civil perante a lei garante, na prática, as mesmas condições de cidadania para toda a população? Explique.
2. **VERIFICAR** Você já ouviu falar do Estatuto da Criança e do Adolescente? Conheça os seus direitos determinados por essa lei e, em seguida, discuta com os colegas se ela ajuda efetivamente na proteção de crianças e de adolescentes.

Da esquerda para a direita: escravos de ganho (carregador e vendedora de alimento) fotografados por Christiano Júnior, em 1865; mulher escravizada carregando criança branca, em fotografia de autoria desconhecida, c. 1870.

A IMIGRAÇÃO

Como vimos, os debates sobre a substituição da mão de obra escrava começaram bem antes da abolição, pois essa questão já era discutida desde o fim do tráfico negreiro. Uma das soluções propostas era a vinda de imigrantes para o país.

A imigração foi incentivada desde o governo de dom João VI, mas as primeiras políticas nesse sentido visavam povoar as regiões desabitadas do território brasileiro.

Entre as décadas de 1840 e 1870, os cafeicultores do Oeste Paulista passaram a financiar a vinda de imigrantes para suas fazendas, estabelecendo um tipo de relação de trabalho conhecido como **sistema de parceria**. Cada família recebia determinado número de mudas de café pelas quais seria responsável, e todos tinham de trabalhar: adultos e crianças. Lucros e prejuízos eram divididos entre o **colono** (como era chamado o imigrante) e o fazendeiro, mas o primeiro deveria trabalhar obrigatoriamente para o segundo até saldar as despesas da viagem.

No início, o sistema de parceria funcionou. Porém, os constantes atritos entre fazendeiros (pouco acostumados com contratos de trabalho e com a divisão dos lucros) e imigrantes europeus (endividados e trabalhando dia e noite) minaram o projeto.

No final da década de 1860, o governo estabeleceu uma política de **imigração subvencionada**: a administração provincial arcava com parte dos custos da vinda de imigrantes europeus, diminuindo os gastos dos fazendeiros e dos imigrantes.

Diante da diminuição constante do número de africanos escravizados, a imigração em massa já era vista, então, como solução para o trabalho nas fazendas de café.

> **PASSAPORTE DIGITAL**
>
> **Museu da Imigração do Estado de São Paulo**
> O antigo prédio da Hospedaria de Imigrantes, na capital paulista, abriga atualmente o Museu da Imigração do Estado de São Paulo. No *site* do museu, é possível consultar um amplo acervo de registros referentes à imigração para o Brasil, os quais preservam a memória daqueles que fizeram parte desse processo.
> Disponível em: <http://linkte.me/r7q3z>. Acesso em: 13 fev. 2019.

↓ Nos anos 1880, na cidade de São Paulo, foi construída uma hospedaria para abrigar os imigrantes até que fossem contratados por um fazendeiro. Na fotografia, família de italianos na Hospedaria de Imigrantes, c. 1900.

MÃO DE OBRA GARANTIDA PARA AS FAZENDAS DE CAFÉ

A imigração subvencionada se tornou comum a partir dos anos 1870, impulsionada por três processos: as campanhas cada vez mais intensas pela abolição da escravidão, a expansão da lavoura cafeeira (especialmente rumo ao Oeste Paulista) e a crise pela qual passavam certos países europeus, o que forçava muitos indivíduos a emigrar. A província de São Paulo foi a que mais investiu na subvenção da imigração para substituir a mão de obra escrava nas fazendas de café.

Parte da elite econômica e intelectual do país defendia o incentivo à imigração porque enxergava, na vinda de europeus brancos para o Brasil, a possibilidade de contar com trabalhadores disciplinados e "civilizar" a sociedade brasileira. Essa ideia tinha relação com as teorias raciais em voga naquele momento na Europa, hoje superadas, que defendiam a superioridade dos europeus em relação a outros povos.

O TRABALHO NAS FAZENDAS

O trabalho nas lavouras era árduo. Em geral, os trabalhadores estrangeiros não conseguiam acumular dinheiro suficiente para comprar um lote de terra. Além disso, endividavam-se com os fazendeiros, que mantinham, dentro das fazendas, armazéns com produtos de primeira necessidade, para onde iam os rendimentos da família imigrante.

Próximo às lavouras de café, os trabalhadores cultivavam outros gêneros alimentícios, cuja produção partilhavam com o fazendeiro.

A LEI DE TERRAS

No mesmo ano em que a Lei Eusébio de Queirós foi publicada, abolindo o tráfico de escravos, foi também promulgada a **Lei de Terras**.

Até então, uma pessoa poderia ocupar e cultivar uma terra desocupada e ter direito à posse dessa terra. Essa lei tornou propriedade do Estado as terras ainda não ocupadas e determinou que estas só poderiam ser adquiridas por compra. Na prática, isso favorecia os grandes fazendeiros, que contavam com recursos para adquirir as terras, e desfavorecia quem não tinha posses.

Muitos historiadores argumentam que essa lei preparava o país para o fim do trabalho escravo, impedindo ex-escravizados e imigrantes de terem acesso à terra, ou seja, privando-os de se tornarem pequenos agricultores. De fato, sem a possibilidade de produzir para a própria subsistência, as pessoas desprovidas de recursos financeiros não tinham como sobreviver senão trabalhando para os grandes proprietários de terras.

Imigrantes trabalham na colheita de café em fazenda de Ribeirão Preto (SP). Foto de 1902. Muitos cafeicultores tratavam os imigrantes da mesma forma que faziam com os escravizados, impondo-lhes até mesmo castigos físicos. Por isso, quando tinham oportunidade, muitos imigrantes trocavam o trabalho na lavoura pela vida nas cidades.

ATIVIDADES

RETOMAR E COMPREENDER

1. Por que, no século XIX, a escravidão deixou de interessar à Inglaterra?
2. Quais acontecimentos intensificaram os debates sobre a abolição no Brasil?
3. Explique por que se considera que a Lei de Terras serviu para garantir a propriedade das terras aos grandes fazendeiros e obrigou os imigrantes a trabalhar para eles.

APLICAR

4. A representação abaixo foi elaborada por um abolicionista em 1840. Ela retrata a chegada de um grupo de africanos ao Rio de Janeiro.

Paul Harro-Harring. *Desembarque de escravos negros na ilha de Sant'Anna*, c. 1840. Nanquim, aquarela e guache sobre papel.

a) Descreva a imagem levando em consideração as personagens, sua postura e suas atitudes.
b) Em sua opinião, por que um abolicionista criaria essa representação? Discuta com um colega e elabore um parágrafo com suas conclusões.

5. Em 1911, o jornal paulistano *La Battaglia* (A Batalha), escrito em italiano, publicou a carta de um imigrante da Itália, trabalhador em uma fazenda de café, para o cônsul daquele país em São Paulo. Leia um trecho dessa carta e responda às questões.

> Há três anos trabalho na fazenda na qual o administrador tem um vício infame de maltratar os pobres filhos do trabalhador, em especial o italiano.
>
> Ora, é preciso que sua Excia. saiba que o abaixo assinado é um pobre pai de família com quatro filhos menores e mulher, o que quer dizer, unicamente dois braços à disposição do serviço da fazenda. Caí doente há três meses e não pude trabalhar por 30 dias, sendo, desde então, objeto de escárnio e maus-tratos por parte dos empregados da fazenda. Resisti pacientemente, até que, não podendo mais suportar as humilhações, resolvi abandonar a fazenda. Parti deixando meus familiares, com a esperança de que o fazendeiro em pouco tempo os deixasse livres para partir, mas, até hoje não os vi, o que me fez acreditar que estão proibidos de sair da fazenda.
>
> Mary del Priore e outros. *Documentos de história do Brasil*: de Cabral aos anos 90. São Paulo: Scipione, 1999. p. 64-65.

a) O que o trabalhador diz acerca do administrador da fazenda?
b) O que aconteceu com o trabalhador e como os empregados da fazenda reagiram?
c) Diante disso, qual foi a atitude do trabalhador?
d) Em sua opinião, por que o trabalhador decidiu relatar a situação que viveu ao cônsul italiano?

INVESTIGAR

O legado da escravidão e as ações afirmativas

Para começar

Como vimos, a promulgação da Lei Áurea, em 1888, não significou a consolidação da igualdade civil para os ex-escravizados. Embora tivessem sido libertados, o Império Brasileiro não tomou medidas efetivas para integrá-los econômica, política, social e culturalmente. Na realidade, o preconceito e a ideia de inferioridade racial se estabeleceram como parte estruturante da nação.

Mais tarde, já no período republicano, surgiram explicações ligadas à "democracia racial" visando evidenciar a formação do Brasil como resultado da mistura de diferentes povos. Essas explicações, porém, colocavam em segundo plano quaisquer tentativas de discutir os legados da escravidão, isto é, as desigualdades e o preconceito experimentados dia a dia pela população afrodescendente.

O PROBLEMA

Na atualidade, em quais aspectos é possível notar os legados da escravidão e quais ações podem ser realizadas para reparar as injustiças provocadas por ela?

A INVESTIGAÇÃO

- Procedimento: pesquisa documental, literária e musical
- Instrumento de coleta: notícias, artigos e letras de canções ou poemas

MATERIAL

- Canções sobre a condição atual dos negros no Brasil
- Textos sobre políticas de promoção de igualdade racial
- Papel, caneta, lápis de cor e borracha

Procedimentos

Parte I – Levantamento de materiais de pesquisa

1. Formem grupos de três a cinco integrantes.
2. Em casa, cada componente do grupo deve fazer uma pesquisa individual na internet, buscando poemas ou letras de canções que retratem os legados da escravidão na atualidade e textos que falem sobre as ações afirmativas em relação aos negros.
3. Em data agendada pelo professor, cada componente do grupo deve trazer para a sala de aula os resultados da pesquisa individual. Os poemas, as canções e os textos podem ser apresentados diretamente aos outros membros do grupo. Caso julgue necessário, você pode fazer um resumo de cada fonte pesquisada para facilitar a exibição do material coletado.
4. Não se esqueçam de citar todas as fontes de pesquisa.
5. Em grupo, aproveitem esse momento para discutir as informações coletadas por todos.

Gil Tokio/Pingado/ID/BR

Parte II – Elaboração do dossiê

1. Estabeleçam as tarefas de cada membro do grupo para a elaboração do dossiê. Um dossiê corresponde a uma coleção de documentos relativos a determinado assunto.

2. Durante a elaboração do dossiê, fiquem sempre atentos ao problema proposto no início desta seção. O material elaborado pelo grupo deverá apresentar uma conclusão sobre essa questão.

3. Retomem o material obtido por todos durante a pesquisa e definam as partes que vão estruturar o dossiê. Essa estrutura dependerá do tipo de material coletado na primeira fase do projeto. Por isso, quanto maior for o acervo, mais elaborado poderá ser o dossiê.

4. Em nova data estipulada pelo professor, tragam para a sala de aula o dossiê finalizado e deixem o material disponível para análise dos outros grupos. O professor pode determinar um tempo máximo para que os grupos analisem o trabalho dos colegas. Ao final, cada aluno deverá ter visto todos os dossiês elaborados pela turma.

Questões para discussão

1. Quais foram os principais dados e informações obtidos por seu grupo nas fontes pesquisadas?

2. Quais dados e informações apresentados nos dossiês de outros grupos mais chamaram sua atenção?

3. De modo geral, todos os grupos chegaram aos mesmos resultados? Algum deles apontou informações diferentes das que vocês pesquisaram? Em caso afirmativo, quais?

4. Com base na pesquisa realizada por seu grupo, nas informações apresentadas pelos outros grupos e na discussão dos resultados, qual a conclusão de seu grupo a respeito do problema proposto no início desta seção?

Comunicação dos resultados

Apresentação oral e debate

Com base no dossiê produzido, apresentem uma síntese do trabalho realizado. Combinem com o professor a data em que ocorrerão as apresentações orais e a data em que a turma debaterá sobre o problema investigado.

ATIVIDADES INTEGRADAS

RETOMAR E COMPREENDER

1. O que foi o Ato Adicional de 1834?

APLICAR

2. O texto abaixo trata do Ato Adicional de 1834. Leia-o e, em seguida, responda às questões propostas.

> Da luta entre liberais radicais, de um lado, e moderados e conservadores, de outro, resultaria o Ato Adicional de 1834, forma conciliatória encontrada temporariamente pelos vários grupos em jogo. [...] Se bem fosse produto de uma conciliação entre conservadores e liberais, ou talvez por isso mesmo, assim que o Ato Adicional foi aprovado, já se cogitava de revê-lo.
> Emília Viotti da Costa. *Da monarquia à república*: momentos decisivos. 9. ed. São Paulo: Ed. da Unesp, 2010. p. 156.

a) Por que, segundo o texto, o Ato Adicional de 1834 foi instituído?
b) Com base no que você estudou nesta unidade, que tipo de conciliação o Ato Adicional de 1834 possibilitou?

3. Leia atentamente este trecho de texto e responda às questões.

> O período regencial foi um dos mais agitados da história política do país e também um dos mais importantes. Naqueles anos, esteve em jogo a unidade territorial do Brasil, e o centro do debate político foi dominado pelos temas da centralização ou descentralização do poder, do grau de autonomia das províncias e da organização das Forças Armadas.
>
> [...] Nem tudo se decidiu na época regencial. Podemos mesmo prolongar a periodização por dez anos e dizer que só por volta de 1850 a Monarquia centralizada se consolidou, quando as últimas rebeliões provinciais cessaram.
> Boris Fausto. *História do Brasil*. 12. ed. São Paulo: Edusp, 2006. p. 161.

a) Por que o autor diz que "O período regencial foi um dos mais agitados da história política do país"?
b) Por que a unidade territorial estaria em jogo?
c) Com base no que você estudou nesta unidade, responda: Sob o governo de quem a monarquia centralizada se consolidou?

ANALISAR E VERIFICAR

4. Observe o mapa e responda às questões.

Expansão cafeeira no Rio de Janeiro e em São Paulo (século XIX)

Fonte de pesquisa: Flavio de Campos; Miriam Dolhnikoff. *Atlas história do Brasil*. São Paulo: Scipione, 2006. p. 24.

166

a) O que o mapa mostra?

b) Com base nas informações do mapa e no conteúdo apresentado nesta unidade, explique como ocorreu a expansão cafeeira em São Paulo.

c) Analise o mapa da página anterior e o mapa Expansão ferroviária em São Paulo (1870-1890), reproduzido no capítulo 2 desta unidade (p. 153). Em seguida, responda: Que relação é possível estabelecer entre esses mapas?

5. Leia com atenção o texto abaixo, sobre diferentes interpretações acerca da Guerra do Paraguai. Em seguida, faça o que se pede.

> [...] a guerra do Paraguai foi interpretada por pesquisadores de diferentes correntes historiográficas, desde o fim do século XIX e no decorrer do XX. Estudiosos, inseridos em contextos históricos e sociais distintos, analisaram o conflito de diferentes ângulos. Na primeira metade do século XX as abordagens mais tradicionais acerca da Guerra do Paraguai obtiveram grande destaque e, por meio de uma análise personalista, viam o governante paraguaio Solano López como sendo responsável e causador da guerra e com certo patriotismo defendiam a ação brasileira na disputa. A partir da década de 1960, a corrente revisionista propôs a influência do imperialismo britânico como fator determinante para a deflagração de guerra e destruição do Paraguai. Mais recentemente na década de 1990, [...] pesquisadores [...] indicaram que a guerra teria se constituído como fruto das contradições platinas e da consolidação dos Estados Nacionais na região.
>
> Gabriel Ignácio Garcia. A Guerra do Paraguai em diferentes interpretações.
> *Cadernos de Clio*, Curitiba, n. 5, p. 15, 2014.

a) Identifique as três hipóteses formuladas pelos historiadores para explicar a Guerra do Paraguai.

b) Qual dessas hipóteses corresponde à explicação apresentada no trecho que trata da Guerra do Paraguai no capítulo 2 desta unidade?

CRIAR

6. Grupos de negros escravizados recrutados por estancieiros que lutaram na Revolução Farroupilha ficaram conhecidos como lanceiros negros e foram para a guerra com a promessa de serem libertos ao final dela. Faça uma pesquisa sobre os lanceiros negros e, com as informações obtidas, redija um texto indicando a importância que tiveram nos embates, sua relação com os farrapos e o que aconteceu com eles após o fim da Revolução Farroupilha.

7. Em grupos de quatro ou cinco alunos, montem uma peça de teatro que aborde o movimento abolicionista no Brasil. Para isso, sigam as etapas abaixo.

- Elaborem o roteiro da peça teatral utilizando o conteúdo apresentado nesta unidade. Para obter mais informações, façam uma pesquisa sobre o assunto em materiais impressos e digitais.
- Criem as personagens da peça e elaborem o texto definitivo a ser encenado, estabelecendo todos os diálogos.
- Distribuam os papéis entre os integrantes do grupo e combinem os horários dos ensaios.
- Preparem os cenários e os figurinos tomando como referência imagens de época.
- No dia marcado pelo professor, apresentem a peça à turma.

8. Na atividade 3 da abertura desta unidade, você refletiu sobre o trabalho escravo. As condições de trabalho impostas aos escravizados durante o regime escravista foram, em certa medida, impostas também aos imigrantes nas fazendas de café do Brasil. Você sabia que ainda hoje são noticiados casos de pessoas que trabalham em condições semelhantes às do regime escravista? Por que é fundamental combater essa prática ilegal?

IDEIAS EM CONSTRUÇÃO - UNIDADE 6

Capítulo 1 – O período Regencial
- Identifico as forças políticas que disputavam diferentes projetos de nação durante o período Regencial?
- Identifico e comparo os diferentes sujeitos, objetivos e interesses locais envolvidos nas rebeliões que contestaram o poder central durante a Regência?

Capítulo 2 – O Segundo Reinado
- Compreendo as diferenças e as semelhanças entre as ideias e as ações dos liberais e dos conservadores durante o Segundo Reinado?
- Relaciono as revoltas ocorridas em São Paulo e em Minas Gerais e a Revolução Praieira, em Pernambuco, aos ideais dos grupos liberais?
- Identifico as razões e os interesses que levaram o Brasil à Guerra do Paraguai e sei distinguir as diferentes versões para explicá-la?
- Compreendo a importância da produção cafeeira para a economia do Império e a relação entre a expansão do cultivo de café e o desenvolvimento da rede ferroviária no sudeste do país?
- Reconheço a importância do Romantismo na produção da identidade nacional no século XIX?

Capítulo 3 – O fim da escravidão e a imigração no Brasil
- Compreendo o papel da Lei de Terras no contexto das intenções das elites de garantir o controle sobre as terras produtivas e regular as tensões sociais?
- Compreendo o processo que levou à abolição da escravidão no Brasil e relaciono esse processo ao incentivo do governo à imigração nas últimas décadas do século XIX?
- Identifico as características das políticas imperiais relacionadas à questão indígena?
- Sei discutir os legados da escravidão e a importância de ações afirmativas para os afrodescendentes no Brasil?

VERIFICAR

Confira os conhecimentos adquiridos na unidade organizando suas ideias e resolvendo as atividades propostas.

REVOLUÇÕES E NACIONALISMOS NO SÉCULO XIX

UNIDADE 7

O século XIX na Europa foi marcado por mudanças. As revoluções de 1830 e as de 1848 visavam pôr em prática os ideais da Revolução Francesa. O nacionalismo cresceu, culminando nas unificações da Itália e da Alemanha. O capitalismo se fortaleceu e, ao mesmo tempo, passou a ser contestado por teóricos que propunham formas mais igualitárias de organização da sociedade.

CAPÍTULO 1
Rebeliões e unificações

CAPÍTULO 2
A expansão da indústria na Europa

PRIMEIRAS IDEIAS

1. De acordo com o que já foi estudado, você saberia citar algumas das mudanças que ocorreram na Europa no século XIX? Em caso afirmativo, dê exemplos.
2. Em sua opinião, como se dá o processo de unificação de um país?
3. Você se lembra de algum momento da história no qual o povo assumiu o governo de um país ou foi às ruas para reivindicar melhores condições de vida? Em caso afirmativo, que momento foi esse?

LEITURA DA IMAGEM

1. Que representações aparecem nesse grafite?

2. A imagem traz a seguinte frase: "1871-2011 Viva a Comuna de Paris". A Comuna de Paris foi uma das primeiras experiências de governo popular realizadas no mundo. Em sua opinião, por que esse evento é comemorado na França?

3. Durante a Comuna de Paris foram instituídas diversas medidas que beneficiaram a população local. Dê exemplo de alguma medida adotada pelo governo do Brasil em benefício da população do país.

4. **ANALISAR** Conheça outros grafites com temas políticos e anote no caderno as informações sobre as imagens de que você mais gostou.

Grafite pintado em 2011 na rua de Ménilmontant, em Paris, para celebrar os 140 anos da Comuna de Paris. Foto do mesmo ano.

Capítulo 1
REBELIÕES E UNIFICAÇÕES

Após a queda de Napoleão Bonaparte, as monarquias europeias se reuniram no Congresso de Viena e fizeram acordos na tentativa de restaurar a ordem absolutista. Quais foram os impactos dessas resoluções nos diversos países em que houve o retorno do absolutismo e dos privilégios da nobreza?

A RESTAURAÇÃO

Após a derrota de Napoleão Bonaparte, representantes das monarquias vitoriosas reuniram-se em Viena, na Áustria, para discutir a reorganização das fronteiras europeias. As reuniões aconteceram entre outubro de 1814 e junho de 1815 e foram chamadas de **Congresso de Viena**. Os encontros foram conduzidos por Áustria, Prússia, Rússia e Grã-Bretanha e contaram com a participação da França derrotada.

Nas regiões que haviam ficado sob o domínio napoleônico, tinham sido implementadas reformas que destituíram as dinastias reinantes e diminuíram consideravelmente os privilégios da nobreza e do clero. Assim, um dos princípios mais defendidos em Viena foi o da **legitimidade**.

Segundo esse princípio, a situação política das monarquias europeias deveria ser restaurada, ou seja, tudo tornaria a ser como era antes da Revolução Francesa. Para a França, por exemplo, isso significou o retorno da monarquia sob a liderança de Luís XVIII. Na Espanha, como vimos na unidade 4, o rei Fernando VII voltou ao poder. Assim, o período que sucedeu o Congresso de Viena ficou conhecido como **Restauração**.

No entanto, os princípios liberais e humanistas e o conceito de igualdade de direitos já haviam modificado de forma irreversível as sociedades europeias. Para os grupos pobres, para a classe média e para a burguesia seria difícil aceitar novamente uma sociedade com base no poder divino dos reis e nos privilégios da nobreza.

↓ *O Congresso de Viena*, detalhe de gravura colorizada de J. Zutz, século XIX. No Congresso de Viena, as fronteiras que vigoravam na Europa antes da expansão territorial francesa foram restabelecidas e o poder das monarquias foi restaurado.

OS MOVIMENTOS REVOLUCIONÁRIOS

A Restauração encontrou resistência em grande parte da Europa Ocidental, e vários movimentos revolucionários eclodiram, ao longo da primeira metade do século XIX, inspirados nos ideais liberais. Alguns deles também eram nacionalistas, ou seja, buscavam autonomia e independência nacional. O nacionalismo havia ganhado força nos locais invadidos pelas forças de Napoleão, pois, contra esse domínio, surgiram fortes sentimentos de identidade.

Um dos fatores que impulsionou esses movimentos foi a crise econômica que atingia tanto os grupos populares quanto a pequena e a média burguesia da Europa naquele período. O clima de insatisfação era crescente; a população sofria com a escassez de alimentos, as más colheitas agrícolas, a elevação dos preços dos produtos, o desemprego, a pobreza e a precariedade das condições de vida dos trabalhadores.

> **LIVRO ABERTO**
>
> *Os miseráveis*, de Victor Hugo. São Paulo: Scipione, 2011 (Coleção Reencontro Literatura).
> Clássico da literatura francesa, *Os miseráveis* narra a história de Jean Valjean, que passa 19 anos na prisão condenado por ter roubado um pão para alimentar os sobrinhos, que passavam fome na França revolucionária.

← Distribuição de sopa feita pelos freis capuchinhos aos pobres na Rue de la Santé, em Paris. Gravura de 1860.

Na década de 1820, eclodiram revoltas na Espanha e na península Itálica e ergueu-se o movimento de independência na Grécia. Nas décadas seguintes, revoltas, revoluções e levantes em prol da independência irromperam em outras partes da Europa. O cerceamento dos direitos outrora conquistados e a limitação das liberdades individuais e da cidadania impulsionaram os primeiros movimentos.

Nesse período, com o avanço da industrialização na Europa, muitos trabalhadores do campo migraram para as cidades; o proletariado começou a tomar forma como grupo social, identificado pelas precárias condições de vida e de trabalho. As lutas desses trabalhadores, organizados em sindicatos e em associações urbanas, contribuíram para a formação de uma consciência proletária e para a elaboração das teorias socialistas, que começavam a ser difundidas na Europa.

173

AS REVOLUÇÕES DE 1830 E 1848 NA FRANÇA

Com o fim do período napoleônico e a Restauração das antigas monarquias após o Congresso de Viena, Luís XVIII foi coroado rei da França em 1815, instituindo uma monarquia constitucional. Após sua morte, em 1824, seu irmão Carlos X assumiu o trono e anulou as bases constitucionais, centralizando o poder em suas mãos e beneficiando os nobres e a Igreja católica.

O governo de Carlos X foi marcado por permanentes tensões com os políticos liberais. Em julho de 1830, o rei dissolveu a Câmara dos Deputados e submeteu a imprensa à censura. Revoltada com essas medidas, grande parte da burguesia e dos trabalhadores urbanos realizou violentos protestos em Paris naquele ano, os quais resultaram na destituição de Carlos X. Com o apoio de parte dos revoltosos, Luís Filipe, primo do antigo monarca, assumiu o poder.

Em 1846, uma forte crise econômica atingiu a França. Enfraquecido politicamente, Luís Filipe reprimiu os movimentos oposicionistas, proibiu reuniões políticas e coibiu a liberdade de imprensa. Insatisfeita com essas medidas, grande parcela da burguesia liberal, dos trabalhadores e dos estudantes ocupou as ruas de Paris em 1848, formando uma aliança da qual resultaria a revolução que derrubou a monarquia de Luís Filipe e instaurou a **Segunda República** francesa. Um governo provisório foi, então, organizado, restabelecendo a liberdade de imprensa e o voto universal masculino e abolindo a escravidão nas colônias francesas.

O proletariado, contudo, seguiu mobilizado, exigindo mudanças mais profundas e a ampliação dos direitos sociais. Alguns meses depois, os trabalhadores voltaram às ruas em grandes manifestações, que foram reprimidas com violência.

Em dezembro de 1848, após o fim das manifestações, foram convocadas eleições presidenciais das quais Luís Bonaparte, sobrinho de Napoleão, saiu vitorioso. Anos depois, após promover um golpe de Estado, ele se tornaria imperador.

Defesa de uma barricada em julho de 1830. Detalhe de litografia colorida, século XIX. Essa obra, de autoria desconhecida, retrata um dos muitos levantes populares ocorridos nas revoluções liberais de 1830 na França.

A PRIMAVERA DOS POVOS

A França não foi o único local da Europa a experimentar revoluções ao longo do século XIX. Em 1848, movimentos revolucionários motivados pelos ideais liberais da burguesia, pelas reivindicações dos trabalhadores e pelo espírito nacionalista ocorreram em várias regiões do continente. Assim como na França, em vários casos, as revoltas se constituíram em alianças entre diferentes grupos sociais com o objetivo de frear as reações conservadoras da nobreza absolutista.

Esse momento histórico ficou conhecido como **Primavera dos Povos**. Observe o mapa abaixo.

> **NACIONALISMO E IDENTIDADE CULTURAL**
>
> Os movimentos nacionalistas do século XIX tiveram como principal objetivo a independência política e territorial e a formação de Estados nacionais. Mas eles também reivindicaram o reconhecimento das identidades culturais, linguísticas, históricas e étnicas dos povos. Esses princípios ajudaram a criar o fundamento de nacionalidade como o concebemos atualmente.

■ **Europa: Revoluções de 1848**

Fonte de pesquisa: Georges Duby. *Atlas historique*. Paris: Larousse, 1987. p. 83.

Alguns movimentos revolucionários tinham caráter fortemente popular e reivindicavam mudanças sociais que beneficiassem os trabalhadores. Outros movimentos, como os ocorridos nas atuais Hungria, Itália e Alemanha, eram marcadamente nacionalistas.

Os nacionalistas húngaros, por exemplo, revoltaram-se contra a dinastia dos Habsburgo, que governava o Império Austríaco e dominava a região. A população iniciou a revolta reivindicando uma Constituição e um Exército nacional. A revolta foi derrotada com o auxílio das tropas russas, em 1849, e apenas em 1867 o Império Austríaco reconheceu a Hungria como Estado autônomo. Formou-se, então, o Império Austro-Húngaro.

Nas atuais Itália e Alemanha, as revoluções também contribuíram para iniciar movimentos de unificação territorial.

O PROCESSO DE UNIFICAÇÃO ITALIANA

No século XIX, a península Itálica encontrava-se dividida em várias regiões autônomas: o reino de Piemonte-Sardenha, mais industrializado, ao norte; as Duas Sicílias, basicamente agrícolas, ao sul; e os Estados Pontifícios, ao centro. Grande parte do norte da península era controlada pelo Império Austro-Húngaro. Os estados da Toscana, de Módena e de Parma eram autônomos, mas seus governantes cediam aos interesses desse Império.

Durante a Primavera dos Povos, ocorreram vários levantes na península, envolvendo organizações como as dos carbonários, que lutavam pela libertação das regiões sob o domínio austro-húngaro e pela unificação italiana. Apesar de esses levantes terem sido derrotados, a luta pela unificação se fortaleceu. Os principais líderes desse movimento foram Giuseppe Mazzini, Camillo Benso Cavour e Giuseppe Garibaldi.

Mazzini fundou a **Jovem Itália**, organização que propagava, com o auxílio de vários jornais, a defesa dos ideais patrióticos e de liberdade.

Cavour era o primeiro-ministro do reino de Piemonte-Sardenha e defendia a unificação da península em torno da figura do soberano desse reino, Vítor Emanuel II. Interessado em ampliar o reino de Piemonte-Sardenha, após muitas batalhas e acordos diplomáticos entre 1859 e 1860, Cavour incorporou a região da Lombardia e anexou regiões da porção central: Parma, Módena e Toscana. O êxito conquistado alimentou a esperança de unificar toda a península.

carbonário: grupo nacionalista que combatia a Igreja e o absolutismo. O nome relaciona-se ao local onde se encontravam: cabanas de carvoeiros.

Estado Pontifício: território localizado na região central da península Itálica e governado pela Igreja católica.

↓ Gravura do século XIX representando a reunião dos primeiros adeptos da luta contra o domínio austro-húngaro na península itálica. Eles ficaram conhecidos como carbonários.

A UNIFICAÇÃO SE COMPLETA

Em 1860, Giuseppe Garibaldi liderou um levante em Gênova, importante centro comercial, e prosseguiu com seu exército, conhecido como camisas vermelhas, para libertar do controle da dinastia Bourbon as regiões que iam da Sicília até Nápoles.

Diferentemente de Cavour, que defendia a unificação sem reformas sociais, Garibaldi pretendia que a Itália unificada fosse também mais justa do ponto de vista social. Contudo, para não dividir o movimento de unificação e considerando ser impossível implementar as mudanças que pretendia, Garibaldi concordou em passar os territórios conquistados no sul a Vítor Emanuel II, que se tornou, então, o primeiro rei da Itália unificada.

Roma não aceitou a unificação e contou com o apoio dos franceses para impor resistência. Entretanto, os franceses recuaram durante a Guerra Franco-Prussiana – que será estudada a seguir. Isolada, a cidade foi incorporada à Itália em 1870, tornando-se a capital do país.

O papa Pio IX não aceitou a perda dos territórios da Igreja e rompeu com o governo italiano, o que deu origem à chamada **Questão Romana**. Essa questão só seria solucionada em 1929, quando o ditador italiano Benito Mussolini, que governava o país, assinou o Tratado de Latrão e criou o Estado do Vaticano, um pequeno território autônomo dentro de Roma, dirigido pela Igreja católica.

A unificação da Itália

Fonte de pesquisa: *Atlas histórico escolar*. Rio de Janeiro: FAE, 1991. p. 136.

O PROCESSO DE UNIFICAÇÃO ALEMÃ

Logo depois de encerrado o Congresso de Viena, os territórios de língua alemã uniram-se na **Confederação Germânica**, formada por cidades livres, ducados, reinos e principados. Somavam-se 39 Estados independentes, entre os quais se destacavam parte do Império da Áustria e o Reino da Prússia, que disputavam o controle da Confederação. Veja no mapa abaixo como a Confederação se organizava e quando ocorreram as anexações das quais resultou a formação da atual Alemanha.

Em 1834, a Prússia liderou a criação de uma união alfandegária (*Zollverein*) para facilitar o comércio entre grande parte dos estados da Confederação. A *Zollverein*, que tinha deixado de fora o Império Austríaco, possibilitou a seus integrantes significativa expansão econômica, unindo fontes de carvão a fábricas e mercados, o que favoreceu a indústria e os transportes e foi o primeiro passo rumo à unificação.

Com isso, a Confederação passou a identificar a Prússia, cujo rei era Guilherme I, como o elemento unificador de um possível Estado alemão. Em 1866, Otto von Bismarck, primeiro-ministro prussiano, estabeleceu uma aliança entre Prússia, Itália e alguns estados alemães do norte contra o Império Austro-Húngaro. A vitória contra os austríacos garantiu a incorporação de áreas que estavam sob o domínio austríaco, possibilitando a formação da **Confederação Germânica do Norte**.

↑ O general e primeiro-ministro Otto von Bismarck, em foto de 1890. Bismarck foi um elemento fundamental no processo de unificação da Alemanha.

ducado: território sob o domínio de um duque.

Reich: palavra alemã que significa Estado.

Para alcançar a unificação, a Prússia ainda enfrentou uma guerra – a **Guerra Franco-Prussiana** contra a França, que não aceitara a criação de um Estado alemão próximo de suas fronteiras. Derrotados, os franceses foram obrigados a pagar uma indenização aos alemães e a ceder-lhes a região da Alsácia-Lorena, rica em minério de ferro e carvão, elementos muito valiosos e indispensáveis para o desenvolvimento industrial que marcava aquela época. Em 1871, a unificação da Alemanha se consolidou com a coroação de Guilherme I como *kaiser* (imperador) alemão, dando início ao **Segundo Reich**.

■ A unificação da Alemanha (1815-1871)

Fonte de pesquisa: Jeremy Black (Ed.). *Atlas of world history*. London: Dorling Kindersley, 1999. p. 203.

ATIVIDADES

RETOMAR E COMPREENDER

1. Explique o que foi o período de Restauração ocorrido após o Congresso de Viena, na Europa.

2. Quais grupos foram contrários à Restauração? Por quê?

3. Identifique as alternativas correspondentes aos acontecimentos que ocorreram na França entre 1848 e 1852.

   a) Após a Revolução de 1848, foi instituído um governo provisório com a participação de grupos populares, o que garantiu melhores condições de vida para os operários e trabalhadores urbanos, além do direito de voto para as mulheres.

   b) O governo provisório convocou eleições presidenciais e Luís Bonaparte, sobrinho de Napoleão, foi eleito presidente da França.

   c) O rei Carlos X contou com o apoio da burguesia em suas medidas.

   d) Luís Bonaparte promoveu um golpe de Estado e foi coroado imperador.

4. Descreva a unificação alemã de acordo com a sequência em que os eventos aconteceram.

APLICAR

5. Em sua opinião, os ideais que influenciaram os movimentos revolucionários do século XIX são observados em nossa sociedade hoje? Justifique sua resposta.

6. O trecho a seguir é parte da mensagem do rei Vítor Emanuel II ao Parlamento italiano, reunido em Turim, na Itália, em março de 1861. Leia-o com atenção e, depois, responda às questões.

   > A tarefa a que consagramos nossa vida está terminada. Depois de longos sofrimentos [...] a Itália se restaurou [...]. Aqui, onde nosso povo, depois de séculos de separação, encontra-se pela primeira vez reunido na pessoa de seus representantes [...].
   >
   > Proclamamos a separação entre Igreja e Estado. Havendo reconhecido a absoluta independência da autoridade espiritual, estamos convencidos de que Roma, a capital da Itália, continuará a ser a pacífica e respeitada sede do Pontificado. Desse modo, teremos sucesso em tranquilizar as consciências dos homens. Foi assim, pela afirmação de nossas resoluções e pela moderação de nossos atos, que fomos capazes de apressar a unidade nacional sem alterar as nossas amistosas relações com as potências estrangeiras [...].
   >
   > Rei Vítor Emanuel II. Mensagem ao Parlamento italiano, mar. 1861. Em: Adhemar Marques; Flávio Berutti; Ricardo Faria. *História contemporânea através de textos*. São Paulo: Contexto, 2008. p. 83.

   a) A que acontecimento o texto do rei Vítor Emanuel II se refere?

   b) Qual é o assunto principal do texto?

   c) Por que o discurso de Vítor Emanuel II tem um tom de conciliação? A quem foram dirigidas as palavras do rei?

   d) Em sua opinião, que diferença há entre um país cujo governo é laico e outro em que o governo adota uma religião oficial?

7. Observe a imagem e responda às questões.

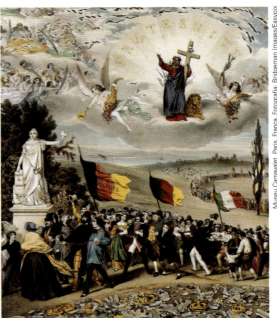

↑ Frédéric Sorrieu. *República universal, democrática e social* (detalhe), 1848. Óleo sobre tela.

   a) Que acontecimento a imagem retrata?

   b) Quais elementos representados nessa obra justificam sua resposta ao item **a**?

AMPLIANDO HORIZONTES

O Romantismo e as identidades nacionais

Como você estudou neste capítulo, muitas das revoluções e revoltas ocorridas no século XIX foram impulsionadas por ideais nacionalistas. Nesse contexto do nacionalismo europeu, nasceu o Romantismo, uma corrente de pensamento que influenciou tanto as artes e a cultura quanto os movimentos sociais e políticos da época.

No campo da cultura e das artes, o Romantismo produziu obras que se tornaram conhecidas mundialmente e que constituem importantes registros desse momento histórico. Entre muitas outras podemos citar as produções literárias de Lord Byron, Goethe e Victor Hugo; as composições musicais de Beethoven, Chopin, Tchaikovsky e Brahms; e as pinturas de Francisco Goya e Eugène Delacroix.

Os artistas e pensadores românticos valorizavam tanto a cultura e a identidade nacional quanto a língua e a história de seu povo. Os românticos apresentavam características como o idealismo, o sentimentalismo e o individualismo, opondo-se ao racionalismo e ao cientificismo típicos do Iluminismo.

O Romantismo e o nacionalismo caminharam juntos e se complementaram, estimulando as lutas de unificação e de independência em países que se constituíram como nação no século XIX, como Itália e Alemanha, por exemplo.

ANALISAR

Observe algumas pinturas do Romantismo europeu do século XIX e identifique características que indicam sentimentalismo ou exaltação de fatos históricos.

↑ Francisco de Goya. *O 2 de maio de 1808 em Madri*, 1814. Óleo sobre tela. Nessa obra, Goya representa uma das batalhas travadas entre os espanhóis e os exércitos napoleônicos.

As invasões napoleônicas, e mesmo as do Império Austríaco em diversas partes da Europa, contribuíram para intensificar os ideais nacionalistas que visavam à defesa das identidades étnicas, culturais, históricas, territoriais e políticas dos povos conquistados. Nesse sentido, a idealização romântica reforçou o espírito de exaltação do povo e da nação e foi expressa por narrativas que auxiliavam na construção do sentimento nacional e da memória coletiva, retomando a origem e a singularidade de um povo, seus grandes feitos históricos e outros elementos formadores de identidade. O Romantismo também está relacionado ao liberalismo e ao contexto de ascensão da burguesia, como é possível verificar na presença do individualismo e no destaque para a subjetividade em suas produções literárias, plásticas e musicais. Assim, os artistas românticos criavam em suas obras uma atmosfera voltada principalmente para os sentimentos, a individualidade, as sensações e o universo psicológico. Tal característica representou, no século XIX, não só uma novidade, mas também uma profunda ruptura com o racionalismo e os modelos clássicos.

Para refletir

1. Quais concepções do Romantismo estão relacionadas ao pensamento liberal do século XIX?

2. O espírito romântico contribuiu para a construção das identidades nacionais e do sentimento nacionalista. Comente essa afirmação.

3. Observe atentamente a pintura *O 2 de maio de 1808 em Madri*, na página anterior, e procure identificar nela alguns elementos do Romantismo.

4. Leia o texto do historiador britânico Eric Hobsbawm e responda às questões a seguir.

> O elo entre os assuntos públicos e as artes é particularmente forte nos países onde a consciência nacional e os movimentos de libertação ou de unificação nacional estavam se desenvolvendo. Não foi por acaso que o despertar ou ressurreição das culturas literárias nacionais na Alemanha, na Rússia, na Polônia, na Hungria, nos países escandinavos e em outras partes coincidisse com [...] a afirmação da supremacia cultural da língua vernácula e do povo nativo, ante uma cultura aristocrática e cosmopolita que constantemente empregava línguas estrangeiras. É bastante natural que este nacionalismo encontrasse sua expressão cultural mais óbvia na literatura e na música, ambas artes públicas, que podiam, além disso, contar com a poderosa herança criadora do povo comum — a linguagem e as canções folclóricas.
>
> Eric J. Hobsbawm. *A era das revoluções*: Europa 1789-1848. Rio de Janeiro: Paz e Terra, 2007. p. 355-356.

vernáculo: língua originária de um povo, uma região ou um país.

a) Segundo Eric Hobsbawm, por que havia, em alguns países, um forte elo entre os assuntos públicos e as artes?

b) Quais eram os ideais para os quais o nacionalismo e as artes nacionais convergiam nessa época? A que tipo de cultura se opunham?

Capítulo 2
A EXPANSÃO DA INDÚSTRIA NA EUROPA

Durante a segunda metade do século XIX, a Europa teve um acelerado desenvolvimento tecnológico e industrial. Como esse duplo desenvolvimento influenciou o processo de urbanização das cidades europeias?

NOVAS PAISAGENS URBANAS

Por volta de 1850, Londres, capital da Grã-Bretanha, era a cidade mais importante do Ocidente. Considerada um modelo de desenvolvimento urbano, recebia produtos e pessoas de todas as regiões do planeta.

A crescente industrialização atraía migrantes da área rural britânica. O governo precisava investir em infraestrutura, como transportes, saneamento e moradias; porém, o número de indivíduos que chegava era bem superior ao esperado.

Nesse período, Londres tinha uma população de aproximadamente 2,5 milhões de pessoas, a maioria vivendo em áreas mais distantes, os **subúrbios**, onde as condições de vida eram muito duras. As moradias eram modestas e desconfortáveis e, muitas vezes, atingidas pela fuligem das fábricas. Famílias numerosas tinham de compartilhar ambientes pequenos e desconfortáveis. Não havia esgoto nem recolhimento de lixo, o que favorecia a propagação de doenças.

O contraste com as áreas mais nobres e centrais era muito grande. Nestas, onde os mais ricos viviam, as inovações tecnológicas possibilitaram um novo estilo de vida.

O palácio de cristal em 1851. Litografia colorizada, de autor desconhecido, 1900. O palácio foi construído para abrigar a Exposição Universal de Londres. A monumental obra procurava simbolizar a grandeza dos britânicos.

A ASCENSÃO DA BURGUESIA

As revoluções de 1830 e de 1848 na Europa marcaram a consolidação da **burguesia** no poder. A monarquia parlamentar e o voto censitário possibilitaram aos burgueses participar ativamente da condução do Estado.

Nessa época, a antiga aristocracia, cujo poder se firmava na posse de terras, perdeu importância política e econômica, uma vez que a burguesia estabelecia os valores e dominava as atividades industriais, mais lucrativas. Além disso, como os burgueses detinham os meios de produção, atribuía-se a eles a responsabilidade pelo progresso tecnológico.

Nesse cenário, predominavam os valores burgueses, um dos quais era a crença de que o progresso econômico dependia do esforço individual.

A alta burguesia defendia a liberdade econômica, isto é, a garantia de que o Estado não concederia privilégios econômicos a certos grupos, diferentemente do que ocorria no Antigo Regime. O princípio da liberdade econômica e o espírito empreendedor da classe burguesa aumentaram significativamente a importância dos bancos e das casas de investimentos. Para os pequenos comerciantes e os profissionais liberais, que estavam mais sujeitos à variação da economia, a defesa da propriedade privada era muito importante.

A burguesia criou e passou a propagar um novo estilo de existência, no qual se exaltava a convivência familiar. As cidades tornaram-se redutos dessas famílias, que habitavam casas luxuosas, não mais iluminadas por velas. A iluminação era a gás e, depois, elétrica, o que também possibilitou às pessoas passearem à noite e prolongar seus momentos de lazer.

> **A CLASSE MÉDIA**
>
> Com a industrialização e as configurações sociais que dela resultaram, desenvolveram-se novas profissões e outras cresceram em quantidade.
>
> Engenheiros, jornalistas, médicos, professores, juristas, administradores e pequenos comerciantes formavam um grupo social intermediário, que não detinha os meios de produção, mas dispunha de recursos suficientes para não ter de vender sua mão de obra aos industriais. Formavam, assim um grupo entre a alta burguesia e os proletários, a **classe média**.

OS BENEFÍCIOS DA CIÊNCIA

No século XIX, havia a crença de que o progresso científico traria somente benefícios à humanidade e ao planeta.

1. Você concorda com a ideia de que a ciência pode trazer apenas benefícios e inovações para as pessoas?
2. Você sabe indicar alguma inovação ou uma descoberta inicialmente considerada um avanço, mas que, depois, foi associada a problemas?
3. **ANALISAR** Acompanhe a expedição do naturalista Charles Darwin no navio HMS Beagle. Depois, descreva no caderno o roteiro da viagem e o que Darwin encontrou em cada lugar que visitou.

NOVAS TEORIAS CIENTÍFICAS

No decorrer do século XIX, as descobertas científicas e as invenções técnicas se multiplicavam. O progresso científico era valorizado sobretudo pela burguesia, que desfrutava diretamente dessas novidades. Isso significou a perda de influência da Igreja católica nos diversos aspectos da vida social e a consequente separação política entre Igreja e Estado.

Nesse contexto, o francês **Auguste Comte** (1798-1857) formulou os princípios fundamentais do **positivismo**, corrente de pensamento que serviu de base à reflexão sobre a ciência da época. Segundo Comte, apenas a ciência leva ao verdadeiro conhecimento, e ela deve apoiar-se no experimento e na observação, e não em crenças e ideais.

Várias áreas das ciências naturais e humanas se desenvolveram nesse período. Um exemplo é a **sociologia**, "ciência que estuda a sociedade", segundo um de seus precursores, o francês **Émile Durkheim** (1858-1917).

O botânico austríaco **Gregor Mendel** (1822-1884), pioneiro no estudo da **genética**, foi responsável por outro avanço importante. Durante anos, Mendel realizou cruzamentos entre mudas de ervilha. Esses experimentos lhe permitiram perceber que alguns traços, como a cor da semente, são transmitidos de uma geração a outra mesmo que a planta não os manifeste. Com base nessas investigações, foram formuladas as **leis de hereditariedade**.

Apoiado nos conhecimentos sobre hereditariedade, o naturalista francês **Jean-Baptiste de Lamarck** (1744-1829) estudou diversas espécies de animais e concluiu que as características dos seres vivos não são imutáveis, mas se transformam ao longo do tempo. Segundo ele, passados enormes períodos, essas transformações originariam novas espécies.

Representação de Mendel, que era monge agostiniano, trabalhando no jardim do monastério onde viveu. Litografia colorida, de autor desconhecido, início do século XX.

AS TEORIAS DE DARWIN

Com base nos estudos de Mendel e de Lamarck, o naturalista inglês **Charles Darwin** (1809-1882) elaborou uma teoria da evolução dos organismos com base no conceito da **seleção natural**: os indivíduos mais adaptados ao ambiente têm mais chances de sobreviver; à medida que os mais aptos sobrevivem, eles se reproduzem e transmitem suas características genéticas aos descendentes, fazendo que elas se perpetuem e, consequentemente, perpetuem a própria espécie.

Para Darwin, os seres humanos, assim como os demais seres vivos que existem atualmente, teriam evoluído de outras espécies. Sua teoria causou muita polêmica, pois contestava a explicação bíblica de que todos os seres vivos teriam surgido por vontade de Deus.

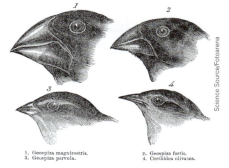

Espécies de aves *Geospiza*, com quatro tipos de bico diferentes, desenhadas por Charles Darwin durante sua observação em Galápagos, no Equador, c. 1837.

No processo de desenvolvimento de suas teorias, Darwin fez uma longa viagem a bordo do navio HMS Beagle para estudar diversas espécies animais. O arquipélago de Galápagos, a mil quilômetros da costa equatoriana, com grande diversidade de espécies de animais e de plantas, foi um dos locais visitados por ele. Foto de 2016.

DISTORÇÕES NAS CIÊNCIAS

A teoria de Darwin, elaborada para compreender a evolução das espécies no campo das ciências da natureza, foi apropriada por alguns sociólogos e outros estudiosos. Eles buscaram aplicar essa teoria à sociedade como um todo: haveria "sociedades mais evoluídas" que outras e "raças humanas superiores" a outras. Não por acaso, sob uma camuflagem científica, os brancos europeus e sua sociedade eram considerados superiores às outras etnias e sociedades.

Essa leitura racista da teoria de Darwin forneceu justificativas a ações que, na verdade, atendiam aos interesses econômicos e territoriais de diversos países europeus e dos Estados Unidos. Por isso, teve muita aceitação à época, mas também foi contestada. Hoje, o evolucionismo social é considerado inadmissível, pois sabe-se que não há "raças" entre os seres humanos e que as sociedades não são comparáveis em termos de "evolução", mas se diferenciam quanto à cultura, às tradições e à história. Todos os seres humanos são iguais em seu valor e diferentes em seu modo de ser e de viver. A aceitação e o reconhecimento do outro como indivíduo pleno de direitos são fundamentais, bem como a diversidade, e enriquecem a vida em sociedade.

NOVAS TEORIAS POLÍTICAS

A grande desigualdade social entre os burgueses mais ricos e os proletários passou a ser questionada não só pelos trabalhadores, mas também por intelectuais e membros da própria burguesia.

Nas primeiras décadas do século XIX, alguns pensadores elaboraram, então, propostas para diminuir os problemas sociais provocados pelo sistema capitalista. Destacaram-se o industrial britânico Robert Owen (1771-1858), o francês Charles Fourier (1772-1837) e o francês de origem nobre Claude-Henri Saint-Simon (1760-1825). Mais tarde, o conjunto dessas propostas (veja o esquema ao lado) foi denominado **socialismo utópico**.

Entre os principais críticos dessas propostas estavam os filósofos alemães Karl Marx (1818-1883) e Friedrich Engels (1820-1895), que as consideravam irreais. De acordo com esses filósofos, as proposições dos socialistas utópicos eram muito pontuais e não tinham o potencial de mudar o capitalismo como um todo, mantendo a desigualdade entre ricos e pobres.

Marx e Engels estudaram profundamente a economia capitalista para entender como e por que ela gerava desigualdade e propuseram soluções mediante uma teoria que foi denominada **socialismo científico**.

Em 1848, Marx e Engels publicaram um livro que seria o marco do socialismo científico: o *Manifesto comunista*. Nessa obra, eles definem a história como uma permanente luta de classes, pois sempre teria havido a exploração de uma classe social por outra, e a consequente oposição entre elas. Essa luta teria se manifestado nos conflitos que envolviam indivíduo livre *versus* escravizado, senhor *versus* servo e, no século XIX, burguesia *versus* proletariado.

Segundo esses dois pensadores alemães, a burguesia era a classe dominante porque detinha os meios de produção: as fábricas, as terras e o capital. Para obter seu sustento, o trabalhador se via obrigado a vender ao proprietário da fábrica a única coisa que possuía: a própria força de trabalho.

De acordo com a teoria de Marx e Engels, essa relação de dominação chegaria ao fim quando o proletariado tomasse o poder político e econômico da burguesia. Nesse momento, o Estado – comandado por proletários – assumiria o controle da produção e do capital e abriria caminho para o surgimento de uma **sociedade comunista**, na qual não existiriam mais classes sociais.

PRINCIPAIS PENSADORES DO SOCIALISMO UTÓPICO

Robert Owen
- Criou comunidades industriais na Escócia e nos Estados Unidos, visando à melhoria da qualidade de vida dos operários e também ao aumento da produtividade.

Charles Fourier
- Propôs os falanstérios, comunidades nas quais não haveria divisão social, e a produção, industrial ou agrícola, seria distribuída igualmente entre as pessoas.

Saint-Simon
- Defensor da solidariedade social, criticava nobres e clérigos por se manterem no ócio enquanto outras pessoas trabalhavam em excesso.

utópico: que é fruto da imaginação, de um sonho.

O socialismo inspirou a formação de partidos e grupos políticos compostos de trabalhadores. Nesta foto, integrantes da Liga Socialista Inglesa, século XIX.

O ANARQUISMO

Outra importante corrente de pensamento do século XIX foi o **anarquismo**, que tinha como princípio privilegiar a liberdade do ser humano. Segundo os anarquistas, a humanidade não era totalmente livre, pois seguia regras preestabelecidas por diversas instituições, entre as quais o Estado.

Os anarquistas negavam, portanto, a legitimidade de instituições que exerciam poder autoritário e impunham normas. Eles propunham a criação de comunidades cuja administração fosse partilhada entre todos. Além de questionar o Estado e as instituições, combatiam as crenças religiosas, pois as consideravam um mecanismo para doutrinar e dominar as pessoas.

Por pregarem o fim do Estado, as ideias anarquistas foram confundidas com incitação à confusão e ao caos. Daí a palavra anarquia ainda hoje ser associada à desordem.

O francês **Pierre-Joseph Proudhon** (1809-1865) teve contato com os socialistas utópicos, dos quais herdou algumas ideias. Contestou as propostas de Marx e Engels, pois era contrário à criação de um Estado que controlasse a sociedade, mesmo sendo proletário. Em 1840, publicou o livro *O que é a propriedade?*, no qual aponta os danos do patrimônio individual à estrutura social. O ponto fundamental do pensamento de Proudhon consiste na oposição à propriedade privada, que ele considerava "um roubo".

← Gustave Courbet. *Proudhon e seus filhos*, 1865. Óleo sobre tela. Para Proudhon, a sociedade deveria ser composta de pequenas associações, sem autoridades, nas quais as pessoas se ajudassem mutuamente.

O russo **Mikhail Bakunin** (1814-1876), filho de proprietário de terras, também foi um crítico do socialismo. Travou vários debates com Marx, para quem tentou mostrar o caráter centralizador e disciplinador do Estado proposto pelos socialistas. Em sua obra *Estadismo e anarquia*, defendia o fim das classes sociais, da desigualdade política e do direito de herança.

A COMUNA DE PARIS

Em 1871, ocorreu na França um movimento considerado, por muitos historiadores, a primeira revolução proletária: a **Comuna de Paris**.

Naquele ano, em meio à Guerra Franco-Prussiana, havia sido proclamada a Terceira República Francesa. Durante essa guerra, a resistência concentrou-se na cidade de Paris, que contava com a **Guarda Nacional**, formada por pessoas do povo, sem treinamento bélico, mas bem armadas. Foram organizados batalhões de operários dos bairros mais pobres, todos na expectativa de que, com a vitória, fosse instituído um regime caracterizado por mais justiça e mais políticas voltadas ao bem-estar social.

Após o fim da guerra, contudo, o governo da França demonstrou não pretender implantar as reformas políticas e sociais esperadas e começou a desarmar os batalhões populares de Paris. O Exército republicano tentou confiscar os canhões da Guarda Nacional, mas não obteve sucesso.

Os dirigentes do governo, com medo, fugiram para Versalhes e de lá tentaram controlar a capital. Porém, a Guarda Nacional tomou os palácios parisienses e convocou eleições municipais. Em 27 de março de 1871, a Assembleia eleita proclamou a **Comuna de Paris**, um governo proletário, independente da República sediada em Versalhes.

O governo proletário era gerido pelo povo, que participava das decisões, e adotou medidas de cunho socialista. As dívidas e os aluguéis foram congelados, o que beneficiou os pobres. Foram instituídas pensões para órfãos e viúvas. Os funcionários públicos tiveram seus salários igualados aos dos operários – era o fim dos privilégios do funcionalismo. Os trabalhadores passaram a gerir as fábricas, a jornada de trabalho foi reduzida, foram criadas creches e escolas e, pela primeira vez, determinou-se a igualdade civil entre homens e mulheres.

Enquanto os *communards*, como eram conhecidos os participantes da Comuna, governavam Paris, o governo de Versalhes planejava a ocupação da capital. Assim, em 21 de maio de 1871, as tropas republicanas invadiram Paris.

Os *communards* ergueram barricadas nas ruas, resistindo enquanto puderam, mas foram derrotados em poucos dias. A retaliação do governo foi brutal: as tropas de Versalhes fuzilaram todos os opositores e suspeitos que encontraram. Cerca de 20 mil pessoas foram mortas.

> **LIVRO ABERTO**
>
> *O grito do povo: os canhões de 18 de março*, de Jean Vautrin e Jacques Tardi. São Paulo: Conrad Editora do Brasil, 2005.
>
> A história em quadrinhos narra os eventos que antecederam a Comuna de Paris. Nela, mostra-se a participação de homens e de mulheres comuns na tomada de poder diante da ameaça de dissolução da Guarda Nacional.

Barricada na rua de Ménilmontant em Paris, em 1871.

A LUTA POR DIREITOS ÀS MULHERES

Desde o início da industrialização, os papéis desempenhados pelas mulheres já haviam se transformado. As mulheres mais pobres trabalhavam nas fábricas a fim de contribuir para o sustento familiar; aquelas que haviam recebido mais instrução e tinham melhor condição social, mas não eram ricas, trabalhavam em escritórios e no comércio.

O trabalho feminino passou a ser essencial para o orçamento familiar. Muitas mulheres casadas e com filhos conciliavam o trabalho doméstico com a profissão.

A partir da segunda metade do século XIX, com o desenvolvimento acelerado das tecnologias, exigia-se cada vez mais a qualificação dos trabalhadores. As mulheres da classe média atenderam rapidamente a essa demanda por mais estudos. A crescente presença de meninas nas escolas transformou o magistério, abrindo caminho para que as mulheres seguissem essa profissão.

Essa inserção no mercado de trabalho, porém, não foi acompanhada por conquistas sociais. Assim como nas primeiras décadas da Revolução Industrial, o salário pago aos homens era bem maior que o salário das mulheres. O clima revolucionário do período tinha também protagonistas femininas. Durante a Comuna de Paris, por exemplo, a participação das mulheres foi intensa.

Sob a influência dos princípios de igualdade liberais e socialistas, os movimentos feministas ganharam vulto nos países industrializados. Refutando as alegações que buscavam justificar a inferioridade feminina, esses movimentos lutavam pelo princípio de igualdade entre homens e mulheres. Muito influente na Inglaterra e nos Estados Unidos, a causa feminista ganhou apoio nessas sociedades e, no início do século XX, atingiu outros países da Europa e de outros continentes.

> **A IMPRENSA FEMININA EM 1848**
>
> As revoluções liberais que ocorreram na França em 1848 estimularam as mulheres francesas a se mobilizar para ter voz própria, mostrando que a igualdade de direitos não podia se restringir aos homens. Naquele ano, surgiram os jornais *A Voz Feminina*, de Eugénie Niboyet, e *A Política das Mulheres*, de Jeanne Deroin e Desirée Gay. Enquanto o primeiro jornal discutia a igualdade de direitos entre homens e mulheres, o segundo reivindicava melhores condições de vida para as mulheres trabalhadoras.

Mulheres inglesas durante manifestação, em 1910, exigindo o direito ao voto. Somente em 1928 o Parlamento britânico aprovaria o sufrágio universal feminino.

ATIVIDADES

RETOMAR E COMPREENDER

1. Relacione a industrialização ocorrida no século XIX ao processo de expansão urbana na Europa.

2. Cite um dos principais valores defendidos pela burguesia europeia no século XIX.

3. Durante esse século, a vida das mulheres passou por quais transformações?

4. Copie a tabela abaixo no caderno, comparando o socialismo científico ao anarquismo.

Teoria	Principais ideias	Principais pensadores	Publicações ou realizações
Socialismo científico			
Anarquismo			

5. Explique as causas da Comuna de Paris.

APLICAR

6. Em 1836, o escritor inglês Charles Dickens publicou uma coletânea de contos e crônicas que tinham como inspiração a cidade de Londres. Leia, a seguir, um trecho de uma dessas crônicas e faça o que se pede.

> Se quisermos conhecer as ruas de Londres em seu momento mais glorioso, devemos observá-las em uma escura, sombria e triste noite de inverno. [...] É quando também uma névoa densa e preguiçosa paira sobre todos os objetos, tornando a luz das lamparinas ainda mais brilhantes e aumentando a luminosidade das vitrines, em contraste com a escuridão que a tudo rodeia. [...] Nas melhores e mais largas ruas as cortinas da sala de jantar estão bem abertas, as chamas do fogão na cozinha crepitam e os vapores apetitosos de um jantar quente acariciam as narinas dos famintos passantes.
>
> Charles Dickens. Cenas da manhã. Em: *Retratos londrinos*. Rio de Janeiro: Record, 2003. p. 79.

a) Retome o conteúdo do capítulo e relacione esse trecho com as transformações ocasionadas pela industrialização na Europa.

b) Para caracterizar a vida social em Londres no século XIX, o escritor recorreu a diferentes contrastes. Identifique-os.

c) Uma crônica é um texto literário breve que narra cenas do cotidiano. Em sua opinião, de que forma a crônica de Charles Dickens pode auxiliar um historiador a analisar a sociedade londrina no século XIX?

7. Observe a charge, leia a legenda e responda às questões.

↑ Émile Pouget. *Capital e trabalho*. Charge publicada no jornal *Le Père Peinard*, em 1894.

a) O que o autor representa nessa charge?

b) Qual crítica está explícita na imagem?

c) Em sua opinião, essa charge está relacionada a quais teorias políticas do século XIX?

d) De acordo com o que você aprendeu neste capítulo, relacione o conteúdo da charge com as ideias anarquistas.

ARQUIVO VIVO

O discurso dos dominadores

Na segunda metade do século XIX, os europeus realizaram uma nova expansão colonial (esse assunto será tratado na unidade 9), que visava à exploração dos recursos naturais encontrados na Ásia, na África e na América, fundamentais para a economia industrial. Como vimos neste capítulo, no mesmo período surgiram teorias que justificavam essa expansão apoiadas na ideia da superioridade racial branca e da definição de negros, asiáticos e indígenas como povos inferiores. Em meio a essas questões, as nações europeias e os Estados Unidos da América passaram a debater suas funções "civilizadoras". Foi nesse contexto, também ligado à Guerra Filipino-Americana (1899-1902), que o inglês Rudyard Kipling publicou o poema "O fardo do homem branco: os Estados Unidos e as ilhas Filipinas" (1899), que tratou da política colonizadora do período.

Organizar ideias

1. Leia o trecho do poema "O fardo do homem branco", de Rudyard Kipling, e responda às questões.

   > Toma o fardo do Homem Branco
   > Envia teus melhores filhos
   > Vai, condena teus filhos ao exílio
   > Para servirem à necessidade dos teus cativos
   > Para esperar, com arreios pesados
   > O povo agitado e selvagem
   > Teus povos cativos e intratáveis
   > Metade demônio, metade criança
   >
   > Rudyard Kipling. O fardo do homem branco. *McClure's*, 1899. Tradução nossa.

   a) A quem você acha que o poema se dirige?
   b) O que o autor deseja transmitir ao leitor? Justifique.
   c) O trecho "Metade demônio, metade criança" se refere a quem?

2. Observe a charge e responda às questões.

   a) Na cena, há homens carregando outros homens. À frente, um indivíduo caracterizado como originário de alguma região da África carrega uma personagem que representa os Estados Unidos. Logo atrás, um indiano carrega um britânico. Em seguida, há mais dois africanos: um carrega um belga, e o outro, um francês. Com base nessas informações, explique o significado dessa charge.

   b) Observe o título da charge. Em sua opinião, por que o ilustrador usou o ponto de interrogação nesse título?

3. Com qual das visões sobre a expansão colonial você concorda: a do autor do poema ou a do autor da charge? Explique.

William H. Walker. *O fardo (?) do homem branco*. Charge publicada na revista estadunidense *Life*, em 1899.

191

ATIVIDADES INTEGRADAS

RETOMAR E COMPREENDER

1. O papa Pio IX se recusou a reconhecer o Estado italiano e rompeu com o governo no episódio conhecido como Questão Romana. Considere tal fato e responda: Quando e como foi solucionada essa questão entre a Igreja católica e o Estado italiano?

APLICAR

2. O processo tardio de unificação territorial e política da Itália criou condições para a formação da grande diversidade cultural do país. Muitas regiões italianas têm identidade própria e se caracterizam por dialetos e costumes muito diferentes dos encontrados no restante do país. Considerando essa afirmativa, leia o trecho a seguir, escrito pelo romancista e político Massimo d'Azeglio em 1865, pouco tempo depois da unificação italiana, que ocorreu em 1861. Depois, faça o que se pede.

> A primeira necessidade da Itália é que se formem italianos dotados de caráter elevado e forte; no entanto, se foi feita a Itália, não se fazem os italianos.
>
> Massimo d'Azeglio. Lettere di Massimo d'Azeglio. Citado por: Giulio Carcano. *Lettere di Massimo d'Azeglio a sua moglie Luisa Blondel*. Milano: Libreria di Educazione, 1870. (Tradução nossa.)

a) Explique o significado da afirmação "se foi feita a Itália, não se fazem os italianos".
b) A diversidade cultural italiana era vista de forma positiva ou negativa pelo autor? Justifique sua resposta.

ANALISAR E VERIFICAR

3. Leia, a seguir, um texto sobre os antecedentes da Primavera dos Povos.

> [...] Raras vezes a revolução foi prevista com tamanha certeza, embora não fosse prevista em relação aos países certos ou às datas certas. Todo um continente esperava, já agora pronto a espalhar a notícia da revolução através do telégrafo elétrico. Em 1831, [o escritor] Victor Hugo escrevera que já ouvia o "ronco sonoro da revolução, ainda profundamente encravado nas entranhas da terra, estendendo por baixo de cada reino da Europa suas galerias subterrâneas a partir do eixo central da mina, que é Paris". Em 1847, o barulho se fazia claro e próximo. Em 1848, a explosão eclodiu.
>
> Eric J. Hobsbawm. *A era das revoluções*: 1789-1848. 25. ed. São Paulo: Paz e Terra, 2010. p. 481.

a) Relacione as datas citadas no texto com os fatos ocorridos na Europa naquele período.
b) Analise a previsão de Victor Hugo, citada por Hobsbawm, e responda por que o escritor compara Paris ao eixo central de uma mina subterrânea.

4. Leia o texto abaixo com atenção e, em seguida, faça o que se pede.

> [...] a teoria da origem das espécies [...] é o tema fundamental da [...] obra [de Charles Darwin]. Ela se baseia na luta pela vida, ou seja, na existência de uma permanente concorrência entre os indivíduos de cada espécie animal. Sobre a evolução das espécies, Darwin explica ainda que somente os mais fortes e mais aptos conseguem sobreviver e a própria natureza se encarrega de fazer essa seleção natural. [...]
>
> Thais Fernandes. Charles Darwin. *Ciência Hoje das Crianças*. Disponível em: <http://chc.org.br/charles-darwin/>. Acesso em: 13 fev. 2019.

a) Explique o conceito de seleção natural proposto por Charles Darwin.
b) Reflita sobre o texto e, com base nele e no que você estudou nesta unidade, elabore uma explicação para o fato de teóricos racistas terem se apropriado do estudo de Darwin para justificar a suposta superioridade de um povo.

5. Observe a imagem. Depois, faça o que se pede.

↑ Eugène Delacroix. *A liberdade guiando o povo*, 1830. Óleo sobre tela. Delacroix (1798-1863) foi um dos principais representantes do Romantismo francês.

a) Descreva a cena representada na pintura.

b) Em sua opinião, qual personagem representa a liberdade? E quais personagens representam o povo? Justifique.

c) Essa obra foi produzida durante a onda revolucionária do século XIX. Sabendo disso, estabeleça uma relação entre a pintura e os acontecimentos da Primavera dos Povos.

CRIAR

6. Ao longo do século XIX, as mulheres se mobilizaram exigindo direitos, como o sufrágio feminino e a equidade de salários. Pesquise em livros ou na internet a situação das mulheres brasileiras na atualidade, incluindo os direitos a elas garantidos. Elabore um texto sobre as conquistas alcançadas pelas mulheres desde o século XIX e os desafios da luta pelo respeito aos direitos conquistados.

7. Volte à abertura da unidade e retome a atividade 3, sobre a Comuna de Paris e as medidas que beneficiaram o povo. Você saberia dizer como os trabalhadores se organizam atualmente para defender seus direitos? Dê exemplos.

IDEIAS EM CONSTRUÇÃO - UNIDADE 7

Capítulo 1 – Rebeliões e unificações
- Compreendo os motivos pelos quais a Restauração, ocorrida após o Congresso de Viena, provocou forte resistência entre os liberais?
- Reconheço os motivos que levaram às revoluções liberais na França do século XIX?
- Identifico as relações entre as revoluções liberais na França e a Primavera dos Povos?
- Reconheço as características do nacionalismo que se configurou ao longo do século XIX e identifico suas relações com as invasões napoleônicas?
- Compreendo os processos que levaram às unificações da Itália e da Alemanha?

Capítulo 2 – A expansão da indústria na Europa
- Identifico os fatores que levaram à formação da classe média na Europa no século XIX e reconheço as principais características desse grupo?
- Identifico algumas das teorias científicas mais importantes do século XIX?
- Reconheço a apropriação indevida da teoria evolucionista de Darwin por teóricos racistas e identifico as consequências dessa apropriação?
- Reconheço as mudanças ocorridas no trabalho e na participação política das mulheres?
- Identifico as principais características e os pensadores mais importantes do socialismo e do anarquismo?
- Compreendo as características da Comuna de Paris e os processos nela envolvidos?

VERIFICAR
Confira os conhecimentos adquiridos na unidade organizando suas ideias e resolvendo as atividades propostas.

UNIDADE 8
OS ESTADOS UNIDOS NO SÉCULO XIX

A consolidação dos Estados Unidos da América como nação não ocorreu imediatamente após sua independência: foi fruto de um longo processo histórico que envolveu expansão territorial e imposição de um projeto político único a todos os estados desse país em formação. Ao final desse processo, estavam estabelecidas as bases para a realização de um acelerado desenvolvimento econômico e de um reposicionamento do país no cenário internacional.

CAPÍTULO 1
A expansão para o Oeste

CAPÍTULO 2
A Guerra de Secessão

PRIMEIRAS IDEIAS

1. Você sabia que, no século XIX, os Estados Unidos tinham um território bem menor que o atual? Como você imagina que as novas regiões foram incorporadas ao país?

2. Você já assistiu a um filme de faroeste? Em caso afirmativo, conte aos colegas quais eram as personagens e como era o local onde se passava o filme.

3. Os Estados Unidos são hoje uma grande potência mundial, mas nem sempre foi assim. Em sua opinião, quais fatores contribuíram para que o país se desenvolvesse até se tornar tão influente?

LEITURA DA IMAGEM

1. Em que data e local essa foto foi tirada?
2. Que elementos revelam a identidade indígena do manifestante que está em primeiro plano na foto?
3. É possível dizer que há diversidade étnica e sexual entre os manifestantes?
4. Em sua opinião, a garantia dos direitos indígenas é importante apenas para os indígenas ou para toda a sociedade? Por quê?
5. **APLICAR** Veja algumas imagens do primeiro museu nacional dos Estados Unidos dedicado à tradição das comunidades nativas. Em seguida, anote no caderno o que mais chamou sua atenção.

Manifestação pelos direitos indígenas em Seattle, Estados Unidos, 2018.

Capítulo 1
A EXPANSÃO PARA O OESTE

Logo após a independência, os Estados Unidos da América iniciaram uma política de expansão territorial que se estendeu por boa parte do século XIX. De que modo esse processo atingiu os povos que habitavam os territórios ocupados durante o processo de expansão?

A EXPANSÃO TERRITORIAL

As Treze Colônias das quais se originaram os Estados Unidos ocupavam uma faixa restrita da costa atlântica da América do Norte (reveja o mapa na página 50). Essa faixa era limitada a oeste pelos montes Apalaches.

Conforme vimos na unidade 2, em 1763, o governo britânico proibiu que os colonos ocupassem as terras além dos Apalaches, reservando-as aos indígenas (veja no mapa da página seguinte a Linha da Proclamação que delimitava essas terras). Após o reconhecimento da independência pela Inglaterra, em 1783, as áreas entre os montes Apalaches e o rio Mississípi passaram a integrar o território do novo país. Assim, o governo estadunidense começou a dar respaldo à ocupação dessas áreas pelos colonos, por vezes negociada com lideranças indígenas, mas em muitos casos realizada à força.

Em 1803, conforme visto na unidade 3, os Estados Unidos compraram a Louisiana, território francês que fazia fronteira com o rio Mississípi. Ainda na primeira metade do século XIX, como resultado de aquisições negociadas com a Inglaterra, a Espanha e o México e de uma guerra travada com este último país, o território estadunidense se prolongou até a costa oeste do continente. A enorme área delimitada pelas novas fronteiras seria o cenário de disputas sangrentas entre indígenas e não indígenas. Em seu projeto de nação, os Estados Unidos não viam os indígenas como cidadãos, mas como obstáculos a serem superados.

↓ Gravura de 1878, de autoria desconhecida, mostrando as dificuldades que os imigrantes enfrentavam ao avançar em direção ao Oeste.

A DOUTRINA MONROE

Nas primeiras duas décadas do século XIX, ao mesmo tempo que os Estados Unidos expandiam seu território, diversos países da América, incluindo o Brasil, tornavam-se independentes (assunto estudado nas unidades 4 e 5). Na Europa, os Estados absolutistas tentavam se reorganizar desde o fim do Congresso de Viena, em 1815.

Diante de tais circunstâncias, em 1823, o então presidente dos Estados Unidos, James Monroe, enviou uma mensagem ao Congresso de seu país afirmando que os "continentes americanos", livres e independentes, não deveriam mais ser colonizados por potências europeias. O presidente temia que o restabelecimento do absolutismo na Europa viesse acompanhado de uma tentativa de recolonizar a América.

Essa mensagem, aprovada pelo Congresso, deu origem à política externa estadunidense conhecida como **Doutrina Monroe**, cujo lema era "A América para os americanos". O presidente havia sido claro: os Estados Unidos deveriam se tornar os "protetores" legítimos do continente americano.

Teoricamente, os Estados Unidos estavam apenas defendendo os países americanos, mas, na verdade, queriam assegurar os próprios interesses políticos e econômicos no continente. Nos anos 1870, quando o país começou a se recuperar da Guerra de Secessão – que você estudará no próximo capítulo – e a aumentar seu poder econômico e militar, a Doutrina Monroe foi retomada para intensificar a influência estadunidense em muitos lugares na América.

DOUTRINA MONROE

- Os países americanos não poderiam ser recolonizados.
- As potências europeias não deveriam interferir na política nem na economia desses países.
- Os Estados Unidos não se envolveriam em assuntos especificamente europeus.

A expansão dos Estados Unidos da América (1763-1853)

Fonte de pesquisa: SciencesPo – Atelier de Cartographie. Disponível em: <http://cartotheque.sciences-po.fr/media/La_construction_du_territoire_des_Etats-Unis_dAmerique_1763-1912/1477/>. Acesso em: 13 fev. 2019.

199

A MARCHA PARA O OESTE

Em relação à política interna, ao governo estadunidense interessava ocupar as terras conquistadas de maneira a integrá-las à economia capitalista que se firmava no país. Nessa perspectiva, os indígenas não eram vistos como parte do projeto que formaria a nação estadunidense, mas como obstáculos ao progresso e à expansão rumo ao Pacífico.

Em 1829, Andrew Jackson assumiu a presidência dos Estados Unidos e, em uma de suas primeiras mensagens ao Congresso, recomendou que os indígenas fossem afastados para o Oeste, para além do rio Mississípi. Jackson incentivou perseguições a vilas e também queimas de casas e expulsão dos respectivos habitantes, causando a morte de milhares de indígenas de povos como os Cherokee, os Chickasaw e os Creek, entre outros.

Gradativamente, os indígenas foram "empurrados" cada vez mais na direção oeste do continente. A expulsão dos indígenas de suas terras foi respaldada juridicamente pela **Lei de Remoção dos Índios**, de 1830, que autorizava o governo estadunidense a transferi-los para a chamada "reserva indígena" localizada no atual estado de Oklahoma. Sob intensa pressão do governo, muitos povos foram obrigados a aceitar a remoção. Outros resistiram e foram exterminados.

Em geral, os povos transferidos com base na Lei de Remoção eram obrigados a andar por distâncias muito longas, escoltados por militares a serviço do governo, atravessando um ou mais estados do país até chegar à reserva. Populações inteiras viajavam a pé, percorrendo trajetos difíceis, e uma grande parcela de indígenas – crianças, idosos, homens e mulheres – morria no caminho. Por esse motivo, esses deslocamentos ficaram conhecidos como "marchas da morte" ou "trilhas das lágrimas".

Robert Lindneux. *A trilha de lágrimas*, 1942. Óleo sobre tela. Essa obra representa a remoção dos Cherokee de suas terras de origem, a leste do rio Mississípi, para a região de Oklahoma, fato ocorrido entre 1838 e 1839.

O DESTINO MANIFESTO

Ao longo do século XIX, muitos povos indígenas foram atacados, expulsos de suas terras ou mesmo assassinados. Essas ações visavam retirar esses povos das terras mais férteis – que seriam ocupadas por colonos – e abrir caminho para novos usos, com empreendimentos ferroviários, urbanos e agrícolas.

Apesar dos evidentes interesses econômicos que envolviam a expansão territorial estadunidense, ela era justificada como o cumprimento de uma missão civilizatória determinada pela Providência Divina.

A expressão **Destino Manifesto**, usada pela primeira vez em 1845 pelo jornalista estadunidense John O'Sullivan, sintetizava essa ideia. Sullivan, assim como boa parte da sociedade dos Estados Unidos da época, acreditava que o país tinha como missão moral levar o progresso e a civilização para seus vizinhos tidos como "selvagens" e "atrasados".

Por conseguinte, a ampliação do território dos Estados Unidos era considerada algo natural. Isso isentava de culpa o povo e os governantes daquele país por eventuais atos de violência. A Marcha para o Oeste, sobre os territórios indígenas e mexicanos, era, de acordo com o Destino Manifesto, inevitável (obra do destino) e evidente (manifesta).

DOMINAR OU CONHECER?

Em nome de uma "missão civilizatória" justificada pela crença na predestinação, os colonos estadunidenses ocuparam as terras dos povos nativos, expulsando-os ou impondo-lhes sua cultura. Com a exploração de novos territórios, esses colonos conquistaram terras e riquezas.

1. Em sua opinião, a imposição da cultura europeia e a desvalorização da cultura local trouxeram desvantagens apenas para os povos nativos ou também para os conquistadores? Explique.
2. **CRIAR** Observe a galeria de fotos de indígenas que viviam na rota de expansão para o Oeste no final do século XIX. Depois, crie um desenho com base em uma das imagens que você viu.

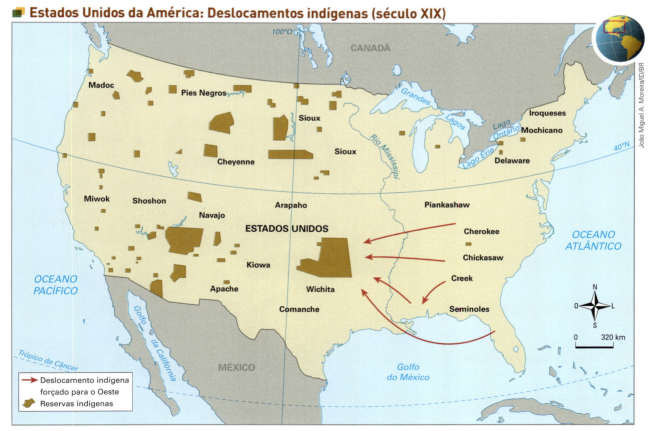

Estados Unidos da América: Deslocamentos indígenas (século XIX)

Fonte de pesquisa: *Atlas da história do mundo*. São Paulo: Folha de S.Paulo, 1995. p. 217.

201

A LEI DE TERRAS

No decorrer do século XIX, os Estados Unidos da América receberam um grande contingente de imigrantes. Os primeiros grupos começaram a chegar ainda no início do século. Vindos da Inglaterra, da Alemanha e da Irlanda, entre outros lugares, esses imigrantes passavam por sérias dificuldades financeiras em seus países de origem, além de perseguições políticas e religiosas. No Novo Mundo, esperavam encontrar liberdade, oportunidade de trabalho e riqueza.

Tais imigrantes compuseram grande parte dos colonos que ocuparam as terras do Oeste. Para regulamentar essa ocupação, em 1862, foi promulgada a **Lei de Terras** pelo então presidente Abraham Lincoln. A nova lei determinava que as "terras vazias" do Oeste passavam a ser consideradas de "domínio público", isto é, pertencentes ao governo. Mesmo habitando essas terras havia séculos, os indígenas não eram considerados seus proprietários. Por essa lei, chefes de família ou maiores de 21 anos de idade que nunca tivessem se envolvido em luta armada contra o país estavam autorizados a migrar para o Oeste e se apossar de parte das terras públicas. Após cinco anos de ocupação, a posse se tornaria definitiva, mas condicionada ao trabalho e aos melhoramentos nelas realizados.

Apoiados pelo Estado, os colonizadores disputavam terras com os indígenas. A luta, desigual, levou à expulsão dos indígenas de suas terras. Estima-se que a população indígena no início da colonização inglesa na América do Norte somava mais de 2 milhões de pessoas e que, na segunda metade do século XIX, foi reduzida para menos de 300 mil.

Cartaz de 1872 anunciando a venda de milhões de hectares nos estados de Iowa e de Nebraska.

Grupo de indígenas Ute em foto de 1867. Após batalhas e mesmo obtendo vitórias sobre a cavalaria do governo estadunidense, em 1880 os Ute foram dominados. Atualmente, a etnia vive nas reservas dos estados do Colorado e de Utah.

ATIVIDADES

RETOMAR E COMPREENDER

1. Por que tantos imigrantes foram para os Estados Unidos no século XIX?

2. Com a adoção da Doutrina Monroe, que papel os Estados Unidos atribuíam a si na relação com os países da América Latina?

3. O que era o Destino Manifesto? O que ele representou para as populações indígenas dos Estados Unidos?

APLICAR

4. Observe a imagem da página 200 e, em seguida, responda às questões.
    a) Que fato da história dos Estados Unidos essa imagem representa?
    b) Qual grupo aparece nessa obra?
    c) Que elementos da pintura chamaram sua atenção?
    d) Relacione o fato histórico que essa imagem representa com o título da obra.

5. Leia, a seguir, o fragmento de um texto sobre o Destino Manifesto, escrito na década de 1940 por dois historiadores estadunidenses.

> Os Estados Unidos saíram da escuridão para penetrar na História há quase quatro séculos. [...] É interessante porque, desde o seu começo, seu povo teve consciência de um destino peculiar, porque de lá vieram as esperanças e aspirações do gênero humano e porque não deixou de realizar tal destino ou de justificar tais esperanças.
>
> Allan Nevins; Henry Steele Commager. *História dos Estados Unidos*. Citado por: Mary Anne Junqueira. *Estados Unidos*: consolidação da nação. São Paulo: Contexto, 2001. p. 9.

   a) O que os autores quiseram dizer com a frase "Os Estados Unidos saíram da escuridão"?
   b) Em sua opinião, o fragmento de texto defende ou condena a ideia do Destino Manifesto? Como você chegou a essa conclusão?
   c) Discuta com um colega a seguinte questão: Por que a alegação dos autores de que os Estados Unidos ingressaram na história havia quatrocentos anos não é correta? Registre no caderno as conclusões a que vocês chegarem.

6. Leia a seguir uma notícia sobre um protesto realizado por indígenas nos Estados Unidos, em 2016, contra a instalação de um oleoduto, isto é, um sistema de tubulação que transporta petróleo e seus derivados.

> Quando ficar terminado, o [oleoduto] Dakota Access Pipeline vai atravessar quatro estados e levar petróleo ao longo de mais de 1 700 quilômetros, de Bakken, uma vasta jazida [de] petróleo situada no Dacota do Norte, Montana e partes do Canadá, até as refinarias da Costa do Golfo dos EUA. Mas agora o governo federal decidiu suspender a construção do oleoduto para ouvir as queixas de mais de duas centenas de associações de índios que acusam este projeto de 3,7 mil milhões [3,7 bilhões] de dólares e capacidade para transportar até 570 mil barris de petróleo por dia de ameaçar as suas terras sagradas e pôr em perigo as suas fontes de água potável.
>
> Helena Tecedeiro. Os índios do Dacota do Norte declararam guerra a um *pipeline*. *Diário de Notícias*, 11 set. 2016. Disponível em: <http://www.dn.pt/mundo/interior/os-indios-do-dacota-do-norte-declararam-guerra-a-um-pipeline-5382942.html>. Acesso em: 13 fev. 2019.

   a) Qual é o argumento dos indígenas para pedir a suspensão da construção do oleoduto?
   b) O que o governo federal estadunidense fez diante da reivindicação dos povos indígenas que se manifestavam?
   c) De acordo com o que você estudou neste capítulo, como o governo tratou as questões territoriais com os indígenas na época da expansão territorial estadunidense?
   d) No Brasil, as populações indígenas também se manifestam para garantir seus direitos. Converse com o professor e os colegas e anote no caderno alguns exemplos dessas reivindicações.

AMPLIANDO HORIZONTES

A construção da memória: o faroeste estadunidense entre 1930 e 1960

O cinema começou a se desenvolver no final do século XIX com o avanço tecnológico e o surgimento do cinematógrafo. Desde as primeiras filmagens, vem conquistando cada vez mais espaço e hoje é, sem dúvida, uma linguagem de importância mundial para as diferentes áreas do conhecimento.

A história do cinema produzido nos Estados Unidos se confunde com um gênero criado no país, o *western*, também conhecido no Brasil como faroeste. Entre os estadunidenses, esse gênero foi difundido tanto no campo do cinema como na literatura popular e nas histórias em quadrinhos. As narrativas contam histórias de mocinhos e bandidos, pistoleiros, caubóis, caçadores de recompensas, xerifes, moradores de pequenas cidades e indígenas. O primeiro filme de faroeste foi produzido em 1903, mas foi entre a década de 1930 e a de 1960 que esse gênero se tornou o mais popular nos Estados Unidos.

Cena do filme *No tempo das diligências*, de 1939, dirigido por John Ford, com a atriz Claire Trevor e o ator John Wayne.

Em geral, o enredo dos filmes de faroeste se baseava no período histórico da expansão para o Oeste dos Estados Unidos. Por isso, revelava o sonho dos colonizadores de construir não só uma identidade étnica e cultural, mas também a memória coletiva acerca da formação histórica da nação. Essa forma de entretenimento se desenvolveu apoiada na ideologia do **Destino Manifesto** e, assim, buscou justificar a expansão territorial e a dominação dos colonizadores sobre os povos indígenas que viviam nas áreas disputadas.

Os indígenas também foram frequentemente representados em filmes e em histórias de faroeste. Os povos nativos eram caracterizados como selvagens, primitivos, atrasados e como empecilhos ao progresso do país. Muitas vezes, essas personagens eram estereotipadas no sentido de destacar seu instinto e "má índole", que deveriam ser subjugados pelo colonizador branco. Este, por sua vez, simbolizava os valores mais elevados, o empreendedorismo e a valentia dos "heróis", que venciam as dificuldades naturais e os nativos do Oeste. Desse modo, era construída uma memória que legitimava a dominação e o extermínio dos indígenas.

COMPREENDER

Compare as imagens com cenas de faroeste e escreva um parágrafo sobre o tipo de "herói" que é apresentado nelas.

Cartaz italiano do filme estadunidense *Rastros de ódio*, de 1956, outra produção dirigida por John Ford e protagonizada por John Wayne. A história narra a saga ficcional de um caubói que procura vingar a morte de familiares e o rapto de uma sobrinha por indígenas da etnia Comanche.

Para refletir

1. Explique as principais características do gênero faroeste mencionando os tipos de personagem, os enredos mais comuns, o ambiente representado, etc.

2. O cinema de faroeste surgiu em consonância com que tipo de ideologia vigente à época nos Estados Unidos?

3. Os heróis do faroeste representavam quais personagens da história estadunidense?

4. Os indígenas costumavam ser representados de maneira estereotipada no cinema de faroeste. Em sua opinião, esse tipo de caracterização pode ter contribuído para a difusão do preconceito contra esses povos na cultura estadunidense?

Capítulo 2
A GUERRA DE SECESSÃO

Desde o período colonial, existiam diferenças significativas de ordem econômica, política e social entre as colônias do Norte e as colônias do Sul dos Estados Unidos. Qual é a relação entre essas divergências e a Guerra de Secessão?

QUESTÕES ECONÔMICAS E SOCIAIS

Uma vez independentes, as antigas Treze Colônias inglesas na América formaram uma federação. Esse sistema político permitiu a cada estado conservar certa autonomia em relação ao poder central. Contudo, a divergência de interesses entre os estados sulistas e os nortistas motivou constantes tensões.

Uma das principais diferenças entre os estados do Norte e os do Sul dos Estados Unidos da América estava relacionada às suas características econômicas. Enquanto no Sul predominavam os latifúndios voltados para o cultivo de produtos de exportação, com base no trabalho de africanos escravizados, no Norte a economia estruturava-se na pequena propriedade e no trabalho livre, o que favorecia o desenvolvimento do comércio e da atividade manufatureira. Dessa diferença decorria uma profunda divergência: Qual seria o sistema ideal de trabalho, o livre ou o escravista?

Na segunda metade do século XIX, a maioria dos estados do Norte já tinha abolido a escravidão, que era vista como entrave à expansão do mercado interno e ao desenvolvimento da economia industrial. Além disso, muitos pensadores estadunidenses advogavam a abolição em todo o país, por motivos humanitários. Já os estados do Sul defendiam veementemente a manutenção da escravidão, pois a base de sua economia era a produção agrícola destinada ao mercado externo, e essa produção dependia da mão de obra escrava.

↓ John Bachmann. *Vista panorâmica de Nova York e do Brooklyn*, 1851. Litografia colorizada. Nos estados do Norte, havia se desenvolvido uma intensa vida urbana.

A GUERRA DE SECESSÃO (1861-1865)

As divergências entre os estados nortistas e sulistas atingiram o ponto mais crítico com a eleição de Abraham Lincoln para presidente, em 1860. Lincoln defendia que não deveria haver escravidão nas terras conquistadas durante a Marcha para o Oeste. Logo após a eleição, a Carolina do Sul iniciou um movimento separatista. Um ano depois, Carolina do Norte, Virgínia, Geórgia, Flórida, Alabama, Mississípi, Louisiana, Arkansas, Tennessee e Texas aderiram ao movimento, formando os **Estados Confederados da América**, uma unidade política independente e com presidente próprio.

Lincoln ainda tentou negociar um acordo com os separatistas para que retornassem à federação, mas, em abril de 1861, um ataque dos Estados Confederados a um posto militar federal na Carolina do Sul desencadeou o início de uma guerra civil entre esses estados e aqueles leais ao governo federal, os chamados estados unionistas (de União). Esse conflito, que ficou conhecido como **Guerra de Secessão**, durou quase cinco anos e provocou a morte de mais de 600 mil pessoas.

> **SÉTIMA ARTE**
>
> *Lincoln.* Direção: Steven Spielberg. Estados Unidos, 2013 (149 min).
>
> A cinebiografia narra a trajetória de Abraham Lincoln, o 16º presidente estadunidense, abordando o primeiro e o segundo mandatos, a Guerra de Secessão e a luta para acabar com a escravidão nos Estados Unidos.

Estados Unidos da América: A Guerra de Secessão (1861-1865)

Fonte de pesquisa: Geoffrey Parker. *Atlas Verbo de história universal*. Lisboa: Verbo, 1996. p. 98-99.

A guerra terminou em fevereiro de 1865, com a vitória dos unionistas. Alguns fatores foram determinantes para essa vitória: a devastação de grandes áreas do Sul, principal palco dos combates, o que paralisou as atividades agrícolas nessa região; e o fato de o Norte dispor de maior poder bélico e tecnológico, aliado à escassez de combatentes separatistas, já que boa parte da população dos Estados Confederados era formada por escravizados.

Após o fim da guerra, o modelo industrial do Norte se expandiu. Com trabalho livre e investimentos em indústrias, em novas tecnologias e em educação, os Estados Unidos reuniram condições para engrenar um acelerado progresso econômico.

A SEGREGAÇÃO RACIAL

A vitória do Norte antiescravista na Guerra de Secessão não garantiu aos ex-escravizados sua integração na sociedade estadunidense. A escravidão foi proibida ainda durante a guerra, em 1863, mas a discriminação em relação aos ex-escravizados permaneceu.

Entre 1865 e 1867, nos estados do Sul, vigoraram os **Black Codes** (Códigos Negros), leis que estabeleciam regras para a vida dos afro-americanos (ex-escravizados e seus descendentes). Entre outras prescrições ficava determinado que eles trabalhariam exclusivamente em plantações, não deveriam aprender a ler nem a escrever e seriam punidos com castigos físicos em caso de violação às normas.

Os códigos foram proibidos a partir de 1867 em razão da política do Congresso estadunidense de inserir os afro-americanos na sociedade sulista. Contudo, a partir da segunda metade da década de 1870, os estados do Sul passaram a aprovar nova legislação **segregacionista**, ou seja, que instituía a separação entre negros e brancos nos transportes, em restaurantes e em outros espaços públicos, tornando os negros cidadãos de segunda classe. Houve estados que proibiram casamentos entre negros e brancos e destinaram escolas diferentes para um e outro grupo. Essa legislação, conhecida como **Leis de Jim Crow**, vigorou até a década de 1960.

Além da discriminação oficial, os afro-americanos enfrentaram perseguições e violência por parte de associações como a Ku Klux Klan (KKK). Essa organização racista, fundada no Tennessee em 1865 por ex-soldados confederados, praticava o linchamento e o assassinato de ex-escravizados e de "brancos liberais" defensores do fim da segregação. A KKK também perseguia católicos, judeus e outros povos que considerava inferiores. Os integrantes da organização ficaram conhecidos por usar túnicas e capuzes brancos, que ajudavam a esconder sua identidade. Outros grupos extremistas, como os Cavaleiros das Camélias Brancas, a Irmandade Branca e a Liga Branca, seguiam a mesma linha de atuação.

> **CÓDIGOS NEGROS (BLACK CODES)**
>
> [...] [Os códigos] restringiam a liberdade dos negros em diversos aspectos. Entre essas leis estavam as de vadiagem, que obrigavam os ex-escravos a trabalhar sem poder escolher seus empregadores. Em alguns estados, os negros não tinham permissão para se reunir, casar-se com brancos, beber álcool, possuir armas de fogo, ou atuar em ofícios especializados. [...] Na Carolina do Sul, uma lei definiu os contratos de trabalho: os negros só poderiam trabalhar em empregos rurais ou domésticos. [...] Até mesmo alguns sulistas brancos acharam que essas medidas eram muito provocadoras para os nortistas, que as consideravam uma "escravidão disfarçada".
>
> Leandro Karnal e outros. *História dos Estados Unidos*: das origens ao século XXI. São Paulo: Contexto, 2008. p. 142.

Desfile dos membros da Ku Klux Klan, em Washington D.C., em setembro de 1926.

A INDUSTRIALIZAÇÃO DOS ESTADOS UNIDOS

Durante a guerra civil, o apoio do governo federal à indústria estadunidense cresceu muito. Para aumentar os recursos e o poder de combate contra os Estados Confederados, grandes somas foram investidas no Norte e no Nordeste dos Estados Unidos.

Terminado o conflito, o governo manteve os investimentos em infraestrutura, financiando a expansão da indústria (energia, siderurgia e petróleo) e a construção de ferrovias e incentivando o desenvolvimento científico e tecnológico e o aprimoramento das comunicações. Além dos recursos estatais, houve grande investimento por parte da iniciativa privada.

Por volta de 1900, cidades como Chicago e Nova York tinham se tornado grandes centros urbanos, com mais de um milhão de habitantes cada uma. Por outro lado, o crescimento urbano e industrial era mais lento no Sul, que se recuperava da destruição provocada pela guerra civil, e no Oeste, ainda pouco povoado.

> **PASSAPORTE DIGITAL**
>
> **História dos Estados Unidos**
> Neste *site*, da Biblioteca Digital Mundial, há uma linha cronológica interativa, que destaca acontecimentos marcantes dos Estados Unidos e apresenta documentos históricos que dizem respeito a esses acontecimentos.
> Disponível em: <http://linkte.me/nxrys>. Acesso em: 13 fev. 2019.

> **ANALISAR**
>
> Veja mais imagens de Chicago e de Nova York no início do século XX. Que aspectos dessas cidades as caracterizavam como grandes centros urbanos e industriais no período?

← Avenida Broadway, na cidade de Nova York, nos Estados Unidos, em foto de 1902. No início do século XX, Nova York já era um grande centro urbano.

A FERROVIA TRANSCONTINENTAL

A expansão do sistema ferroviário no século XIX foi fundamental para o crescimento econômico dos Estados Unidos, pois tornava mais rápidas e dinâmicas as atividades financeiras (empréstimos, financiamentos e pagamentos) e permitia o transporte de cargas e de pessoas das regiões portuárias para o interior do país. Essa ampliação da malha ferroviária simbolizava o otimismo tecnológico e modernizador dos estadunidenses e lhes causava orgulho.

Desde a construção das primeiras linhas de trem, os estadunidenses alimentavam o sonho de implantar uma ferrovia transcontinental que atravessasse seu país de leste a oeste. Esse sonho tornou-se realidade em 1869. Até o início do século XX, outras quatro linhas já cortavam o país de uma costa a outra.

COMPREENDER

Conheça mais o fordismo e o taylorismo. Depois, faça um esquema comparando os dois sistemas.

FORDISMO E TAYLORISMO

As novas fontes de energia, os avanços tecnológicos e o aumento da produção industrial alteraram também o ritmo das atividades nas fábricas. Os operários, o tempo e o próprio local de trabalho deveriam se adequar ao ritmo das máquinas: era preciso produzir a maior quantidade de mercadorias no menor tempo possível.

HENRY FORD E A LINHA DE MONTAGEM

O empreendedor Henry Ford (1863-1947) apresentou, em 1908, o Ford-T, um modelo de automóvel de baixo custo. Para agilizar a fabricação de veículos, Ford idealizou um modelo de produção industrial em grande escala, com base em uma **linha de montagem**. Sua proposta ficou conhecida como **fordismo** e revolucionou não só o mercado de automóveis, mas também toda a indústria.

↓ Linha de montagem de automóveis da Ford, em Michigan, Estados Unidos. Foto de 1913.

A linha de montagem era um sistema constituído por uma sequência de operários organizados em série. Cada um dos operários cumpria uma função na confecção de determinado produto. Desse modo, o operário, em vez de realizar várias etapas e controlar muitas máquinas, passava a operar uma única máquina e a realizar apenas uma etapa restrita da produção.

Com o aperfeiçoamento desse sistema de linha de montagem, os lucros das grandes indústrias aumentaram bastante. Assim, os Estados Unidos se consolidavam como a mais influente potência industrial do mundo, exportando produtos e tecnologia para outras partes do planeta.

TAYLOR E A ORGANIZAÇÃO DO TRABALHO NAS FÁBRICAS

Para tornar o processo produtivo mais eficiente e diminuir o desperdício de materiais utilizados na produção, o engenheiro Frederick Taylor (1856-1915) propôs mudanças na organização do trabalho nas fábricas.

Sua proposta, conhecida como **taylorismo** e resultante da observação da rotina nas indústrias, indicava as etapas necessárias para o melhor aproveitamento de máquinas e de trabalhadores.

Taylor concluiu que, antes do início de qualquer trabalho, era preciso analisar o espaço da fábrica, planejar a produção, treinar e equipar todos os operários, dividir e padronizar as tarefas e controlar o tempo.

ATIVIDADES

RETOMAR E COMPREENDER

1. Copie no caderno o quadro abaixo e complete-o com base no que você estudou sobre os Estados Unidos.

Aspecto	Norte	Sul
Economia		
Trabalho		

2. Observe a imagem abaixo e, em seguida, responda: Que elementos dessa imagem representam uma propriedade típica do Sul dos Estados Unidos no século XIX?

↑ William Aiken Walker. *Plantação de algodão no Mississípi*, 1883. Litografia.

3. Relacione e explique os fatores que levaram à Guerra de Secessão.

APLICAR

4. Leia o texto abaixo e responda às questões.

> *A segregação legal nos Estados Unidos pode ter acabado há mais de 50 anos. Mas, em muitas partes do país, americanos de raças diferentes não são vizinhos, não frequentam as mesmas escolas, não compram nas mesmas lojas e nem sempre têm acesso aos mesmos serviços. [...]*
>
> Testemunhei isto em muitos locais do país – da Louisiana ao Kansas, do Alabama ao Wisconsin, da Georgia ao Nebraska. Em muitos destes lugares, pessoas de raças diferentes simplesmente não se misturam, não devido à escolha, mas devido às circunstâncias.
>
> E, se não há interação entre as raças, é mais difícil até começar uma conversa sobre como resolver o problema.
>
> Dados do censo divulgados recentemente e analisados pelo instituto de pesquisa americano Brookings Institution mostram que a segregação entre brancos e negros está caindo um pouco em cidades grandes, mas continua alta.
>
> Se o número zero é considerado [...] a medida para a perfeita integração e 100 é a segregação completa, a análise da Brookings mostrou que a maioria das grandes áreas metropolitanas do país tem níveis de segregação variando entre 50 e 70.
>
> Rajini Vaidyanathan. Por que brancos e negros ainda vivem separados em algumas partes dos EUA. *BBC Brasil*, 10 jan. 2016. Disponível em: <http://www.bbc.com/portuguese/noticias/2016/01/160110_eua_segregacao_fn>. Acesso em: 13 fev. 2019.

a) De acordo com o autor, a situação relatada no texto ocorre apenas em locais específicos?

b) Para o autor, qual é um dos maiores problemas de não haver interação racial?

c) De que maneira o assunto estudado neste capítulo se relaciona com esse artigo sobre a realidade dos Estados Unidos em 2016?

d) Que medidas você sugeriria para tentar diminuir ou extinguir a segregação racial nos Estados Unidos?

5. Leia o texto e, depois, responda às questões.

> "Desde sua criação, a Ku Klux Klan passou por vários ciclos de crescimento e colapso, e em alguns desses ciclos a KKK foi mais radical que em outros", afirma a Liga Antidifamação, conhecida pela sigla em inglês ADL.
>
> "Mas em todas as suas encarnações ela manteve sua herança dupla de ódio e violência", diz a organização, que estima haver hoje cerca de 40 filiais da KKK nos EUA, com 5000 membros.
>
> Arturo Wallace. O ressurgimento da Ku Klux Klan no ano de seu 150º aniversário. *BBC Brasil*, 30 dez. 2015. Disponível em: <http://www.bbc.com/portuguese/noticias/2015/12/151230_kkk_aniversario_tg>. Acesso em: 13 fev. 2019.

a) Explique a origem da Ku Klux Klan, citando a época e o contexto em que foi fundada, bem como os responsáveis por sua formação.

b) A Ku Klux Klan existe ainda hoje? Em sua opinião, por que as pessoas se organizam em grupos racistas? Discuta suas ideias com os colegas.

ARQUIVO VIVO

A luta dos negros por direitos civis

Durante todo o período marcado pela segregação racial, os afro-americanos lutaram pela garantia de direitos civis e contra a discriminação. Até hoje, eles continuam se organizando para promover a justiça e a igualdade nos Estados Unidos.

Após a Guerra de Secessão e as lutas abolicionistas, das quais muitos negros participaram aderindo às forças da União, iniciou-se o período denominado **Reconstrução**, e alguns dispositivos legais favoreceram as comunidades negras do país. No entanto, esse período também foi marcado por reações, principalmente dos proprietários de terras e dos políticos sulistas, que pressionavam pela retirada desses direitos e pela permanente exclusão social e política dos negros nos Estados Unidos.

A emancipação trouxe novas reivindicações dos negros libertos, como a defesa da distribuição de terras e do direito à propriedade – como compensação pelo longo tempo em que trabalharam sem remuneração. Além disso, muitos intelectuais negros passaram a difundir ideias voltadas à questão da participação política e da educação pública e superior para os negros e também aos direitos das mulheres.

Entre o final do século XIX e o início do século XX, surgiram movimentos de luta pela conquista de direitos civis dos negros, como o **Movimento Niágara**, em 1905, e a **Associação Nacional para o Progresso da Gente de Cor** (NAACP, na sigla em inglês), em 1909. Esses movimentos estimularam a criação de projetos relacionados à educação de negros e à atuação de associações de bairros e igrejas que constituíam núcleos de ajuda mútua e de solidariedade. Eles também promoveram a formação de sindicalistas e militantes que se posicionavam contra as práticas de segregação e de desigualdade.

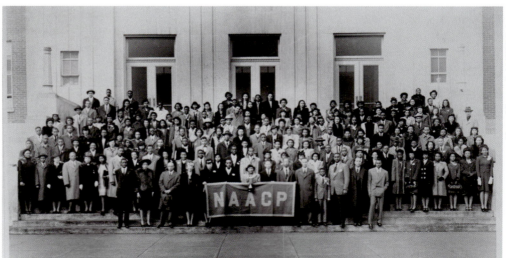

↑ Na foto, membros e delegados do Conselho da Juventude da NAACP, na conferência anual realizada em Richmond, Virgínia, entre 1916 e 1917.

Muitos ativistas e intelectuais negros, assim como simpatizantes brancos, tiveram intensa participação nos movimentos pela libertação dos escravizados e pelos direitos dos afro-americanos, como Frederick Douglass, Ida B. Wells e Harriet Tubman, entre outros. Alguns deles também se destacaram nas lutas pelos direitos das mulheres e pelo sufrágio feminino nos Estados Unidos.

Ao longo do tempo, os movimentos pelos direitos civis dos negros contribuíram para diversas conquistas não apenas da população negra, mas também das mulheres e dos trabalhadores do país. Leia, a seguir, o trecho de um texto publicado em 1903 pelo escritor, sociólogo e historiador afro-americano William Edward Burghardt Du Bois (1868-1963) sobre a situação dos negros nos Estados Unidos.

Filha de escravizados, Ida B. Wells foi jornalista e ativista pelos direitos civis dos afro-americanos entre o final do século XIX e o início do século XX nos Estados Unidos. Foto de 1893.

[...] Eles não esperam que o livre direito de votar, de desfrutar direitos civis e ser educado virá num instante; eles não esperam ver a propensão e o preconceito desaparecer ao acorde de uma corneta; [...] pelo contrário, os negros devem insistir, continuamente, [...] que votar é uma necessidade da atualidade; que discriminação de cor é barbarismo, e que os meninos negros necessitam de educação, tanto quanto os meninos brancos.

William Edward Burghardt Du Bois. *As almas do povo negro*. Tradução e notas de José Luiz Pereira da Costa. p. 79. Disponível em: <http://www.dacostaex.net/livros/As%20Almas.pdf>. Acesso em: 13 fev. 2019.

Organizar ideias

1. O período pós-emancipação e de Reconstrução, nos Estados Unidos, significou a conquista da plena cidadania pelos afro-americanos? Explique.

2. Após a abolição da escravidão, quais foram os principais direitos reivindicados pelos afro-americanos?

3. Quais eram os direitos que, segundo W. E. B. Du Bois, os negros dos Estados Unidos deveriam reivindicar?

4. Observe atentamente a foto dos membros da Associação Nacional para o Progresso da Gente de Cor (NAACP) na página ao lado. Apenas pessoas negras participavam dessa associação? Justifique.

5. Escreva um texto explicando a importância e as principais contribuições das organizações estadunidenses que lutavam pelos direitos dos negros. Se necessário, releia o texto desta seção para retomar algumas ideias.

6. Faça uma pesquisa em livros, revistas, jornais ou na internet sobre as ideias e a atuação de um dos ativistas citados nesta seção. Depois, compartilhe com os colegas as informações que você obteve.

ATIVIDADES INTEGRADAS

RETOMAR E COMPREENDER

1. Relacione a chegada de imigrantes aos Estados Unidos, no século XIX, com a assinatura da Lei de Terras.

2. Indique três fatores que ajudam a entender a vitória dos estados do Norte na Guerra de Secessão.

APLICAR

3. O jurista francês Alexis de Tocqueville visitou os Estados Unidos em 1831. Em seus cadernos de viagem, ele registrou as impressões que teve acerca do tratamento dado pelos estadunidenses aos povos indígenas. Leia o relato a seguir.

> [...] As raças indígenas fundem-se em presença da civilização da Europa como as neves debaixo do sol. Os esforços que elas fazem para lutar contra o seu destino só faz acelerar para elas a marcha destrutiva do tempo. A cada dez anos, aproximadamente, as tribos indígenas que foram repelidas para os desertos do Oeste se dão conta de que nada ganharam ao recuar e que a raça branca avança ainda mais rapidamente do que elas recuam. Irritadas pelo sentimento de sua própria impotência, ou inflamadas por alguma nova injúria, elas se reúnem e se fundem impetuosamente nas regiões onde habitavam outrora e onde se erguem agora as habitações dos europeus, as cabanas rústicas dos pioneiros e mais adiante as primeiras aldeias. Percorrem o país, queimam as habitações, matam os rebanhos [...]. A civilização recua então, mas recua como a onda do mar que sobe. [...]
>
> Alexis de Tocqueville. *A democracia na América*. 2. ed. São Paulo: Martins Fontes, 2005. p. XXVIII-XXIX.

a) A qual processo histórico estudado o autor faz referência em seu relato?

b) O ponto de vista do autor é otimista ou pessimista em relação ao destino dos indígenas dos Estados Unidos? Justifique.

ANALISAR E VERIFICAR

4. Observe a foto e faça as atividades propostas.

↑ Operários trabalham em linha de montagem da Ford, em Highland Park, Michigan, Estados Unidos. Foto de 1912.

a) Descreva os elementos retratados na imagem.

b) Relacione essa imagem ao fordismo e ao taylorismo.

c) De acordo com o que você estudou nesta unidade, quais eram as condições de trabalho desses operários?

5. Leia o texto abaixo e responda às questões.

> "O tataravô de Jarvious Cotton não podia votar como escravo. Seu bisavô foi espancado até a morte pela Ku Klux Klan (KKK) porque tentou votar. Seu avô foi impedido de votar pela intimidação dessa organização e seu pai foi barrado por altas taxas de imposto e exames de alfabetismo. Agora, Cotton não pode votar porque ele, como muitos negros nos Estados Unidos, está caracterizado como um criminoso e em liberdade condicional." Essa é a descrição da advogada norte-americana Michelle Alexander das várias fases de discriminação racial nos EUA ao longo dos últimos dois séculos. [...]
>
> [...] Preconceito e práticas racistas contra negros são claramente heranças do sistema escravista, abolido em 1863 [...]. Apesar de vários esforços, nos anos 1870-1880, para acabar com a discriminação racial, surgiu um novo sistema de subordinação no fim do século chamado Jim Crow. Negros efetivamente perderam o direito de voto, foram forçados a morar em bairros segregados com escolas, serviços públicos, lojas, lugares de lazer e até bebedouros separados com placas anunciando "Pessoas de Cor" ou "Brancos". A maioria trabalhava em pequenos lotes de terra e devia aos grandes donos de fazendas e mercantes. Nas cidades, ocupavam os piores e mais mal pagos empregos.
>
> Esse racismo institucional foi reforçado pelo terror racista de grupos como a KKK, com a colaboração da polícia e de políticos locais. Os negros [...] [eram] intimidados, espancados e frequentemente linchados se tentassem melhorar sua condição ou resistir ao racismo.
>
> Sean Purdy. O pesadelo americano. *Carta Capital*, n. 67, p. 41, jun. 2012.

a) Segundo o texto, que direitos eram negados aos negros nos Estados Unidos?

b) De onde se originou essa privação de direitos?

c) Você já presenciou algum caso de discriminação racial ou já foi alvo de discriminação? Converse com os colegas sobre essa questão.

CRIAR

6. Imagine que você seja um jornalista que vive nos Estados Unidos no século XIX e discorda do tratamento dado pelo governo aos povos indígenas. Elabore um panfleto que descreva a situação desses povos, propondo algum tipo de mudança. O panfleto deve fornecer informações sobre essa questão em uma única página, de forma breve e objetiva. Nele deve haver elementos textuais e imagéticos. Em seguida, combine com o professor a melhor forma de divulgar sua produção.

7. Como você estudou nesta unidade, os povos indígenas nativos dos territórios que formariam os Estados Unidos da América foram desrespeitados em seus direitos e em sua cultura. Atualmente, os indígenas ainda lutam por garantia de direitos, nos Estados Unidos e em outros lugares do mundo. Na abertura desta unidade, tratamos de uma manifestação relacionada à luta pelos direitos indígenas, como o direito que eles têm de manter suas terras. Por que é importante a garantia desses direitos?

IDEIAS EM CONSTRUÇÃO - UNIDADE 8

Capítulo 1 – A expansão para o Oeste
- Compreendo o papel que os Estados Unidos se atribuíam, com a Doutrina Monroe, em sua relação com a América Latina?
- Identifico o discurso civilizatório contido na ideologia do Destino Manifesto?
- Compreendo o impacto negativo do Destino Manifesto para os indígenas?
- Identifico as determinações da Lei de Terras?
- Reconheço os impactos da Lei de Terras para os povos indígenas, habitantes das terras que seriam ocupadas?

Capítulo 2 – A Guerra de Secessão
- Identifico as divergências entre o Norte e o Sul dos Estados Unidos do século XIX, as quais levaram o país à Guerra de Secessão?
- Compreendo os dispositivos que regularam a situação dos ex-escravizados nas colônias do Sul?
- Identifico os impactos negativos da política segregacionista para a população negra dos Estados Unidos da América?
- Sei caracterizar as inovações introduzidas por Henry Ford e Frederick Taylor na produção industrial?

 VERIFICAR
Confira os conhecimentos adquiridos na unidade organizando suas ideias e resolvendo as atividades propostas.

UNIDADE 9

IMPERIALISMOS E RESISTÊNCIAS

A partir da segunda metade do século XIX, novas formas de dominação surgiram com o crescimento da indústria nos Estados Unidos, no Japão e em alguns países da Europa. Essas nações partiram em busca de novos mercados consumidores e de fontes de matérias-primas, lançando-se na disputa e na conquista de territórios que pudessem ser explorados. Mesmo quando não houve conquista territorial formal, esses países exerceram forte influência econômica e política em vários lugares do mundo.

CAPÍTULO 1
Industrialização e imperialismo

CAPÍTULO 2
O imperialismo na África

CAPÍTULO 3
O imperialismo na Ásia

PRIMEIRAS IDEIAS

1. Você sabia que muitos eletrodomésticos comumente usados nas residências atuais foram inventados a partir da segunda metade do século XIX, com o desenvolvimento industrial de países como os Estados Unidos e a Grã--Bretanha?

2. Como esses eletrodomésticos e outros objetos produzidos pela indústria daquele período chegaram a diversos lugares do mundo?

3. Em sua opinião, por que os Estados Unidos são vistos, atualmente, como uma nação imperialista?

LEITURA DA IMAGEM

1. Que evento e local estão retratados nessa imagem?
2. Você conhece alguma cerimônia que se pareça com a retratada na foto? Qual?
3. Em sua opinião, qual seria a importância dessa cerimônia para a cultura desse local?
4. Por que é importante conhecer pessoas de culturas diferentes de nossa própria cultura? Explique seu ponto de vista aos colegas.
5. **VERIFICAR** Veja outras imagens do festival Chhath, na Índia, leia as legendas e descreva como as pessoas se vestem para a celebração e o tipo de oferenda que fazem.

Festival Chhath, que celebra o sol e a água, na praia de Juhu em Mumbai, Índia. Foto de 2016.

Capítulo 1
INDUSTRIALIZAÇÃO E IMPERIALISMO

No século XIX, o uso de matérias-primas como o aço e de fontes de energia como o petróleo e a eletricidade favoreceu o desenvolvimento das indústrias, dos transportes e das comunicações. Você sabe qual é a relação entre o uso das fontes de energia e de matérias-primas e o imperialismo?

A SEGUNDA REVOLUÇÃO INDUSTRIAL

Na segunda metade do século XIX, alguns países da Europa Ocidental, os Estados Unidos e o Japão alcançaram um grande desenvolvimento industrial. As descobertas científicas e as inovações tecnológicas impulsionaram esse desenvolvimento, além de contribuir para a modernização dos meios de transporte e de comunicação.

Nesse período, surgiram novas indústrias e houve a expansão progressiva de ferrovias. As principais fontes de energia passaram a ser o petróleo e a eletricidade, que substituíram o carvão vegetal e o carvão mineral, muito usados durante a Primeira Revolução Industrial. Além disso, o aço tornou-se o material mais utilizado na indústria e, aos poucos, os motores de combustão interna e os motores elétricos foram substituindo as máquinas a vapor. O emprego do aço na indústria, aliado ao uso de novas fontes de energia, tornou o ritmo de produção mais acelerado, favorecendo a produção em larga escala.

Esse processo, conhecido como **Segunda Revolução Industrial**, foi responsável por muitas mudanças na sociedade e na economia da época.

↓ Trem da companhia ferroviária Chicago & Rock Island and Pacific Railroad (CRI&PRR), nos Estados Unidos. Foto de 1852.

OS NOVOS INVENTOS E A ERA DO OTIMISMO

As inovações promovidas pela Segunda Revolução Industrial causaram grandes transformações no cotidiano das pessoas. Uma das principais inovações dessa época foi o uso da **eletricidade**, pois possibilitou que mais atividades pessoais ou profissionais fossem realizadas no período noturno.

A energia elétrica proporcionou também a invenção de diversos aparelhos eletrodomésticos e o desenvolvimento da versão elétrica da geladeira e do ferro de passar roupas.

Inúmeros equipamentos foram inventados nesse período, como o fogão a gás, o aparelho de raios X, o microfone, o telégrafo, o telefone, a furadeira elétrica, a máquina fotográfica, o cinema, a descarga em vasos sanitários e o automóvel. Muitos deles são utilizados ainda hoje, em nosso dia a dia e em diversos lugares do mundo.

Os países industrializados incentivavam o consumo desses novos produtos e serviços, e a população, estimulada pela publicidade, era tomada por grande otimismo e euforia.

No entanto, os principais consumidores desses produtos e serviços pertenciam, em geral, à burguesia. Os operários que trabalhavam nas indústrias fabricantes desses inventos pouco se beneficiaram das inovações urbanas.

Além disso, as condições de trabalho dessas pessoas nas fábricas eram precárias, assim como as condições de moradia. As residências dos operários ficavam próximas aos locais de trabalho e nelas não havia rede de esgoto e nem abastecimento de água ou de gás.

PRINCIPAIS INVENTOS E INOVAÇÕES DA SEGUNDA REVOLUÇÃO INDUSTRIAL

- 1850
- 1856 — Processo Bessemer de fabricação de aço
- 1870 — Invenção do dínamo, dispositivo que gera energia elétrica
- 1870 — Invenção e aperfeiçoamento do motor de combustão interna, que permitiu o uso do petróleo como fonte de energia
- 1890
- 1885 — Produção do primeiro veículo motorizado por Karl Benz
- 1910
- 1908 — Criação do automóvel Ford T por Henry Ford

DO CAPITALISMO INDUSTRIAL AO CAPITALISMO FINANCEIRO

Até a metade do século XIX, a produção de uma indústria era garantida por recursos próprios. Por isso, essa fase é conhecida como **capitalismo industrial**. No entanto, ainda no século XIX, ocorreu a associação entre o capital industrial e o capital financeiro, isto é, banqueiros e outros grupos de investidores começaram a investir em empresas, promovendo a criação de ações, que passaram a ser comercializadas como mercadorias. Iniciava-se, assim, a fase do **capitalismo financeiro**.

Muitas empresas pequenas entraram em processo de falência, e as grandes empresas uniram-se em associações, visando à própria preservação. Observe no esquema a seguir os tipos de associação realizados entre essas empresas no século XIX.

AS ASSOCIAÇÕES ENTRE EMPRESAS NO BRASIL

Atualmente, no Brasil, as *holdings* atuam nas bolsas de valores, controlando os mercados das ações de suas empresas associadas. Já a formação de cartéis e trustes é proibida por lei. Para evitar a organização de trustes, o governo brasileiro criou o Conselho Administrativo de Defesa Econômica (Cade). No caso dos cartéis, mesmo com a proibição, ainda há setores que o praticam de certo modo, padronizando o preço de seus produtos para impedir a concorrência.

TIPOS DE ASSOCIAÇÃO ENTRE GRANDES EMPRESAS NO SÉCULO XIX

- **Truste**: Associação de empresas de um mesmo ramo, com o objetivo de manter o controle sobre toda a linha de produção.
- **Cartel**: Conjunto de empresas independentes que, por meio de acordos, dividem o mercado entre si, com o objetivo de combater a concorrência.
- **Holding**: Empresa que obtém o controle de outras empresas – do mesmo ramo ou não – e que possui a posse majoritária das ações de suas associadas.

Essas associações propiciaram um acúmulo de capital por grandes grupos de empresas, dando origem às **transnacionais**, corporações empresariais com matriz em um país e diversas filiais em diferentes partes do mundo.

Charge política feita em 1902 na qual o cartunista estadunidense Homer Davenport critica com ironia os contrastes econômicos e sociais causados pelo truste.

O IMPERIALISMO

No século XIX, o mercado consumidor nos países capitalistas industrializados da Europa, nos Estados Unidos e no Japão crescia em proporção menor que a produção de sua indústria. Além disso, o desenvolvimento tecnológico possibilitava a utilização de novas matérias-primas, mas muitas delas eram escassas nesses países. Era o caso, por exemplo, do látex, abundante na Amazônia e em parte da África e da Ásia, e do cobre, extraído no Chile, no Peru e no Congo.

Esse contexto levou grupos financeiros a fazer grandes investimentos no exterior com o apoio do Estado. Assim, principalmente a partir da segunda metade do século XIX, as potências industriais buscaram garantir o domínio sobre novos territórios para obter matéria-prima, mão de obra barata, novos mercados consumidores e oportunidades de investimento de capital. Esse processo é chamado de **imperialismo**.

Países europeus, como Grã-Bretanha, França, Alemanha, Bélgica e Itália, partiram sobretudo em direção à Ásia e à África; os Estados Unidos se dirigiram principalmente para os países da América Latina e para as ilhas do oceano Pacífico; e o Japão voltou-se para a China e a Coreia.

Para dar uma justificativa ideológica às práticas imperialistas, os europeus se autorrepresentavam como seres ética e culturalmente superiores. Afirmavam que cabia a eles uma "**missão civilizadora**" e defendiam que representavam um modelo de sociedade, alegando a superioridade do "homem branco". Utilizavam, para isso, os argumentos do "evolucionismo social" (assunto visto na unidade 7).

Uma das várias táticas utilizadas para consolidar a dominação e a exploração dos territórios sob domínio imperialista foi enviar missionários religiosos cristãos para a conversão de africanos e de asiáticos ao cristianismo. Os missionários cristãos buscavam impor os valores do cristianismo, alegando que as religiões dos povos nativos eram inferiores. Outra estratégia muito empregada pelos europeus foi estimular as rivalidades já existentes entre as populações locais.

As potências imperialistas não respeitavam as fronteiras estabelecidas até então nesses territórios, assim como desconsideravam sua política, suas leis, suas culturas e suas tradições, e introduziam, forçadamente, as formas ocidentais de organização social, política e econômica.

A IDEIA DE SUPERIORIDADE DO OCIDENTE

A ideia de que os europeus e os estadunidenses (que fariam parte da linhagem britânica) seriam povos superiores e responsáveis por difundir para outros povos um modelo de organização social, política e econômica estava diretamente ligada ao expansionismo imperialista.

1. Você percebe, em seu cotidiano, a persistência dessa ideia? Como isso ocorre? Explique.
2. **CRIAR** Observe as charges atuais que criticam a entrada de migrantes e refugiados na Europa. Em seguida, elabore um texto apresentando opiniões contrárias ou favoráveis à entrada de migrantes e refugiados nos países europeus.

Capa de uma revista francesa de 1900. A ilustração traduz e reforça a visão de que a França seria a portadora de progresso e civilização para suas colônias.

O EXPANSIONISMO JAPONÊS

Até o século XIX, o Japão manteve uma política de isolamento em relação aos demais países. Sua economia era essencialmente agrária, o que dava grande poder e prestígio aos proprietários de terra.

O país era governado por um imperador que, na prática, não tinha poder político. Esse poder estava nas mãos do **xógum**, o chefe militar. Outro grupo importante na hierarquia japonesa era o dos **samurais**, guerreiros que serviam aos proprietários de terra.

A partir de 1854, o Japão se abriu ao Ocidente, apesar da grande resistência dos grupos tradicionais. A elite agrária se uniu, então, ao jovem imperador Meiji (1852-1912), que empreendeu uma série de reformas: contratou engenheiros ocidentais para construir fábricas e ferrovias e militares ocidentais para modernizar a Marinha e o Exército. Esse período ficou conhecido como **Era Meiji** e transformou o Japão agrário em uma sociedade capitalista e imperialista.

No final do século XIX, o Japão já era uma potência industrial. Como precisava de matéria-prima e de mercado consumidor, o governo japonês adotou uma política imperialista no Oriente.

Os japoneses avançaram pela Coreia e pela China, quando ocorreu a **Primeira Guerra Sino-Japonesa** (1894-1895). O Japão saiu vitorioso e conquistou o território da Manchúria e a ilha de Formosa, também conhecida como Taiwan.

Entre 1904 e 1905, a Rússia entrou em conflito com o Japão, reivindicando a Manchúria. Esse conflito ficou conhecido como **Guerra Russo-Japonesa**. Mais uma vez, os japoneses venceram e, além de firmar seu poder na região, conquistaram a ilha de Sacalina.

Ainda no início do século XX, o Japão entrou em disputa com os Estados Unidos pelo domínio de ilhas no Pacífico.

Gravura do século XIX que representa uma fábrica no Japão durante a Era Meiji.

O IMPERIALISMO ESTADUNIDENSE

Como vimos na unidade 8, a Marcha para o Oeste expandiu o território dos Estados Unidos da costa do Atlântico até a costa do Pacífico. Essa expansão se deu à custa da ocupação de metade do território do México e mediante o massacre de diversos povos indígenas, que, apesar de muita resistência, tinham sido praticamente extintos no final do século XIX. O expansionismo estadunidense voltou-se, então, para Cuba e Porto Rico, as últimas colônias espanholas na América, e para as Filipinas, na Ásia.

Outro território dominado economicamente pelos Estados Unidos foi o **Havaí**, arquipélago localizado no oceano Pacífico. No século XIX, predominavam na economia do Havaí fazendeiros estadunidenses que ali cultivavam cana-de-açúcar e frutas tropicais. Havia também fazendeiros franceses, alemães, ingleses, chineses e japoneses no arquipélago.

Em 1894, em razão das tensões entre o poder local e os empresários estrangeiros, os Estados Unidos invadiram o Havaí. Após quatro anos de disputas legais, o Havaí foi incorporado como **protetorado**, ou seja, uma forma de sujeição em que o território ou país dominado mantém algumas estruturas governamentais, assim como sua nacionalidade. Cabe à potência dominante decidir a política externa praticada no protetorado e garantir-lhe proteção. Em 1959, tornou-se a 50ª unidade federativa dos Estados Unidos.

↑ Charge de Charles Nelan, datada de 1898, sobre a aquisição das Filipinas pelos Estados Unidos. Nessa representação, o Tio Sam, personagem-símbolo estadunidense, pondera sobre como lidar com o novo território conquistado.

Estados Unidos da América: Intervenções imperialistas (1858-1934)

Fonte de pesquisa: *Atlas do censo demográfico 2000*. Rio de Janeiro: IBGE, 2003. p. 58.

A AMÉRICA LATINA E O EXPANSIONISMO ESTADUNIDENSE

Alguns historiadores consideram que o primeiro passo do imperialismo estadunidense na América foi estabelecer barreiras às intervenções europeias no continente, com a criação da Doutrina Monroe na década de 1820. Isso ocorreu porque, ao mesmo tempo que defendiam a autonomia dos países americanos, os Estados Unidos condicionavam as fronteiras e os interesses da América aos deles próprios. As ideias expressas no Destino Manifesto também serviram de justificativa para a política expansionista estadunidense, pois remetiam a uma "missão civilizatória" para legitimar as ocupações ou as intervenções territoriais.

Na segunda metade do século XIX, a retomada do Pan-Americanismo (conceito visto na unidade 4) por pensadores estadunidenses explicitou as ambições expansionistas do país. Na integração proposta, os Estados Unidos se colocavam como centro de decisões, enquanto os outros países da América tinham papel secundário. Isso foi logo percebido e rejeitado por alguns setores da sociedade e dos governos latino-americanos. Assim, uma modalidade mais agressiva de negociação e de intervenção foi implementada por Theodore Roosevelt, que assumiu a presidência dos Estados Unidos em 1901.

A partir de então, a ação imperialista estadunidense materializou-se em ocupações militares e manipulações políticas. Roosevelt dizia que, em relação aos países latino-americanos, principalmente aos da América Central, era necessário "falar com suavidade e um grande porrete na mão", uma política que ficou conhecida como **big stick** (grande porrete) e perdurou até a década de 1930. Nesse período, os Estados Unidos atuaram consolidando sua liderança não só no continente, mas em todo o mundo.

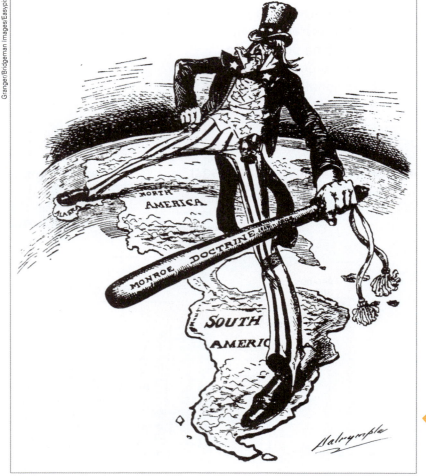

← Charge publicada em 1905 ironiza a atuação dos Estados Unidos no continente americano. No bastão, que simboliza a política do *big stick*, está escrito "Doutrina Monroe".

AMÉRICA CENTRAL

A política imperialista dos Estados Unidos foi especialmente forte na América Central. O caso da intervenção no Panamá é bastante significativo.

O Panamá tornou-se independente da Espanha em 1821, incorporando-se à Grã-Colômbia. Após a dissolução da Grã-Colômbia, em 1830, passou a fazer parte da República de Nova Granada, que, mais tarde, foi chamada de Colômbia. A partir de então, houve alguns movimentos pela independência do território panamenho, mas nenhum deles obteve êxito até o final do século XIX.

O território do Panamá é um istmo, estreita porção de terra que conecta duas grandes extensões territoriais. Essa situação geográfica era muito favorável à construção de um canal que ligasse os oceanos Atlântico e Pacífico (veja o mapa abaixo). A possível existência de uma passagem rápida e segura entre esses oceanos integraria o fluxo comercial entre duas grandes áreas de consumo e de produção no mundo. Por isso, a partir de 1880, o governo colombiano iniciou a construção do canal. Contudo, sucessivos revezes impediram a conclusão das obras.

Os Estados Unidos também se interessaram pela construção de um canal no Panamá. Assim, Roosevelt tentou fazer um acordo com o governo colombiano para viabilizá-la. Como não teve sucesso, o governo dos Estados Unidos apoiou militarmente um movimento separatista do Panamá. O movimento saiu vitorioso e, em 1903, foi fundada a República do Panamá.

As obras do canal foram concluídas em 1914. A partir de então, os Estados Unidos intervieram várias vezes na região para assegurar seus interesses, violando a autonomia política do Panamá. Em 1977, essa situação foi oficializada por um acordo que determinava a gestão conjunta do canal pelos dois países. A interferência estadunidense na área do canal só cessou em 1999, quando o governo local assumiu o controle definitivo da região.

> **PASSAPORTE DIGITAL**
>
> **Canal que mudou Panamá faz 100 anos.**
>
> O infográfico apresenta uma série de informações sobre as mudanças pelas quais o Canal do Panamá passou ao longo do tempo, com destaque para a importância dele nos rumos tomados pelo país.
>
> Disponível em: <http://linkte.me/w68t4>. Acesso em: 13 fev. 2019.

O Panamá na atualidade (2016)

Fonte de pesquisa: *Atlas geográfico escolar*. 7. ed. Rio de Janeiro: IBGE, 2016. p. 39.

CARIBE

Cuba, como vimos na unidade 4, foi o último país da América a se tornar independente da Espanha, em 1898. Por muito tempo, empresas estadunidenses obtiveram grandes lucros com a produção de açúcar e o cultivo de tabaco e de frutas tropicais nessa colônia.

Assim, os estadunidenses tinham fortes interesses no território cubano e, como no Panamá, apoiaram militarmente o processo de independência do país, declarando guerra à Espanha. Após a independência de Cuba, exerceram forte interferência na elaboração da constituição do novo país e fizeram aprovar a **Emenda Platt**. Essa emenda assegurava aos Estados Unidos o direito de intervir nos assuntos internos do novo Estado cubano.

A manutenção de um padrão político e econômico similar ao colonial, mantido por governos autoritários alinhados aos Estados Unidos, sufocou as aspirações populares e gerou tensões que permearam a primeira metade do século XX. Na prática, apesar de independente, Cuba estava sob a tutela dos Estados Unidos, que controlaram a economia e a política do país até a Revolução Cubana, em 1959.

A DIPLOMACIA DO DÓLAR

Além do controle sobre Cuba, após a guerra hispano-americana, os Estados Unidos garantiram a posse de Porto Rico, no Caribe, bem como das ilhas de Guam e de Filipinas, no oceano Pacífico. Os desdobramentos dessa guerra colocaram fim ao domínio colonial espanhol e, ao mesmo tempo, consolidaram uma nova potência imperialista, os Estados Unidos.

Mas não foi apenas com intervenções armadas que os Estados Unidos asseguraram seus interesses. Companhias produtoras de frutas, investidores estrangeiros, controle de mercados e entrada maciça de capitais foram algumas táticas usadas para consolidar seu poderio econômico na região durante as primeiras décadas do século XX. Essa política de incentivos econômicos e de expansão capitalista, denominada **Diplomacia do dólar**, consistiu em investimentos e na exploração econômica das pequenas repúblicas da América Central.

Gilbert Gaul. *Nas trincheiras diante de Santiago*, 1898. Litografia. A pintura representa a participação dos Estados Unidos no processo de independência de Cuba.

ATIVIDADES

RETOMAR E COMPREENDER

1. Copie o quadro abaixo no caderno e complete-o com base nos impactos da Segunda Revolução Industrial.

Principais mudanças promovidas pela Segunda Revolução Industrial	
Sociais	
Econômicas	

2. O que justificava o interesse dos Estados Unidos na construção do canal do Panamá?

APLICAR

3. Leia o trecho de texto e, em seguida, responda às questões.

> O desenvolvimento tecnológico agora dependia de matérias-primas que, devido ao clima ou ao acaso geológico, seriam encontradas exclusiva ou profusamente em lugares remotos. O motor de combustão interna, criação típica do período que nos ocupa, dependia do petróleo e da borracha. O petróleo ainda vinha predominantemente dos EUA e da Europa (da Rússia e, muito atrás, da Romênia), mas os campos petrolíferos do Oriente Médio já eram objeto de intenso confronto no conchavo diplomático. A borracha era um produto exclusivamente tropical, extraída com uma exploração atroz dos nativos nas florestas equatoriais do Congo e da Amazônia, alvo de protestos anti-imperialistas precoces e justificados. Com o tempo, foi exclusivamente cultivada na Malaia [nome da Malásia antes de sua independência]. O estanho provinha da Ásia e da América do Sul. Os metais não ferrosos, que anteriormente eram irrelevantes, tornaram-se essenciais para as ligas de aço exigidas pela tecnologia da alta velocidade.
>
> Eric J. Hobsbawm. *A era dos impérios*: 1875-1914. São Paulo: Paz e Terra, 2010. p. 107-108.

a) Identifique as principais matérias-primas utilizadas pelas indústrias dos países imperialistas.

b) Quais eram os locais de origem delas?

c) Relacione o uso dessas matérias-primas com o desenvolvimento tecnológico que caracterizou a Segunda Revolução Industrial.

4. Observe a caricatura abaixo.

↑ Caricatura do presidente Theodore Roosevelt na capa da revista *Judge Magazine* de maio de 1907.

a) Descreva os elementos representados nessa caricatura.

b) Qual prática política essa imagem critica? Explique-a.

5. Leia o trecho da Emenda Platt abaixo e, em seguida, faça as atividades propostas.

> III. Que o governo de Cuba permita que os Estados Unidos exerçam o direito de intervir no sentido de preservar a independência cubana [...] [e manter] um governo adequado para a proteção da vida, propriedade e liberdade individual [...].
>
> VII. Que, a fim de auxiliar os Estados Unidos a sustentar a independência cubana, e para proteger a população dali, tão bem como para a sua própria defesa, o governo de Cuba deverá vender ou alugar terras aos Estados Unidos [...].
>
> Richard B. Morris (Org.). *Documentos básicos da história dos Estados Unidos*. Rio de Janeiro: Fundo de Cultura, 1964. p. 182-183.

a) Quais foram as implicações da Emenda Platt para os cubanos?

b) Relacione esse fragmento de texto com o que você estudou sobre a política externa estadunidense.

AMPLIANDO HORIZONTES

Os discursos civilizatórios e a Revolução Mexicana

A América Latina não deve ser vista apenas como vítima na história do imperialismo estadunidense. Setores da elite dos países latino-americanos, incluindo alguns comerciantes, tinham muito interesse nos ganhos econômicos resultantes da aproximação com os Estados Unidos. Alguns governos das repúblicas recém-formadas apoiaram-se no suporte dado pelo governo estadunidense para se firmar no poder, beneficiando-se disso. As sociedades latino-americanas eram plurais, regidas por diversos interesses, muitas vezes conflitantes entre si. Mas isso não diminuiu os impactos da política predatória e imperialista dos Estados Unidos nem as hierarquias sociais visíveis nas populações do continente.

Os discursos e as atuações estadunidenses seguiam o pretexto de "civilizar" a América Latina, integrando os países latino-americanos sob a lógica de expansão do capitalismo. Nesse processo, as demandas de alguns setores sociais das cidades em crescimento eram desconsideradas sob o pretexto de argumentos ditos científicos e técnicos. O caso do México mostra as tensões ocasionadas por essa conduta, expondo as contradições do discurso civilizatório, principalmente em relação aos povos indígenas e às populações negras.

Em 1876, o México passou a ser governado por Porfirio Díaz, que permaneceu no poder por 35 anos. Esse período ficou conhecido como **porfiriato**. Nessa época, houve a propagação do ideal civilizatório, sustentada em grande parte pela política ditatorial, com o apoio da Igreja católica e dos militares, e pela concentração de renda no México. O país viveu, então, um relativo crescimento econômico em razão da entrada de capital estadunidense, utilizado para financiar o avanço industrial, a urbanização de algumas cidades, a modernização dos setores de transporte e de comunicação, entre outros usos. As transformações ocorridas visavam colocar o México em um "novo patamar civilizatório". Ainda que muitas mudanças fossem necessárias e importantes para a população mexicana, elas foram estabelecidas de maneira desigual. O nascente movimento operário foi reprimido, as comunidades indígenas foram colocadas à margem da modernização e os problemas estruturais relacionados à posse de terra foram intensificados.

As medidas "civilizatórias" adotadas por Porfirio Díaz não satisfizeram as demandas de significativos setores da sociedade mexicana, criando uma onda de descontentamento em várias partes do país. Indígenas e camponeses reivindicavam melhor distribuição de terras (reforma agrária) e de impostos, além de maior participação política. Os trabalhadores tinham condições de vida e de trabalho muito precárias, além de pouca proteção social. Os mexicanos simpáticos ao nacionalismo, que faziam parte de diversas camadas sociais, também estavam insatisfeitos com os es-

↑ General Porfirio Díaz, presidente e ditador do México entre 1876 e 1911. Foto de 1915.

treitos laços comerciais e políticos entre o México e os Estados Unidos durante o porfiriato. Dessa forma, os impasses gerados pelo discurso civilizatório no México criaram um ambiente de acalorada discussão e de pressão política e social.

O clima de tensão resultou na revolução que derrubou Porfirio Díaz e mobilizou intensamente as principais vítimas do processo civilizatório: os indígenas e os camponeses, que reivindicavam terras e reconhecimento social. A **Revolução Mexicana** teve início em 1910 e caracterizou-se pelo confronto entre os ideais liberais das elites mexicanas e as reivindicações populares. Terminou em 1917, com a promulgação da Constituição mexicana e o apaziguamento das lutas camponesas.

↑ Na foto, sentados, da esquerda para a direita, Tomás Urbina, Pancho Villa e Emiliano Zapata, líderes populares da Revolução Mexicana, na Convenção de Aguascalientes, em 1914.

Para refletir

1. De que forma o discurso civilizatório foi implementado no México?
2. Quais foram as reações populares à política adotada por Porfirio Díaz?
3. A Revolução Mexicana foi um dos maiores acontecimentos históricos da América Latina no século XX. Com forte apoio popular, teve grande influência na política e na sociedade mexicanas. Faça uma pesquisa na internet sobre essa revolução e seus desdobramentos ao longo do século XX no México. Registre as conclusões no caderno e, depois, compartilhe-as com os colegas.

231

Capítulo 2
O IMPERIALISMO NA ÁFRICA

Em 1900, quase todo o continente africano estava sob o poder de potências europeias. Os conflitos entre as nações industrializadas, que disputavam entre si o domínio de novos territórios, e os povos de regiões por elas colonizadas não tardaram a surgir. Você sabe como se deram esses conflitos?

A CONFERÊNCIA DE BERLIM

Conforme vimos no capítulo anterior, o imperialismo levou vários países europeus a buscar novos territórios na Ásia e na África a partir da década de 1870. Os europeus estavam interessados principalmente em obter matérias-primas para suas indústrias.

O aumento do interesse de potências industriais europeias pelo continente africano preocupou Portugal, que já tinha colônias nesse continente desde o século XVI. Temendo perdê-las, o governo português propôs uma conferência sobre a ocupação da África.

Para garantir as possessões de seu país, Otto von Bismarck, primeiro-ministro da Alemanha, patrocinou a **Conferência de Berlim**. Entre 1884 e 1885, as principais potências europeias, os Estados Unidos e o Império Otomano, reunidos em Berlim, estabeleceram diretrizes para a partilha imperialista da África.

A partir dessa conferência, as áreas de domínio de cada país participante foram progressivamente delimitadas por uma série de tratados bilaterais. Em 1914, as possessões europeias já estavam definidas. Compare os mapas da página ao lado e observe que, após pouco mais de duas décadas, todo o continente africano, com exceção apenas da Etiópia e da Libéria, era dominado por países europeus.

↓ Boulevard de la Gare, em Casablanca, Marrocos, tomado durante o protetorado francês. Detalhe de cartão-postal de cerca de 1920.

A PARTILHA IMPERIALISTA DA ÁFRICA

Os países imperialistas defenderam apenas os próprios interesses ao partilhar a África entre si. O poder político-militar desses países foi decisivo para determinar o tamanho e a localização dos territórios atribuídos a cada um deles.

África (1880)

Fonte de pesquisa: *Atlas da história do mundo*. São Paulo: Folha de S.Paulo, 1995. p. 234-235.

África (1914)

Fonte de pesquisa: Geoffrey Parker. *Atlas Verbo de história universal*. Lisboa: Verbo, 1997. p. 104-105.

OS FRANCESES

Os interesses imperialistas franceses se manifestaram muito antes da Conferência de Berlim. Em 1830, a França invadiu a região onde atualmente fica a Argélia, no norte da África, utilizando a **Legião Estrangeira** – exército paramilitar francês criado pelo rei Luís Filipe em meados do século XIX – no combate aos berberes, povos muçulmanos que habitavam a região. Da invasão à independência, em 1962, a Argélia nunca foi completamente dominada; contudo, foi palco de inúmeras revoltas.

Mais conquistas se sucederam, e a França foi tomando territórios onde hoje se localizam o Gabão, o Marrocos, a Tunísia e o Senegal, entre outros países.

Em suma, a França dominou grande parte do noroeste africano (as chamadas África Ocidental Francesa e África Equatorial Francesa), além da atual República Popular do Congo e da ilha de Madagascar, como podemos observar no mapa África (1914), acima.

paramilitar: organização de cidadãos armados e fardados, sem relação com as forças militares regulares.

> **O FIM DA MONARQUIA PORTUGUESA**
>
> O recuo de Portugal diante do Ultimato de 1890 foi decisivo para o fim da monarquia portuguesa. Fortalecido, o movimento republicano português acusou a monarquia de ser fraca e aceitar os desmandos da Grã-Bretanha.
>
> Em 1910, o rei teve de abandonar seu palácio em virtude de um bombardeio da Marinha portuguesa. A República foi proclamada, e dom Manuel II exilou-se na França.

OS PORTUGUESES

O objetivo de Portugal durante a Conferência de Berlim era garantir a posse de suas duas colônias, **Angola** e **Moçambique** – veja o mapa África (1880), na página anterior –, e da região entre elas, unindo-as em um só território. A Grã-Bretanha, contudo, apresentou forte objeção a esse projeto, pois também tinha interesse na região e pretendia construir uma ferrovia que atravessaria todo o continente africano, unindo a Cidade do Cabo ao Cairo.

Para acabar com qualquer pretensão portuguesa, a Grã-Bretanha determinou o **Ultimato de 1890**, segundo o qual Portugal deveria retirar suas forças militares da região reivindicada. Caso os portugueses não se retirassem, a Coroa britânica declararia guerra. Sem condições de lutar contra a maior potência do mundo, Portugal abandonou suas pretensões.

OS BELGAS

A Bélgica era governada por uma monarquia constitucional. Assim, o rei Leopoldo II não tinha poderes suficientes para organizar um projeto imperialista na África. Todas as propostas de ocupação territorial que ele apresentava ao Parlamento eram refutadas sob a alegação de que os investimentos e os esforços requeridos não valiam a pena. Por isso, resolveu, por iniciativa pessoal, criar a **Associação Internacional do Congo** e contratou o explorador inglês Henry Morton Stanley para estabelecer relações comerciais com os habitantes do interior daquela região.

Em 1884, na Conferência de Berlim, o rei belga conseguiu garantir a posse das terras congolesas, fundando o **Estado Livre do Congo**. A intenção de Leopoldo II era explorar o látex das seringueiras e o marfim das presas de elefantes e, para alcançá-la, impôs um dos mais violentos governos instaurados nas colônias africanas. Ele exigia que a população local atingisse cotas de produção e mantinha uma **Força Pública** – exército que reprimia brutalmente os trabalhadores que não cumprissem as metas estabelecidas. Muitos congoleses, incluindo crianças, tiveram as mãos decepadas como punição por descumprir tais metas.

Essas atrocidades tornaram-se públicas, e, em 1908, o Parlamento belga tomou o Estado Livre do Congo do domínio pessoal do rei e assumiu a administração congolesa. O Parlamento buscou, a partir de então, diminuir a violência do tratamento dado aos povos nativos.

Durante a administração belga no Congo, praticou-se ali uma contínua caça a elefantes para a obtenção do marfim de suas presas. Nessa foto de 1900, colonizadores e congoleses posam com as presas de elefantes.

OS BRITÂNICOS

Em 1859, o governo egípcio iniciou as obras para a abertura do **canal de Suez**. Esse canal uniria o mar Mediterrâneo ao mar Vermelho e encurtaria radicalmente a distância para a navegação e o comércio entre Europa, Ásia e África. Entretanto, o governo egípcio não teve condições de continuar financiando as obras. Para viabilizar a construção e saldar dívidas, foi obrigado a vender ao Império Britânico sua participação no canal.

A Grã-Bretanha estava interessada no controle total do canal, pois isso facilitaria a rota dos navios britânicos à Índia, anexada ao Império Britânico em 1876. Portanto, além de assumir essas obras, a Grã-Bretanha ocupou o Egito de 1882 a 1954, apesar da resistência e dos protestos da população local. Os britânicos também ocuparam as regiões dos atuais Sudão, Sudão do Sul, Gana e Nigéria.

> **RETOMAR**
> Observe a imagens e saiba mais sobre a Guerra dos Bôeres. Em seguida, monte uma linha do tempo com as informações que observou.

A GUERRA DOS BÔERES (1899-1902)

Quando o empresário e administrador inglês Cecil Rhodes chegou ao sul da África, em 1870, o Império Britânico possuía duas modestas colônias na região: Cabo e Natal. Após ficar milionário com a exploração local de minérios, Rhodes, então governador do Cabo, liderou a invasão às colônias dos africânderes, ou **bôeres**, colonizadores de ascendência holandesa estabelecidos nas colônias do Transvaal, desde 1848, e do Orange, desde 1854, também ao sul da África.

A invasão dessas colônias, ricas em ouro, ferro e diamantes, provocou o conflito entre colonos britânicos e bôeres denominado **Guerra dos Bôeres**. Após terem suas terras arrasadas, suas tropas cercadas e 25 mil civis – homens, mulheres e crianças – confinados em campos de concentração, os bôeres se renderam em 1902.

Então, firmou-se um tratado que extinguiu as repúblicas bôeres e colocou seus cidadãos sob a autoridade do Império Britânico.

Caricatura representando Cecil Rhodes, publicada em 1892. Rhodes tornou-se um dos principais símbolos da expansão territorial que marcou o imperialismo europeu.

A RESISTÊNCIA AFRICANA

O estudo da expansão territorial imperialista não deve ser feito apenas sob a perspectiva dos colonizadores europeus. É importante entender a visão dos povos nativos, conhecer suas ações de resistência e reconhecer os efeitos desse processo, uma vez que tais efeitos são percebidos ainda hoje em diversas regiões africanas.

Nos últimos anos do século XX, a historiografia passou a dedicar mais atenção à análise de documentos sobre a reação dos povos africanos ao imperialismo europeu. Desde então, esses estudos vêm mostrando que praticamente todas as sociedades africanas estabelecidas em territórios disputados pelos europeus empreenderam ações de resistência. A ideia segundo a qual os africanos viam os europeus como libertadores ou civilizadores faz parte do ponto de vista dos europeus imperialistas e, portanto, não corresponde ao que os africanos de fato pensavam sobre a colonização.

A resistência africana à colonização aconteceu de diversas formas – fugas, revoltas e protestos – e apresentava motivações variadas, como o desejo de retomar a liberdade e a soberania; a luta pela manutenção de hábitos, crenças e formas de administração; e a resistência à exploração econômica praticada pelos europeus.

No nordeste do continente africano, por exemplo, as populações do Egito, do Sudão e da Somália lutaram não apenas contra a conquista e a ocupação de seus territórios, mas também para preservar sua fé, a religião muçulmana.

O poder tecnológico e militar das potências europeias garantiu o domínio do continente africano por quase um século. Mesmo assim, algumas ações de resistência dos povos nativos se prolongaram por vários anos, mostrando sua capacidade de organização e sua determinação em resistir à dominação europeia. Veja, no esquema ao lado, algumas das inúmeras ações de resistência e de luta desses povos.

PRINCIPAIS CONFLITOS ENTRE COLONIZADORES E NATIVOS RESISTENTES

- **1830**
- **1834-1837** — Guerrilha dos berberes — Argélia
- **1850**
- **1870**
- **1879-1882** — Revolta de Urabi — Egito
- **1879-1884** — Guerra Anglo-Zulu — Sul da África
- **1890**
- **1881-1899** — Revolução Mahdista — Sudão
- **1890-1900** — Rebelião Axânti — Costa do Ouro
- **1910**

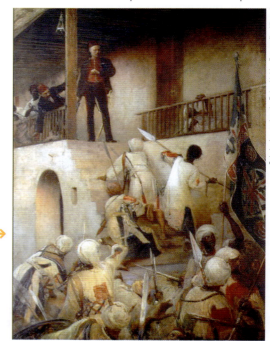

George William Joy. *Defesa final do general Gordon*, 1885. Óleo sobre tela. A obra representa o ataque de um grupo de nativos a um oficial inglês, no conflito conhecido como Revolução Mahdista, ocorrida no Sudão.

A REBELIÃO AXÂNTI

Entre as inúmeras ações de resistência lideradas por nativos africanos contra os colonizadores, uma das mais representativas foi a rebelião do povo Axânti contra o domínio britânico, na Costa do Ouro, atual Gana.

Essa rebelião se estendeu dos anos 1890 aos anos 1900 e decorreu da deposição de um grande número de chefes tradicionais pelos colonizadores britânicos – a deposição violava o caráter sagrado da realeza, elemento tradicional da cultura axânti. No lugar dos chefes depostos, foram nomeados outros líderes locais, não legitimados pela população e encarregados da cobrança de uma indenização pelas revoltas anteriores. Além disso, o governo britânico exigiu que seu novo representante, Arnold Hodgson, se sentasse no **Tamborete de Ouro**, símbolo sagrado da cultura axânti e instrumento de consagração da legitimidade de seus chefes. Todas essas medidas levaram os Axânti a enfrentar os britânicos em batalhas violentas, as quais foram debeladas em 1900 após a prisão e a deportação da rainha **Yaa Asantewaa**, líder de Edweso, e de generais axântis. Leia o discurso proferido pela rainha.

↑ Bonecas da cultura axânti, feitas de madeira, século XIX. As práticas imperialistas não respeitavam as identidades culturais e as tradições locais dos povos colonizados.

> Eu vi que alguns de vocês temem ir em frente e lutar por nosso rei. Se estivéssemos nos bravos dias do passado [...] os chefes não assistiriam sentados nosso rei ser deposto sem disparar um tiro. Nenhum homem branco podia ter ousado falar com os chefes dos Achântis do modo como o governador falou com vocês esta manhã. É verdade que a bravura dos Achânti não existe mais? Eu não posso acreditar nisto. [...] Se vocês, homens achânti, não forem em frente, então nós iremos. Nós, as mulheres, iremos. Chamarei cada companheira. Lutaremos com o homem branco. Lutaremos até que a última de nós caia no campo de batalha.
>
> Yaa Asantewaa. Citado por: Luiz Arnaut. *Reações africanas ao imperialismo*. Universidade Federal de Minas Gerais. Disponível em: <http://www.fafich.ufmg.br/luarnaut/Reacoes%20africanas.pdf>. Acesso em: 13 fev. 2019.

← O rei axânti (sob o dossel, com barba branca) é transportado por escravos na Costa do Ouro, atual Gana. Foto de cerca de 1890.

ATIVIDADES

RETOMAR E COMPREENDER

1. Compare os mapas da página 233 e, depois, responda: Das colônias já estabelecidas em 1880, quais apresentam territórios ampliados no mapa relativo a 1914?

2. Quais eram as principais potências imperialistas europeias no início do século XX?

3. Explique com suas palavras o que foi a Conferência de Berlim.

APLICAR

4. O texto abaixo corresponde a uma resposta de Machemba, chefe do povo Yao, da África Oriental, ao comandante alemão Hermann von Wissmann, em 1880. Leia-o e, em seguida, responda às questões.

> Prestei atenção à vossa mensagem sem encontrar razão para vos obedecer. Preferiria morrer. Se for amizade que você deseja, então eu estou pronto para ela, hoje e sempre; mas para ser seu súdito, isto eu não posso ser. Se for guerra [que] você deseja, então eu estou pronto, mas nunca para ser seu súdito. Não caio a vossos pés, pois sois uma criatura de Deus como eu [...]. Sou sultão aqui na minha terra. Vós sois sultão lá na sua. No entanto, vede, não vos digo que me deveis obedecer, pois sei [que] sois um homem livre. Quanto a mim, não irei à vossa presença; se sois bastante fortes, vinde vós me procurar.
>
> Machemba. Em: Luiz Arnaut. *Reações africanas ao imperialismo*. Universidade Federal de Minas Gerais. Disponível em: <https://jornalggn.com.br/noticia/clovis-moura-o-racismo-como-arma-ideologica-de-dominacao>. Acesso em: 13 fev. 2019.

a) O autor do documento partilha do ponto de vista imperialista ou da perspectiva dos povos nativos?

b) Qual é a posição assumida pelo autor: de resistência ou de submissão? Justifique sua resposta com trechos do documento.

c) Com base no que você estudou neste capítulo, explique como os imperialistas europeus conseguiram garantir o domínio do continente africano por quase cem anos.

5. Leia o texto a seguir e responda às questões.

> [...] o racismo [...] não é uma conclusão tirada dos dados da ciência, de acordo com pesquisas de laboratório que comprovem a superioridade de um grupo étnico sobre outro, mas uma ideologia deliberadamente montada para justificar a expansão dos grupos de nações dominadoras sobre aquelas áreas por eles dominadas ou a dominar. [...]
>
> [...]
>
> A partilha da África, feita por Bismarck na Alemanha, entre 15 de novembro de 1884 e 26 de fevereiro de 1885 criou uma trégua entre as nações conquistadoras, e com isso o mundo ficou dividido entre os brancos civilizados europeus e os povos não-brancos "bárbaros" e "selvagens".
>
> [...]
>
> Ordenado o colonialismo através do racismo, as nações dominantes sentiram-se à vontade para o saque às colônias e para as razias mais odiosas nas regiões da Ásia, América Latina, África e Oceania e para agir contra todos os que compunham as multidões de desamparados e anônimos da história. [...]
>
> As explicações eram fáceis e já vinham pré-fabricadas pela sociologia [...] desenvolvida na Europa para dar aparência de verdade científica ao crime. [...]
>
> Clóvis Moura. O racismo como arma ideológica de dominação. *Jornal GGN*, 13 maio 2018. Disponível em: <https://jornalggn.com.br/noticia/clovis-moura-o-racismo-como-arma-ideologica-de-dominacao>. Acesso em: 13 fev. 2019.

razia: invasão de território estrangeiro com o objetivo de saqueá-lo.

a) De que maneira regiões da Ásia, da América Latina, da África e da Oceania foram impactadas pela divisão entre "bárbaros" e "civilizados" estabelecida pelos europeus?

b) Com base nas explicações do autor do texto, é possível dizer que o uso da noção de superioridade racial para justificar o imperialismo caracteriza uma postura ideológica ou uma fundamentação científica? Justifique sua resposta.

238

ARQUIVO VIVO

Máscaras africanas

Os artefatos produzidos pelos povos africanos se tornaram mais conhecidos na Europa a partir da segunda metade do século XIX, época em que alguns países europeus decidiram partilhar a colonização da África.

Um tipo de objeto que despertou o interesse de conquistadores e de artistas desses países europeus foram as máscaras africanas, por causa da diversidade do material empregado em sua confecção, da temática ligada a rituais e da magia a elas relacionada. As máscaras africanas representavam feições de animais e de seres humanos e, geralmente, eram feitas de madeira. Mas também podiam ser confeccionadas com fibras naturais, barro, peles de animais, tecidos, marfim, ouro e cobre, entre outros materiais. Depois, eram finalizadas com pinturas, sementes e conchas. A madeira era muito utilizada, pois havia a crença de que a máscara conservava o espírito da árvore.

Entre outras ocasiões, as máscaras eram usadas em cerimônias e rituais relacionados às colheitas, à passagem da infância para a vida adulta e aos funerais.

No início do século XX, o artista plástico espanhol Pablo Picasso (1881-1973) se encantou com a beleza e a complexidade das máscaras africanas, que passaram a ter grande influência em sua obra.

↗ Máscaras tradicionais dos povos da Costa do Marfim (à esquerda) e do Mali (à direita), s. d.

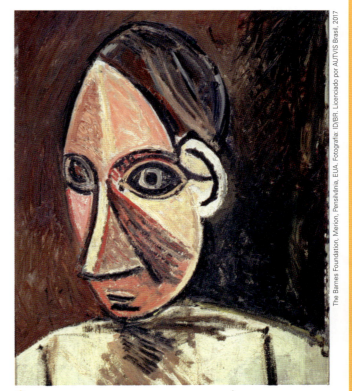

↑ Pablo Picasso. *Cabeça de mulher*, 1907. Óleo sobre tela.

Organizar ideias

1. Quais detalhes da mulher representada por Picasso exibem semelhanças com as máscaras africanas apresentadas nesta página?

2. Agora é a sua vez de confeccionar uma máscara, inspirando-se nas produções africanas. Você pode desenhar ou fazer uma máscara utilizando diferentes materiais.

Capítulo 3
O IMPERIALISMO NA ÁSIA

Assim como no continente africano, as potências imperialistas se impuseram em territórios do continente asiático, visando dominar a população nativa para colocá-la a serviço de seus interesses. Como você imagina que os povos nativos reagiram à política imperialista?

A FORMAÇÃO DOS IMPÉRIOS NA ÁSIA

Até o final do século XVIII, a presença europeia na Ásia caracterizou-se principalmente pelo controle de postos comerciais na Índia e na China, instalados entre os séculos XVI e XVII, durante a expansão marítima. Nesse período, a atividade comercial asiática foi fortemente influenciada por países europeus. Como vimos, no século XIX, o avanço da industrialização na Europa, nos Estados Unidos e no Japão levou as potências econômicas a estabelecer uma política de dominação na Ásia e na África.

A expansão imperialista na Ásia se diferenciou daquela ocorrida na África principalmente pelo fato de que apenas Grã-Bretanha e França se apropriaram dos territórios asiáticos, à exceção da atual Indonésia, que foi dominada pelos holandeses.

A partir de 1842, a França ampliou seus domínios territoriais para além da África, até as ilhas Marquesas e o Taiti, no sul do Pacífico. Dali, os franceses chegaram ao Sudeste Asiático, ocupando a Cochinchina, o Camboja e o Laos.

Da mesma maneira que na África, a ocupação dos territórios na Ásia foi bastante violenta, causando a morte de inúmeros nativos e desestruturando, em muitos casos, sua cultura e sociedade.

↓ Samuel Howett. Detalhe de *O tigre na baía*, 1807. Os europeus frequentemente caçavam animais típicos das regiões que ocupavam. Por serem considerados exóticos na Europa, esses animais eram abatidos e exibidos como troféus.

A ÍNDIA BRITÂNICA

Do século XV ao século XVIII, reinos e impérios indianos regulavam o comércio com os europeus – exploradores portugueses, espanhóis, britânicos e holandeses –, limitando as trocas comerciais a algumas cidades do litoral, como Mumbai e Calicute.

Em meados do século XVIII, a **Companhia das Índias Orientais**, empresa comercial britânica, estabeleceu-se na costa oriental do subcontinente indiano, controlando o comércio existente na região.

Nessa época, na Índia havia cerca de 200 milhões de habitantes, artesanato sofisticado, grande variedade de especiarias, vastos campos de algodão e fábricas domésticas que produziam tecidos de excelente qualidade para exportação.

Essas e outras características indianas tornavam esse imenso território bastante atrativo para os europeus, o que levou o Império Britânico a chamá-lo de "joia da Coroa" após conquistá-lo, pois, de todas as colônias, a Índia era a que oferecia mais recursos naturais e humanos.

Sob a administração da Companhia das Índias Orientais, a refinada produção de tecidos indiana passou a sofrer com a concorrência dos tecidos produzidos pelas indústrias na Inglaterra, que tinham qualidade inferior e eram mais baratos.

Com a entrada dos produtos ingleses, a Índia passou de exportadora de tecidos de algodão a exportadora da matéria-prima, ou seja, dos fios de algodão, e importadora dos tecidos industrializados ingleses.

Fabricante de lenços em Délhi, na Índia, em foto publicada em 1868 na obra *O povo da Índia*, de John Forbes Watson.

ANALISAR

A Índia é o segundo país mais populoso do mundo. Compare as imagens e anote no caderno suas observações.

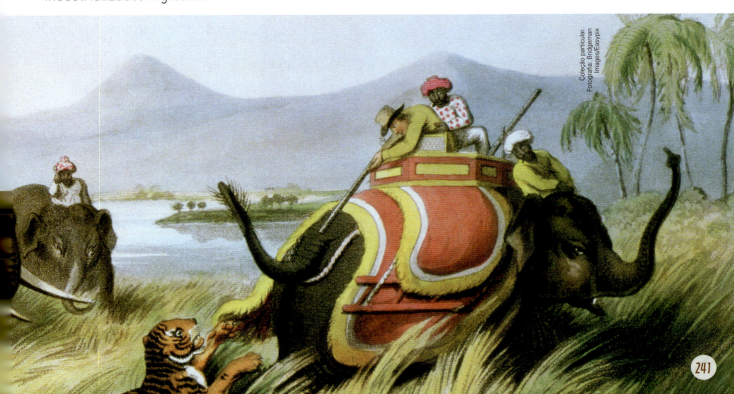

DOMINAÇÃO E RESISTÊNCIA

A partir dos anos 1850, a Companhia das Índias Orientais estendeu seus domínios por toda a região da Índia, aproveitando-se principalmente de fatores que provocavam rivalidades internas – como o sistema de castas e os conflitos entre chefes locais – e fazendo acordos políticos e comerciais. No entanto, enfrentou forte resistência da população indiana.

Em 1857, os **sipaios**, soldados hindus da própria Companhia, rebelaram-se contra o domínio imperialista britânico, dando início à **Revolta dos Sipaios**, que durou até 1858.

Sofrendo com a pobreza e a fome, os sipaios se opuseram a várias determinações britânicas, como a cobrança excessiva de impostos, a mistura de castas nas tropas militares e o uso de gordura de animais considerados sagrados para impermeabilizar as munições. Eles também eram contrários à crescente opressão política britânica e à exploração da economia indiana. Durante a revolta, chegaram a matar famílias inteiras de britânicos.

A repressão ao movimento foi violenta, com punições extremamente severas aos insurgentes. Para impedir que novas agitações acontecessem, o governo britânico dissolveu a Companhia das Índias Orientais e passou a administrar diretamente o governo britânico na Índia. Em 1877, a rainha Vitória foi coroada imperatriz da Índia, anexando ao Império Britânico as riquezas desse território.

A luta pela independência teve início em 1885, com o **Congresso Nacional Indiano**, uma conferência que reuniu jornalistas, advogados e outras pessoas que defendiam a autonomia indiana. Mas a Índia só conquistaria a independência em 1947.

sistema de castas: divisão fundamentada em preceitos religiosos que define permanentemente a posição social dos indivíduos e hierarquiza a população.

↓ Gravura de autoria desconhecida retratando um episódio da Revolta dos Sipaios, ocorrido em 1857. Como forma de protesto às ações britânicas, os sipaios organizaram ataques aos britânicos que viviam na Índia.

ÍNDIA: DA ÍNDIA BRITÂNICA À INDEPENDÊNCIA

- 1817 — Auge da Companhia das Índias Orientais na Índia
- 1857-1858 — Revolta dos Sipaios
- 1876 — A Índia passa de protetorado inglês a integrante do Império Britânico
- 1885 — Primeiro Congresso Nacional Indiano
- 1947 — Independência da Índia

O IMPERIALISMO NA CHINA

No início do século XIX, a China era um império com aproximadamente 400 milhões de habitantes. A produção do país garantia o abastecimento interno e fabricava produtos sofisticados e cobiçados no estrangeiro. Alguns portos ao sul da China escoavam produtos como a porcelana, o charão, a seda e o chá.

charão: verniz negro ou vermelho à base de laca.

O imperador tinha poderes absolutos, governando uma sociedade bastante tradicional. Como o Japão, a China resistia às pressões comerciais ocidentais. As potências imperialistas, embora comprassem produtos da China, desejavam, principalmente, vender para os chineses.

Ainda no início do século XIX, a Companhia das Índias Orientais descobriu que um produto possibilitaria um comércio altamente lucrativo com a China: o **ópio**, droga produzida a partir de uma planta chamada papoula. Apesar de proibido por leis chinesas, o hábito de fumar ópio era comum no país. Assim, os comerciantes britânicos passaram a vender ópio produzido na Índia, ainda que ilegalmente, a comerciantes chineses.

A droga teve efeito devastador na população e desorganizou a economia chinesa, causando sérios problemas financeiros para o país. As autoridades locais, então, intensificaram o combate à entrada de ópio em seu território. Em 1839, o governo chinês confiscou e destruiu um estoque de cerca de 20 mil caixas do entorpecente armazenadas em depósitos e navios britânicos aportados na cidade de Cantão (atual Guangzhou). A ação foi usada como pretexto para os britânicos iniciarem uma guerra contra a China, conhecida como **Guerra do Ópio**.

A poderosa Marinha britânica destruiu as forças chinesas, e o governo chinês foi obrigado a assinar o **Tratado de Nanquim**, em 1842. Esse tratado impunha penalidades à China e privilegiando a Grã-Bretanha, como mostra o esquema ao lado.

PRINCIPAIS CONDIÇÕES DO TRATADO DE NANQUIM

- Abrir alguns portos chineses aos britânicos.
- Pagar uma indenização no valor de 21 milhões de dólares, em razão do prejuízo causado pela destruição das caixas de ópio e pela guerra.
- Ceder Hong Kong ao domínio da Grã-Bretanha (o território só foi devolvido à China em 1997).

A aquarela, de Edward Hodges Cree, retrata marinheiros britânicos rebocando navios de guerra em direção à cidade de Cantão, em 1841.

A REVOLTA DOS *BOXERS*

Entre o final do século XIX e o início do século XX, houve um aumento significativo, na China, da presença de estrangeiros representantes das potências imperialistas, os quais conquistavam direitos de fazer comércio em território chinês.

Um movimento nacionalista de resistência chinesa teve grande destaque na luta contra o domínio dessas potências: a **Sociedade dos Punhos Harmoniosos e Justiceiros**. Organizados secretamente desde o final do século XIX, seus integrantes ficaram conhecidos como **boxers**.

Os *boxers* acreditavam ser necessário expulsar os estrangeiros e punir os chineses que tivessem aderido a hábitos ocidentais. Assim, a partir de 1899, passaram a atacar residências e estabelecimentos comerciais estrangeiros, bem como, eventualmente, os próprios estrangeiros.

Com seus interesses na China prejudicados, as potências europeias pressionaram o governo chinês para que reprimisse o movimento. Contudo, esse governo via com simpatia as ações dos *boxers* e se recusou a ceder à pressão estrangeira.

Assim, Grã-Bretanha, Alemanha, França e outros países imperialistas se uniram em uma expedição internacional para interferir diretamente na revolta. Essa violação da soberania chinesa levou o governo chinês a apoiar os *boxers*, a declarar guerra aos invasores e a expulsar os diplomatas de Pequim. Como estes se recusaram a obedecer, os *boxers* estabeleceram um cerco às embaixadas que durou 55 dias.

A revolta só teve fim em 1901, com a vitória das forças estrangeiras. Como retaliação, o governo chinês teve de pagar uma indenização às nações imperialistas, além de abrir seus portos para as embarcações delas originárias.

← Membro da Sociedade dos Punhos Harmoniosos e Justiceiros, China. Foto de cerca de 1900.

ATIVIDADES

RETOMAR E COMPREENDER

1. Quais características da Índia atraíam os imperialistas e, sobretudo, o Império Britânico no século XVIII?
2. Como a Grã-Bretanha conseguiu romper a barreira comercial do Império Chinês?

APLICAR

3. Observe o mapa abaixo.

Fonte de pesquisa: Geoffrey Parker. *Atlas Verbo de história universal*. Lisboa: Verbo, 1997. p. 113.

a) Que potência europeia possuía mais domínios na Ásia e na Oceania no início do século XX?

b) Reveja o mapa África (1914), no capítulo anterior. Compare-o com o mapa acima e responda: Qual potência europeia possuía mais domínios no mundo no início do século XX?

c) No século XIX, Christopher North (pseudônimo do escritor escocês John Wilson) fez a seguinte declaração: "O Sol nunca se põe no Império Britânico". Com base nos dois mapas, explique o que ele quis dizer com essa frase.

4. Leia o texto abaixo e responda às questões.

> Quando os britânicos chegaram pela primeira vez, Bengala [na Índia] era um dos lugares mais ricos do mundo. [...] Lá havia ricas áreas agrícolas, que produziam um algodão de rara qualidade, e também uma indústria avançada para os padrões da época. [...] os ingleses destruíram primeiro a economia agrícola, depois transformaram a carência em fome coletiva. Uma maneira de fazer isso foi transformar terras agrícolas em áreas para a produção de papoulas [...]. A partir do século XVIII, a Grã-Bretanha impôs duras leis tarifárias para impedir que os produtos industrializados indianos competissem com a produção têxtil dos ingleses. [...]
>
> Noam Chomsky. *A minoria próspera e a multidão inquieta*. 2. ed. Brasília: Ed. da UnB, 1999. p. 84-85.

a) Por que os britânicos enfraqueceram a região de Bengala?

b) Com base no que você estudou neste capítulo, qual era a principal utilização da papoula pelos britânicos?

245

AMPLIANDO HORIZONTES

O impacto do imperialismo nas comunidades africanas e asiáticas

O imperialismo interferiu tanto na economia quanto na política e na cultura dos continentes africanos e asiáticos.

Entre os produtos mais almejados pelas potências europeias durante a expansão imperialista estavam o petróleo – por isso, os campos petrolíferos do Oriente Médio foram objeto de intenso confronto – e o látex.

O látex, um produto exclusivamente tropical, era extraído de árvores nas florestas equatoriais do Congo, sob um regime de extrema violência contra os nativos por parte dos colonizadores belgas, como vimos no capítulo anterior.

Outros metais, como o estanho e o cobre, eram retirados de colônias na América do Sul e de países africanos. E, respondendo à constante demanda por metais preciosos, os imperialistas transformaram a África do Sul no maior produtor de ouro do mundo, sem contar a riqueza sul-africana em diamantes.

Apesar de ter a economia como foco de interesse, o imperialismo europeu interferiu também na cultura dessas regiões e provocou desordem em vários costumes e tradições das sociedades locais. Por se julgarem superiores às culturas nativas, os europeus reprimiam determinadas práticas culturais dos povos dominados. Assim, impediam que esses povos vivessem de acordo com hábitos e cultura próprios e o faziam usando a violência ou impondo discursos ideológicos.

Entre as amplas consequências do imperialismo, uma das mais terríveis está relacionada ao processo de ocupação territorial. Muitas vezes, ignorando as diferenças entre os povos de uma mesma localidade, os imperialistas juntavam em um único território etnias e tribos rivais. Esse processo foi bastante visível na África, cujas terras foram divididas de acordo com a lógica de exploração imperialista, ou seja, sem respeitar as culturas e as identidades locais.

Ilustração de Gordon Ross, 1911, mostra as potências ocupando o continente africano e dividindo-o entre si. Embora tenham ocupado efetivamente o território africano, os imperialistas sempre enfrentaram a resistência dos povos nativos.

246

Mesmo depois da saída dos europeus, essas regiões foram assoladas por conflitos, guerras civis e genocídios provocados por razões diversas. Além disso, a presença estrangeira foi acompanhada por um desenfreado interesse de extrair ao máximo as riquezas naturais dos territórios ocupados. Dessa forma, nações que hoje poderiam ter uma situação econômica e social mais estável enfrentam a falta de recursos considerados fundamentais para o sustento de sua população. Atualmente, várias regiões que estiveram sob a dominação imperialista convivem com os perigos da miséria e da pobreza, tanto na África quanto na Ásia.

Para refletir

1. Quais foram as consequências do imperialismo para os povos dominados?
2. Quais eram os principais produtos extraídos pelos europeus nas regiões dominadas?
3. O texto a seguir foi publicado em 2015, depois de um grande protesto de estudantes ter forçado o governo da África do Sul a retirar uma estátua de Cecil Rhodes da Cidade do Cabo. Leia-o e responda às questões.

> Nos últimos anos, monumentos do período colonial têm sido alvo de protestos em vários países africanos. Na capital da Namíbia, Windhoek, a estátua equestre de um soldado alemão foi removida do espaço público no Natal de 2013. Da mesma forma, recentemente, uma estátua de Cecil Rhodes foi retirada na Cidade do Cabo, a capital legislativa da África do Sul.
>
> A polêmica em torno da remoção da efígie do primeiro-ministro da então Colônia do Cabo foi motivo de algumas charges de Zapiro, um dos mais importantes caricaturistas sul-africanos. Uma delas, publicada no *Mail & Guardian* de 10 de abril de 2015, sugere um "efeito dominó" da ação estudantil em prol da remoção dos ícones do colonialismo. [...] as efígies do colonialismo (seja ele holandês, britânico ou bôer) incomodam as consciências daqueles que acusam a violência simbólica da supremacia branca de outrora. No entanto, ela ainda se faz presente nos espaços públicos [...].
>
> A derrubada desses monumentos inscreve-se num processo de descolonização em muitas sociedades africanas. A mudança do nome de escolas e de outras instituições públicas, de praças, de ruas e de avenidas também faz parte desse movimento cívico que mobiliza a memória e a história coletiva em um contexto pós-colonial em várias cidades do continente africano.
>
> [...]
>
> África do Sul protesta contra monumentos coloniais. *Carta Educação*, 28 jul. 2015. Disponível em: <http://www.cartaeducacao.com.br/aulas/medio/africa-do-sul-protesta-contra-monumentos-coloniais/>. Acesso em: 13 fev. 2019.

a) De acordo com o que você estudou nesta unidade e o que leu no trecho de reportagem acima, por que os estudantes sul-africanos exigiram a retirada da estátua de Cecil Rhodes da Cidade do Cabo?

b) Nesse sentido, quais outras mudanças têm ocorrido na África do Sul?

c) Discuta esta questão com um colega: O que as mudanças relacionadas à memória do imperialismo (chamado, na reportagem, de colonialismo) revelam sobre a posição das comunidades africanas quanto a esse processo histórico? Após a discussão, registre as conclusões no caderno.

ATIVIDADES INTEGRADAS

RETOMAR E COMPREENDER

1. Sobre a Segunda Revolução Industrial e o processo de expansão imperialista ocorrido na segunda metade do século XIX, identifique a alternativa incorreta e corrija-a no caderno.

    a) Descobertas científicas e inovações tecnológicas proporcionaram o desenvolvimento industrial de diversos países da Europa Ocidental, além dos Estados Unidos e do Japão.

    b) As principais fontes de energia utilizadas durante a Segunda Revolução Industrial foram o aço, o petróleo, o carvão e a eletricidade.

2. Você vê semelhanças entre a política imperialista estadunidense no século XX e a forma como os Estados Unidos se relacionam com os outros países do mundo atualmente? Há diferenças na maneira como eles se relacionam com a América Latina e com o Oriente Médio?

APLICAR

3. No fim do século XIX e início do século XX, arquitetos e artistas criaram um estilo estético inspirado nas formas da natureza e que valorizava ornamentos e curvas. Suas obras eram elaboradas com novos materiais, como o ferro e o vidro, que se tornaram viáveis em razão dos avanços tecnológicos que impulsionaram a Revolução Industrial. Esse estilo foi chamado na França de *art nouveau* (ou arte nova). Na arquitetura, a *art nouveau* está presente em fachadas e detalhes de edificações construídas, principalmente, nos primeiros anos do século XX, não só na Europa, mas em diversos lugares do mundo.

    Observe a foto, leia a legenda e, depois, faça o que se pede.

Fachada do Theatro José de Alencar, em Fortaleza (CE). Foto de 2015. O prédio de arquitetura eclética, com predomínio do estilo *art nouveau*, foi inaugurado em 1910.

   a) Dois materiais se tornaram bastante viáveis com os avanços tecnológicos ocorridos entre o final do século XIX e o início do século XX. Que materiais são esses e em quais partes da fachada desse teatro eles foram utilizados?

   b) A estrutura arquitetônica do teatro foi construída com peças importadas de Glasgow, na atual Escócia. Qual é a relação da política imperialista britânica com a construção do Theatro José de Alencar?

4. Leia o texto a seguir e responda às questões.

> [...] O "poder branco", além de solidamente apoiado economicamente pela Europa e [pelos] Estados Unidos, conta a seu favor com a fragmentação política e ideológica presente em toda a África Negra, bem como as rivalidades tribais, notadamente entre os shosas e os zulus.
>
> Como resultado de todo esse processo de estilhaçamento, o continente africano em seu conjunto apresenta 44% de suas fronteiras apoiadas em meridianos e paralelos; 30% por linhas retas e arqueadas, e apenas 26% se referem a limites naturais que geralmente coincidem com os de locais de habitação dos grupos étnicos. Contraditoriamente, a luta pela libertação contra o dominador extra-africano acabou por reconhecer a necessidade de manutenção dos limites deixados pelo colonizador, pois sua modificação implicaria transtornos ainda maiores. Como já disse Marcel Duchamps, essas fronteiras, ainda que "artificiais", tornaram-se "sagradas".
>
> André Roberto Martin. *Fronteiras e nações*. São Paulo: Contexto, 1992. p. 80-82 (Repensando a Geografia).

   a) Por quais motivos as fronteiras da África foram determinadas da maneira descrita no texto? Explique.

   b) Qual é o nome da conferência que deu origem às fronteiras africanas mencionadas no texto e por que ela foi realizada?

ANALISAR E VERIFICAR

5. A imagem a seguir representa uma cena em que líderes políticos de cinco potências dividem

um bolo, identificado pela palavra "China". Atrás desses líderes, um homem chinês, em pé, com os braços erguidos, mostra-se bastante agitado. Com base nessa observação, faça o que se pede.

↑ Ilustração de Henri Meyer, publicada no jornal francês *Le Petit Journal*, de 1898. Na legenda, lê-se: "Na China. O bolo de Reis e... de Imperadores".

a) Com base no que você estudou nesta unidade e nas características atribuídas pelo cartunista a cada personagem, identifique os países representados nessa imagem.

b) Quais eram os principais interesses dessas potências em relação ao Império Chinês?

6. Leia atentamente o trecho de um livro escrito por Julio Antonio Mella (um dos fundadores do Partido Comunista de Cuba) em 1928.

> Os Estados Unidos – é uma característica do moderno imperialismo financeiro – não desejam mais tomar os territórios da América [...] mas alugá-los, colocando-os a seu serviço, chegando até mesmo a melhorá-los, desde que lhes deem a exploração daquilo que necessitam. Um bom país burguês com um governo estável, isso é o que os Estados Unidos querem em cada nação da América...
>
> Julio Antonio Mella. O proletariado e a libertação nacional. Em: Michael Löwy. *O marxismo na América Latina*: uma antologia de 1909 aos dias atuais. São Paulo: Fundação Perseu Abramo, 2006. p. 100.

a) O trecho retrata a tradicional tática de intervenção imperialista baseada na ocupação territorial? Justifique.

b) Com base no que aprendeu sobre as relações entre os Estados Unidos e a América Latina, que tipo de política imperialista você identifica no trecho citado?

CRIAR

7. Durante o século XIX, foram desenvolvidas técnicas de captação de imagem em movimento que possibilitaram a criação do cinematógrafo, aparelho que captava e projetava imagens. Essa invenção foi patenteada pelos irmãos franceses Auguste e Louis Lumière em 1895. Nesse mesmo ano, os irmãos Lumière escolheram dez filmes curtos para apresentar o cinematógrafo ao público parisiense. Diz-se que, em uma das sessões, os espectadores se assustaram ao ver a imagem em movimento de um trem e fugiram da sala de exibição. E hoje, como as pessoas reagem às inovações científicas e tecnológicas? Juntem-se a um colega para trocar ideias sobre o assunto e elaborar um texto com as seguintes considerações:

- As inovações tecnológicas ainda causam medo e admiração das pessoas? Deem exemplos.
- Se sim, quais seriam os motivos dessas reações?
- Geralmente, como essas eventuais reações são superadas ao longo do tempo?

Compartilhem suas ideias com o restante da classe. Vocês apresentaram opiniões semelhantes ou divergentes? Expliquem.

8. Releia a atividade 4 da abertura desta unidade. Vimos que, em seu projeto de expansão territorial, as nações imperialistas não respeitaram a cultura local na África e na Ásia. Você considera que hoje, em nossa sociedade, há mais ou menos respeito entre as diferentes culturas presentes no país? Explique.

IDEIAS EM CONSTRUÇÃO - UNIDADE 9

Capítulo 1 – Industrialização e imperialismo
- Reconheço as características principais da Segunda Revolução Industrial?
- Entendo a diferença entre o capitalismo industrial e o capitalismo financeiro?
- Reconheço o papel do racismo na ideologia que justificava o domínio dos povos da Ásia e da África por nações europeias?
- Identifico os significados dos discursos civilizatórios que justificavam o imperialismo estadunidense em relação aos países da América?
- Identifico e contextualizo as relações de dominação entre Estados Unidos e América Latina no século XIX?

Capítulo 2 – O imperialismo na África
- Identifico os interesses das nações imperialistas em relação ao domínio de territórios na África?
- Reconheço os principais produtos, utilizados pelos europeus, procedentes do continente africano durante o imperialismo?
- Sei analisar os impactos causados pelo imperialismo nas formas de organização e na economia das populações africanas?
- Reconheço a violência presente nas regiões dominadas por europeus na África, especialmente no Congo Belga?
- Identifico o protagonismo das populações nativas da África na resistência ao imperialismo?

Capítulo 3 – O imperialismo na Ásia
- Reconheço as ações imperialistas a que foram submetidos os países asiáticos?
- Identifico os interesses das nações imperialistas em relação ao domínio de territórios na Ásia?
- Identifico o protagonismo das populações nativas da China e da Índia na resistência ao imperialismo?

VERIFICAR

Confira os conhecimentos adquiridos na unidade organizando suas ideias e resolvendo as atividades propostas.

INTERAÇÃO

A MISSÃO ARTÍSTICA FRANCESA

Portal da Real Academia de Belas Artes no Rio de Janeiro. Foto de 2016.

Desde os tempos de Luís XIV, as cortes e cidades importantes de todo o Ocidente acompanhavam atentamente os usos e costumes da capital francesa, Paris. Com a queda de Napoleão, em 1815, inúmeros artistas ligados ao imperador temeram ser perseguidos pelos partidários do novo rei, Luís XVIII, e deixaram a França. A repentina oferta de artistas franceses desempregados foi mais que conveniente para a Corte tropical de dom João VI, que acolheu um grupo de pintores, arquitetos, escultores e artesãos, que desembarcou no Rio de Janeiro em 1816, vindo de Paris. Esse grupo ficou conhecido como Missão Artística Francesa.

Durante o período em que esteve no Brasil, a monarquia portuguesa necessitava de artistas que servissem à Corte do Rio de Janeiro: pintores para fazer retratos, registrar em tela acontecimentos importantes e criar cenários para cerimônias públicas; arquitetos para projetar os palácios e também as estruturas frágeis de cenário, feitas de madeira e gesso, que imitavam grandes edifícios e duravam apenas o tempo da cerimônia a que eram destinadas; e escultores para elaborar relevos e estátuas para palácios. Neste projeto, você e os colegas vão conhecer melhor o que foi a Missão Artística Francesa no Brasil.

Objetivos

- Pesquisar sobre a Missão Artística Francesa no Brasil.
- Conhecer os principais artistas que integraram essa missão.
- Pesquisar as obras desses artistas.
- Elaborar um mural para expor essas obras e um pouco da história dos integrantes da Missão Artística.

Material

- livros e revistas de História e Arte
- cartolina
- canetas coloridas
- tesoura de pontas arredondadas
- cola
- folhas de papel

Planejamento

Para este trabalho, com a orientação do professor, organizem-se em grupos de até cinco alunos.

Cada grupo deverá escolher pelo menos dois artistas que tenham participado da Missão Artística Francesa no Brasil para serem pesquisados.

Dados da biografia dessas pessoas e reproduções de algumas de suas obras podem compor o mural.

Alguns dos principais nomes que integraram essa missão foram:

- Auguste Henry Victor Grandjean de Montigny, arquiteto;
- Auguste Marie Taunay, escultor;
- Jean-Baptiste Debret, pintor e desenhista;
- Marc Ferrez, escultor e gravurista;
- Nicolas-Antoine Taunay, pintor;
- Zéphyrin Ferrez, escultor e gravador de medalhas.

Depois de escolherem os artistas, marquem uma reunião para que possam organizar a divisão do trabalho.

Litografia presente na obra *Viagem pitoresca e histórica ao Brasil*, de Jean-Baptiste Debret, publicada na década de 1830. Esta gravura traz representações de plantas utilizadas por indígenas para fazer colares e tatuagens e para preparar alimentos.

Procedimentos

Parte I – Pesquisa sobre os artistas escolhidos

1. Após a escolha dos artistas, pesquisem sobre eles em livros, revistas e *sites* da internet. Não se esqueçam de buscar as seguintes informações:
   - pequena biografia;
   - data de chegada ao Brasil e data de saída.
2. Descubram o que eles produziram:
   - Quais foram as principais pinturas, esculturas, etc.?
   - Em que data foram elaboradas?
   - Que temáticas aparecem nas produções que realizaram?
3. Durante a pesquisa, separem as imagens que julgarem mais interessantes para integrar o mural a ser confeccionado. Não se esqueçam de inserir legendas que identifiquem cada imagem.
4. Para obter essas e outras informações, vocês podem utilizar as seguintes fontes:

Revistas e livros
- Jean-Baptiste Debret. *Viagem pitoresca e histórica ao Brasil.* São Paulo: Imprensa Oficial do Estado de São Paulo, 2016.
- Spacca. *Debret em viagem histórica e quadrinhesca.* São Paulo: Companhia das Letrinhas, 2006.
- Valéria Lima. *Uma viagem com Debret.* Rio de Janeiro: Zahar, 2004.
- Vários autores. *Franceses no Brasil*: 200 anos da missão artística. São Paulo: Queen Books, 2015.

Litografias presentes na obra *Viagem pitoresca e histórica ao Brasil*, de Jean-Baptiste Debret, publicada na década de 1830. No alto, representação de comércio de carne-seca e de viajantes na província de Rio Grande; ao lado, representação de utensílios e armas indígenas.

Sites
- Biblioteca Nacional Digital Brasil. Disponível em: <http://linkte.me/abg8s>.
- Enciclopédia Itaú Cultural. Disponível em: <http://linkte.me/vr1l8>.
- História das Artes. Disponível em: <http://linkte.me/n0l7w>.
- Ministério da Cultura. Disponível em: <http://linkte.me/t7nyz>.

Acessos em: 15 ago. 2018.

Parte II – Elaboração do mural

No mural, deverão constar as seguintes informações:
- Introdução: texto de apresentação com informações resumidas sobre o tema do mural.
- Pequena biografia dos artistas escolhidos.
- Seleção de algumas obras produzidas por esses artistas, com legendas.

Compartilhamento

Depois de finalizados, os murais podem ser expostos nos corredores da escola. Dessa forma, todos os alunos e demais pessoas da comunidade escolar poderão ver os resultados da pesquisa da turma.

Avaliação

1. O que mais chamou sua atenção sobre a Missão Artística Francesa no Brasil?
2. Dos artistas pesquisados, qual você achou mais interessante? Justifique.
3. Observando os cartazes produzidos pelos grupos, que outros aspectos da Missão Artística Francesa você destacaria? Que papel você acredita que ela teve na história do Brasil?

Planta de um trecho da cidade do Rio de Janeiro, feita em nanquim e aquarela por Grandjean de Montigny, no século XIX.

Ferramentas de entalhar esculturas em madeira.

DE OLHO NO ENEM

DE OLHO NO ENEM — PARTE 1

Questão 1

↑ Gravura de 1866, de autoria desconhecida, representando o perigo da poluição da água.

Na Inglaterra, na passagem do século XVIII para o XIX, o fenômeno dos cercamentos forçou os camponeses a migrar em massa para as cidades, formando a primeira geração do proletariado, cuja força de trabalho foi utilizada nas fábricas. A imagem representa um dos aspectos da vida das pessoas que viviam nas cidades inglesas naquele período. Essas informações revelam

a) a dificuldade de as pessoas terem suas necessidades básicas atendidas nas cidades industriais, o que as obrigava a retornar para o campo.

b) o crescimento desordenado das cidades, que promoveu mudanças positivas na vida das pessoas, como o acesso a bens e produtos.

c) o crescimento acelerado e desordenado das cidades, onde a maior parte das pessoas vivia em condições precárias, facilitando a proliferação de doenças.

d) a divisão do trabalho entre homens e mulheres no ambiente doméstico e fabril, caracterizando a entrada da mulher no mundo do trabalho.

e) o momento de progresso da vida urbana, melhorando consideravelmente as condições de vida do proletariado.

Questão 2

[...] A Guerra dos Sete Anos, vencida pelos ingleses em 1763, era lembrada por gerar altos custos locais, uma vez que os colonos foram chamados a cooperar com a manutenção das tropas e sentiram-se prejudicados pelos acordos de paz firmados pela Inglaterra. [...].

Os conflitos entre os interesses da Coroa e dos colonos ficaram ainda mais evidentes nos anos seguintes, quando a Inglaterra tentou implementar uma série de leis destinadas a aumentar a arrecadação de impostos nas colônias [...]. Com base na ideia de que a "taxação sem representação" era ilegal, crescia entre os colonos a convicção de que a metrópole estava abusando de seus poderes.

Larissa Viana. A independência das treze colônias inglesas na América. Anphlac. Disponível em: <http://anphlac.fflch.usp.br/indep_treze_colonias_apresentacao>. Acesso em: 29 nov. 2018.

De acordo com o texto, as medidas adotadas pela Coroa inglesa após a Guerra dos Sete Anos

a) promoveram a cooperação das colônias com a Metrópole, o que garantiu maior representação política para os colonos americanos.

b) promoveram a cooperação das colônias em relação às necessidades da Metrópole, diante do aumento de impostos.

c) garantiram maior arrecadação de impostos para a Metrópole e representação política para os colonos.

d) evidenciaram os conflitos de interesses com os colonos, após a diminuição de impostos e, consequentemente, da arrecadação destinada à Metrópole.

e) causaram descontentamento entre os colonos americanos, principalmente com as leis intoleráveis.

Questão 3

A criação da Guarda Nacional, em agosto de 1831, atribuindo parte da responsabilidade pela manutenção da ordem aos cidadãos ativos e introduzindo o critério eletivo para a escolha de oficiais de baixa patente, figurou entre as principais medidas dos governos regenciais na reformulação das bases da organização do Estado.

Ronaldo Vainfas (Org.). *Dicionário do Brasil imperial*. Rio de Janeiro: Objetiva, 2008. p. 623.

A Guarda Nacional foi criada durante o período Regencial. O alistamento era obrigatório para os homens entre 21 e 60 anos de idade que tivessem direito de voto. Esse critério

a) reconfigurou a organização do Estado, ao retirar parte da responsabilidade dos cidadãos ativos.
b) reformulou as bases da organização do Estado, colocando o Exército brasileiro em segundo plano.
c) evitou que o Estado reconfigurasse a organização do Brasil, mantendo-o subordinado ao poder do Exército.
d) garantia a manutenção da ordem social estabelecida, ao restringir o alistamento.
e) possibilitou a formação de uma nova elite, que pôs fim ao poder da antiga elite agrária.

Questão 4

↑ Ilustração do século XVIII, de autoria desconhecida.

A imagem acima representa um aspecto da sociedade do Antigo Regime. A cena revela

a) a cadeia produtiva desse sistema político, com destaque para a divisão do trabalho entre os diferentes estamentos.
b) a estrutura social desse sistema político que consolidou os privilégios da nobreza e do clero a partir do final do século XVIII.
c) a alteração da pirâmide social desse sistema político, em que os camponeses eram explorados pela nobreza e pelo clero.
d) o funcionamento dos três Estados do Antigo Regime, mostrando a exploração a que os camponeses eram submetidos.
e) a forma como os camponeses eram explorados e a indignação da nobreza e do clero durante o Antigo Regime na França.

Questão 5

No Brasil, a consolidação do domínio português nas fronteiras do Norte e do Sul passava, segundo Pombal, pela integração dos índios à civilização portuguesa. Se não se contasse com uma população nascida no Brasil identificada com os objetivos lusos, seria inviável assegurar o controle de vastas regiões semidespovoadas. Daí a adoção de uma série de medidas com relação aos indígenas. A escravidão indígena [...] foi extinta em 1757; muitas aldeias na Amazônia foram transformadas em vilas sob administração civil; a legislação incentivou os casamentos mistos entre brancos e índios.

Boris Fausto. *História do Brasil*. São Paulo: Edusp, 2007. p. 111.

O impacto desse projeto para os indígenas da colônia portuguesa indicou

a) o fim da escravidão desses povos, o que melhorou suas condições de vida.
b) a perda da identidade e, consequentemente, a perda de seus territórios.
c) a integração na sociedade portuguesa e a conquista de direitos.
d) a inclusão na cultura letrada e a melhora nas condições de vida.
e) o retorno às antigas aldeias e o resgate de suas tradições.

DE OLHO NO ENEM

Questão 6

↑ Praça da Bastilha, em Paris, França. Foto de 2015.

A praça da Bastilha, em Paris, é o lugar onde atualmente ocorrem *shows* e outros eventos culturais. Muito frequentada tanto por franceses quanto por turistas de todo o mundo, essa praça também é considerada um lugar de memória porque

a) nela estava instalada uma prisão de segurança máxima para os revolucionários detidos durante as manifestações de 1789.

b) nela foi construído o palácio de Luís XVI, onde se encontrava também a maior parte do armamento do Exército francês.

c) nela estava instalada a antiga prisão da Bastilha, tomada pelo povo no evento considerado o estopim da Revolução Francesa.

d) foi invadida por Napoleão Bonaparte, que depôs Luís XVI e libertou a França do absolutismo.

e) sediou reuniões da Assembleia Nacional Constituinte.

Questão 7

Declaração de Direitos do Homem e do Cidadão – 1789

Art. 1º – Os homens nascem e são livres e iguais em direitos. As distinções sociais só podem ser fundamentadas na utilidade comum.

Art. 2º – A finalidade de toda associação política é a conservação dos direitos naturais e imprescritíveis do homem. Esses direitos são a liberdade, a propriedade, a segurança e a resistência à opressão.

[...]

Art. 6º – A lei é a expressão de vontade geral. Todos os cidadãos têm o direito de concorrer, pessoalmente ou através de mandatários [representantes] para a sua formação. Ela deve ser a mesma para todos, seja para proteger, seja para punir. Todos os cidadãos são iguais aos seus olhos e igualmente admissíveis a todas as dignidades, lugares e empregos públicos, segundo a sua capacidade e sem outra distinção que não seja a das suas virtudes e dos seus talentos.

Declaração de Direitos do Homem e do Cidadão – 1789. Biblioteca Virtual de Direitos Humanos. Disponível em: <http://www.direitoshumanos.usp.br/index.php/Documentos-anteriores-%C3%A0-cria%C3%A7%C3%A3o-da-Sociedade-das-Na%C3%A7%C3%B5es-at%C3%A9-1919/declaracao-de-direitos-do-homem-e-do-cidadao-1789.html>. Acesso em: 30 nov. 2018.

A Declaração de Direitos do Homem e do Cidadão representou um grande avanço na garantia dos direitos civis. O trecho acima revela

a) a garantia do direito individual, mas sem estabelecer as bases para a existência dos direitos sociais.

b) a continuidade da lei como expressão divina, em que o rei era o representante de Deus na Terra.

c) o estabelecimento do respeito à igualdade civil e social entre as pessoas de todas as classes sociais durante a Revolução Francesa.

d) o fim da hierarquia, ao estabelecer as bases de uma nova sociedade fundada no mérito individual, que permitia romper as desigualdades sociais.

e) a igualdade entre as pessoas como o principal objetivo desse documento, ao garantir o sucesso a todos os cidadãos da França revolucionária.

Questão 8

[...] A política externa de Portugal passou a ser decidida na Colônia, instalando-se no Rio de Janeiro o Ministério da Guerra e Assuntos Estrangeiros. [...] a Coroa concentrou sua ação na área do [rio da] Prata, especificamente na Banda Oriental – atual Uruguai –, região onde espanhóis e portugueses se chocavam desde as últimas décadas do século XVII.

Boris Fausto. *História do Brasil*. São Paulo: Edusp, 2007. p. 125.

O período a que o trecho acima se refere evidencia a

a) mudança nas relações internacionais do Brasil, especificamente no contexto sul-americano.
b) preocupação com os conflitos coloniais.
c) importância dada aos assuntos de guerra.
d) visão limitada da Coroa portuguesa.
e) busca por novos mercados consumidores para os manufaturados produzidos no Brasil.

Questão 9

Como outros tantos homens públicos que marcaram época, Napoleão não escapou aos anseios e à necessidade de se eternizar. Promovendo desde o Consulado várias modificações na textura urbana parisiense e de outras cidades sob domínio francês, inscreveu em pedra seu poder e suas realizações, em um discurso visual silencioso, mas nem por isso menos ambicioso. A exemplo do símbolo-mor de seu poder – a águia –, ele construiu sobre os escombros da Bastilha e de Versalhes seu "ninho", buscando criar sua própria cenografia política.

Raquel Stoiani. O ninho da águia. Napoleão e sua política de lugares: Paris como centro do mundo. *Revista de História*, Departamento de História, FFLCH-USP, n. 146, p. 178, 1º sem. 2002.

Para a autora do texto, as modificações realizadas por Napoleão na cidade de Paris pretendiam

a) impressionar as nações estrangeiras, especialmente a rival Inglaterra.
b) simbolizar o poder e o estabelecimento de uma nova ordem política.
c) criar um lugar de encontro entre os indivíduos unidos por sentimentos nacionalistas.
d) simbolizar a nação revolucionária.
e) fortalecer os laços de identidade e de comunidade entre os franceses.

Questão 10

A revolução em Saint-Domingue, atual Haiti, em 1791-1804 constituiu a primeira revolução de escravos bem-sucedida da História. A antiga colônia francesa de Saint-Domingue tornou-se a primeira nação negra independente na longa história das lutas nativas contra o imperialismo colonial. O fim da escravidão na joia das Antilhas resultou de uma revolução negra na qual a maioria da população branca foi massacrada ou levada ao exílio. A luta dos escravos foi dupla. Conquanto obtivessem a abolição total da escravatura em 1793, só conseguiram garantia permanente dessa liberdade quando derrotaram e expulsaram as potências colonialistas: a Espanha, a Grã-Bretanha e, finalmente, a própria França.

Camila Pizzolotto; Felipe Rimes; Regina Helena da Silva. *Revolução haitiana e a Declaração dos Direitos do Homem e do Cidadão*. Disponível em: <http://www.historia.uff.br/nec/sites/default/files/Revolucao_Haitiana_e_a_Declaracao_dos_Direitos_do_Homem_e_do_Cidadao.pdf>. Acesso em: 30 nov. 2018.

O trecho acima descreve aspectos da Revolução de São Domingo, ocorrida na passagem do século XVIII para o XIX. Esse movimento revolucionário eliminou

a) o Terceiro Estado e a escravidão.
b) a propriedade privada e o sistema escravista.
c) a *plantation* e a escravidão.
d) o sistema escravista e a dependência colonial.
e) a submissão colonial e a imobilidade social.

DE OLHO NO ENEM

Questão 11

Fonte de pesquisa: José Jobson de A. Arruda. *Atlas histórico básico*. 12. ed. São Paulo: Ática, 1996. p. 24.

O mapa acima mostra que a França tornou-se, em 1811, um vasto império sob o domínio de Napoleão Bonaparte. Um dos objetivos da política expansionista napoleônica era superar a economia britânica, ampliando o mercado consumidor para os produtos franceses. O Bloqueio Continental aos navios ingleses determinado por Napoleão teve impactos no Brasil, pois

a) os portos da América portuguesa também foram bloqueados, impedindo as transações econômicas com a Europa.

b) os portos da colônia portuguesa na América passaram a ser fiscalizados pelas tropas francesas.

c) os produtos de origem brasileira passaram a ser sobretaxados pela França, o que diminuiu a lucratividade das trocas comerciais.

d) a Família Real portuguesa transferiu-se para o Rio de Janeiro, que se tornou a capital do Império Português.

e) os produtos da América portuguesa tiveram a entrada facilitada na Europa pelo Reino de Portugal, o que afetou diretamente a França.

Questão 12

> A Grã-Bretanha forneceu o modelo para as ferrovias e fábricas, o explosivo econômico que rompeu com as estruturas socioeconômicas tradicionais do mundo não europeu; mas foi a França que fez suas revoluções e a elas deu suas ideias a ponto de bandeiras tricolores de um tipo ou de outro terem-se tornado emblema de praticamente todas as nações emergentes [...].
>
> Eric Hobsbawm. *A era das revoluções*: 1789-1848. São Paulo: Paz e Terra, 2010. p. 97-98.

Os processos históricos a que o trecho se refere são, respectivamente,

a) a Revolução Industrial e a Revolução Russa.

b) a Revolução Industrial e a Revolução Francesa.

c) a Revolução Russa e a Revolução Francesa.

d) a Revolução Industrial e a Primavera dos Povos.

e) o 18 Brumário e a Revolução Francesa.

Questão 13

> Os escravos de São Domingos, por meio da insurreição, haviam mostrado à França revolucionária que poderiam lutar e morrer pela liberdade, e o progresso lógico da Revolução da França havia levado à ribalta massas que, quando falavam em abolição, pensavam tanto na teoria quanto na prática.
>
> Cyril Lionel Robert James. *Os jacobinos negros*: Toussaint L'Ouverture e a Revolução de São Domingos. São Paulo: Boitempo, 2010. p. 122.

Os escravizados de São Domingo foram influenciados pelos ideais iluministas, o que culminou

a) no entendimento difuso das ideias iluministas, diferenciando a prática da teoria sobre a conquista da liberdade.
b) em sua insurreição, contrariando assim a ideia de liberdade defendida pelos jacobinos franceses.
c) no êxito de sua insurreição, expandindo o processo revolucionário a outras colônias da América.
d) na derrota de sua insurreição, impedindo-os de colocar fim à escravidão.
e) na primeira e única insurreição organizada por escravizados a se tornar bem-sucedida no continente americano.

Questão 14

> A maior das rebeliões ocorridas nesses anos foi liderada pelo curaca indígena Tupác Amaru, descendente de uma linhagem da nobreza inca. O movimento, iniciado em 1781, articulou-se em torno do combate à opressão colonial, postulando o rompimento dos vínculos com a Espanha e a restauração do Império Inca.
>
> **curaca:** líder.
>
> Gabriela Pellegrino Soares; Sylvia Colombo. *Reforma liberal e lutas camponesas na América Latina*: México e Peru nas últimas décadas do século XIX e princípios do XX. São Paulo: Humanitas, 1999. p. 26.

Combatido com vigor pela Coroa espanhola até sua total desintegração, o movimento tupamarista caracterizou-se pela

a) defesa de ideias separatistas e pela formação de um Estado federalista.
b) reestruturação do Império Inca sob o comandado curaca Tupác Amaru.
c) extinção da escravidão e pela independência do Peru.
d) ampliação de representação política da elite composta de *criollos*.
e) supressão das diferenças entre indígenas e pela maior representação política dos *criollos*.

Questão 15

> A Conjuração Mineira foi o mais relevante movimento anticolonial da América portuguesa: pôs em dúvida o próprio sistema e adaptou para as Minas um projeto de poder de natureza nitidamente republicana. Essa Conjuração – disso às vezes nos esquecemos – também antecedeu a Revolução Francesa. Mas não foi o único momento de insubmissão na área colonial. Diferentemente da imagem oficial que o país gosta de apresentar, para dentro e para fora, a história brasileira está longe de se assemelhar a um "conto de fadas", uma narrativa destituída de guerras, conflitos ou da prática cotidiana da violência.
>
> Lilia M. Schwarcz; Heloisa M. Starling. *Brasil*: uma biografia. São Paulo: Companhia das Letras, 2015. p. 129.

A observação das autoras a respeito da Conjuração Mineira demonstra

a) a proposta de ruptura política da região das minas diante da opressão metropolitana.
b) a insubmissão colonial diante do clamor popular pelo sistema republicano.
c) a evidência de práticas cotidianas de violência nesse movimento anticolonial.
d) o fim do colonialismo na região das minas após a deflagração desse movimento anticolonial.
e) como a história brasileira é destituída de guerras, de conflitos ou de práticas cotidianas de violência.

DE OLHO NO ENEM

Questão 16

> Dentre os vários símbolos criados pela República, alguns tiveram a aceitação pelo público, como é o caso do [...] herói nacional, Tiradentes. [...] A República tratou de conferir um rosto ao herói, pois que o mesmo não deixou um retrato. [...] A imagem não importava, mas, sim, o ideal que Tiradentes representava e que a República queria alcançar.
>
> Carlos Roberto Ballarotti. A construção do mito de Tiradentes: de mártir republicano a herói cívico na atualidade. *Antíteses*, v. 2, n. 3, jan./jun. 2009. Disponível em: <http://www.uel.br/revistas/uel/index.php/antiteses/article/download/1946/2194>. Acesso em: 30 nov. 2018.

A construção da ideia de Tiradentes como um mito nacional está relacionada

a) à imagem desse conjurado produzida de modo semelhante a Jesus Cristo.

b) à necessidade dos inconfidentes de conseguir apoio na sociedade mineradora.

c) à literatura brasileira, que fez dessa personagem um herói nacional.

d) ao modo como o movimento popular foi eliminado pela Coroa portuguesa.

e) à necessidade de construção de um herói que garantisse a unidade política.

Questão 17

↑ Alegoria da partida de dom João VI para o Brasil, obra de I. A. Marques.

A obra acima, de I. A. Marques, retrata

a) a representação do busto de dom João VI iluminado por feixes de luz em meio à escuridão ocasionada pelas guerras napoleônicas.

b) a preocupação de dom João com o trajeto até o Brasil, por ter abandonado Portugal em um dos momentos mais delicados de sua história.

c) a maneira como o evento da partida para o Brasil foi idealizado pelo artista com o uso de elementos que não dialogam com aquele momento histórico.

d) as ameaças de ocupação francesa, que expunham as fragilidades do Reino de Portugal sob o comando de dom João VI.

e) a posição de dom João VI olhando para uma terra devastada por conflitos, demonstrando a própria insegurança diante da partida.

Questão 18

POPULAÇÃO DO BRASIL COLONIAL EM 1819

Região	População Livre	População Escravizada	Total
Norte	104 211	39 040	143 251
Nordeste	716 468	393 735	1 110 203
Leste	1 299 287	508 351	1 807 638
Sul	309 193	125 283	434 476
Centro-Oeste	59 584	40 980	100 564
Brasil	2 488 743	1 107 389	3 596 132

Fonte de pesquisa: Leslie Bethel. *The Cambridge history of Latin America*, v. II: colonial Latin America. Cambridge: Cambridge University Press, 2008. p. 63. Adaptado.

Com base nos dados da tabela sobre a população do Brasil em 1819, pode-se afirmar que

a) a população total de escravizados superava a de pessoas livres.

b) o número total de pessoas livres era superior ao de pessoas escravizadas.

c) a população composta de pessoas livres era menor que a de escravizados naquele ano.

d) o número de pessoas livres na Região Nordeste era inferior ao de pessoas escravizadas.

e) o número de pessoas escravizadas era maior que o de pessoas livres na maioria das regiões do Brasil.

Questão 19

↑ Charge de Carlos Eduardo Novaes e César Lobo. *História do Brasil para principiantes*. São Paulo: Ática, 1998. p. 132.

A charge acima satiriza a abertura dos portos brasileiros estabelecida em decreto por dom João VI. Essa medida

a) impediu a entrada de produtos industrializados da Inglaterra após a chegada da Família Real ao Brasil.

b) estipulou taxação maior para os produtos ingleses que entravam no Brasil em relação aos produtos portugueses.

c) pôs fim ao pacto colonial em 1808, permitindo a entrada de diversos produtos ingleses no Brasil.

d) rompeu os laços comerciais de Portugal com a Inglaterra após a transferência da Família Real para o Brasil.

e) estabeleceu os primeiros laços entre Portugal e Inglaterra, intensificando inclusive o tráfico de escravizados.

Questão 20

Com a proclamação da independência, as elites da antiga América portuguesa assumiram a direção da construção de um novo Estado, da organização de uma comunidade nacional, através de laços simbólicos e concretos que reunissem a população do novo país e, em certa medida, da reestruturação de uma economia que se tornava também ela nacional. Compreender esse processo contribui para o entendimento, em uma perspectiva histórica, das características da nação e do Estado brasileiros que foram sendo moldadas ao longo do tempo.

Miriam Dolhikoff. *História do Brasil Império*.
São Paulo: Contexto, 2017. p. 31.

Os projetos implementados no Brasil após a Independência

a) romperam os laços com as antigas elites da América portuguesa ao longo do processo de construção de um novo Estado.

b) organizaram uma nova comunidade nacional, combinando símbolos que caracterizavam a população do Estado brasileiro.

c) permitiram a consolidação de diferenças regionais por meio da diversificação econômica que o país passou a ter a partir de então.

d) contribuíram para a consolidação das características regionais dadas pela manutenção da elite da antiga América portuguesa.

e) estabeleceram à nação e ao Estado brasileiros novas características de ordem nacional mantida desde aquela época até o presente.

DE OLHO NO ENEM — PARTE 2

Questão 1

NÚMERO DE ESCRAVIZADOS NA PROVÍNCIA DO RIO DE JANEIRO	
Ano	Número
1819	146 060
1821	173 775
1823	150 549
1840	224 850
1851	229 637
1872	301 352
1873	289 239
1880	268 881
1882	218 000
1885	162 421

Lilia M. Schwarcz. *As barbas do imperador*: D. Pedro II, um monarca nos trópicos. São Paulo: Companhia das Letras, 1998. p. 437.

Os dados da tabela acima foram organizados pela historiadora Lilia M. Schwarcz. Essas informações revelam

a) a redução do número de cativos nas últimas décadas do século XIX na província do Rio de Janeiro.

b) a redução do número de cativos na província do Rio de Janeiro atingindo o menor patamar em 1885.

c) o crescimento constante do número de escravos após 1819, atingindo mais de 300 mil no fim do século XIX.

d) a redução do número de cativos imediatamente após a proibição do tráfico de escravos em 1850.

e) a intensificação do tráfico interno após a proibição do tráfico internacional de escravos, aumentando o número de cativos.

Questão 2

Texto I

No século imperial, no período da Regência – com revoltas rurais em Pernambuco e Alagoas (Cabanada), no Maranhão (Balaiada), no Rio Grande (Farroupilha) e no Grão-Pará (Cabanagem) –, houve o recrudescimento das deserções.

recrudescimento: aumento.

Flávio dos Santos Gomes. *Mocambos e quilombos*. São Paulo: Claro Enigma, 2015. p. 13.

Texto II

Havia ainda o medo de rebeliões negras, fenômeno que ficou conhecido como "haitianismo", em alusão à tomada da colônia francesa do Haiti pelos negros. Esse movimento teve a capacidade de exportar o medo (por parte das elites) e a esperança (para os escravizados).

Lilia M. Schwarcz; Heloisa M. Starling. *Brasil*: uma biografia. São Paulo: Companhia das Letras, 2015. p. 187.

De acordo com os textos I e II, a resistência dos escravizados durante o período Regencial no Brasil foi marcada

a) por se organizar de modo semelhante aos movimentos populares haitianos, transformando em realidade o direito à liberdade.

b) por conflitos sociais que a fortaleceram, embora as rebeliões de escravizados tenham sido reprimidas violentamente.

c) pelo descontentamento da população com as reformas regenciais, o que a levou a apoiar as revoltas lideradas por escravizados.

d) por conflitos populares que facilitaram as fugas de escravizados, pois a repressão do sistema escravista concentrava-se no controle das rebeliões.

e) pela formação de grande número de quilombos e mocambos, o que indica um aumento nas fugas e na ocorrência de rebeliões.

Questão 3

> Imersa nas forças conservadoras de seu tempo, a Praieira inscreveu-se no processo de gestação das nações ocorrido ao longo do século XIX na Europa e nas antigas áreas coloniais, entre elas o Brasil, como parte das transformações que remodelaram o capitalismo a partir da revolução industrial inglesa.
>
> Izabel A. Marson. *A Rebelião Praieira*. São Paulo: Brasiliense, 1981. p. 12.

A Rebelião Praieira foi um movimento

a) liderado pela elite conservadora e formado por proprietários de engenhos descontentes com as imposições estabelecidas sobre o comércio de escravizados.

b) caracterizado por posições radicais, pois reivindicava a autonomia de Pernambuco com o objetivo de pôr fim à escravidão nessa província.

c) moderado, em comparação com as demais revoltas ocorridas no mesmo período, e que visava à maior autonomia administrativa para a elite pernambucana.

d) de ideias progressistas, que reivindicava o voto livre e universal ao mesmo tempo que era favorável à manutenção do Poder Moderador.

e) de ideias radicais, ao exigir o fim do Poder Moderador, o separatismo e o fim do sistema escravista na província de Pernambuco.

Questão 4

> Um espectro ronda a Europa [...]. Todas as potências da velha Europa uniram-se numa Santa Aliança para exorcismá-lo: o papa e o czar, [...] os radicais franceses e os espiões da polícia alemã.
>
> Karl Marx; Friedrich Engels. *O manifesto comunista*. Citado por: Florestan Fernandes (Org.). *Marx e Engels*: história. São Paulo: Ática, 1983. p. 25 (Coleção Grandes Cientistas Sociais, v. 36).

espectro: fantasma.

O termo espectro, no trecho acima, refere-se ao

a) comunismo.
b) capitalismo.
c) liberalismo.
d) anarquismo.
e) sindicalismo.

Questão 5

> Não há sombra de dúvida sobre o papel desempenhado pelos muçulmanos na rebelião de 1835. Os rebeldes foram para as ruas com roupas só usadas na Bahia pelos adeptos do Islã. No corpo dos que morreram, a polícia encontrou amuletos muçulmanos e papéis com rezas e passagens do Alcorão. Estas e outras marcas levaram à conclusão que a religião tinha sua parte na sublevação.
>
> Ilê Aiyê. *O papel dos muçulmanos na rebelião de 1835*. Salvador: Associação Cultural Ilê Aiyê, 2002 (Caderno de Educação, v. X).

No fragmento acima, analisa-se a influência do islamismo em uma das revoltas ocorridas no Brasil durante o período Regencial. Considerada uma das mais importantes para o movimento negro brasileiro, essa revolta é a

a) da Chibata.
b) da Vacina.
c) dos Malês.
d) dos Palmares.
e) dos quilombos e mocambos.

Questão 6

> Posturas e concepções presentes nos movimentos religiosos, como a ideia de que existem povos escolhidos e abençoados por Deus, passariam a povoar o imaginário coletivo da nação que se acreditava eleita para um destino glorioso. [...] A partir disso, desenvolveu-se a ideia de "destino manifesto": seria uma missão espalhar a concepção de sociedade norte-americana para as regiões vistas como carentes e necessitadas de ajuda.
>
> Leandro Karnal e outros. *História dos Estados Unidos*: das origens ao século XXI. São Paulo: Contexto, 2004. p. 125.

O trecho acima trata do período de consolidação nacional dos Estados Unidos. A doutrina do Destino Manifesto foi usada pelos Estados Unidos para legitimar as ações políticas da(o)

a) *big stick*.
b) Marcha para o Oeste.
c) Doutrina Monroe.
d) Lei de Terras.
e) medida anti-imigração.

DE OLHO NO ENEM

Questão 7

> Na época, porém, a tese de Martius estava em dia com os mais avançados debates científicos que, por intermédio da análise das diferentes misturas entre anglo-saxões, francos, normandos, celtas e romanos, tentavam explicar as diferentes nacionalidades europeias. Talvez a extraordinária repercussão da interpretação adotada pelo IHGB [Instituto Histórico e Geográfico do Brasil] resulte desse pretenso rigor, que encantou não só a historiadores, mas também a romancistas e poetas.
>
> Mary del Priore; Renato Venancio. *Uma breve história do Brasil*. São Paulo: Planeta, 2016. p. 173.

O trecho acima expõe a tese apresentada pelo naturalista alemão Karl von Martius ao Instituto Histórico e Geográfico do Brasil, em 1847. O trabalho de Martius

a) tratava de uma questão muito importante para dom Pedro II: a legitimação da cultura lusitana como norteadora da nação brasileira.

b) tratava de uma preocupação relacionada não só às recém-criadas nações americanas, mas também às nações europeias no século XIX: a identidade coletiva.

c) afirmava a existência de diversas identidades no território brasileiro, justificando os movimentos separatistas defendidos pelas elites regionais.

d) apontava a necessidade de o IHGB desenvolver uma teoria que explicasse a influência de diversos povos na identidade brasileira.

e) apontava a necessidade de o IHGB elaborar uma historiografia sobre a origem do povo brasileiro com figuras de linguagem e escolas literárias, agradando a romancistas e poetas.

Questão 8

↑ Charge publicada na revista *Semana Illustrada*, de 11 de novembro de 1866.

A charge acima, sobre a participação dos escravizados na Guerra do Paraguai, revela que

a) o senhor libertou o escravizado para lutar nessa guerra em seu lugar ao receber indenizações em dinheiro e títulos públicos.

b) por ordem imperial, o senhor foi obrigado a libertar o escravizado para lutar nessa guerra, mas o fez contrariado.

c) a abolição era iminente, e o senhor optou por alforriar o escravizado, deixando-o livre para unir-se ou não às tropas brasileiras que lutavam no Paraguai.

d) eram opções do escravizado o alistamento no Exército e o serviço à nação.

e) era menos custoso, naquele período, enviar um escravizado para a guerra do que mantê-lo, pois a economia açucareira estava em crise.

Questão 9

> Assim, na Europa, as forças e ideias que projetavam a substituição da nova sociedade triunfante já estavam aparecendo. O "espectro do comunismo" já assustava a Europa por volta de 1848, sendo exorcizado nesse mesmo ano.
>
> Eric Hobsbawm. *A era das revoluções*: 1789-1848. São Paulo: Paz e Terra, 2010. p. 23.

O tema em destaque nesse texto do historiador inglês Eric Hobsbawm é a

a) dupla revolução.
b) revolução inglesa e a francesa.
c) Primavera dos Povos.
d) restauração das antigas monarquias.
e) revolução burguesa.

Questão 10

> O fracasso das revoluções de 1848 e o medo crescente da violência da classe trabalhadora levaram os liberais a abandonar a revolução e pressionar por reformas mediante o processo político. Na última parte do século XIX, os socialistas e anarquistas tornaram-se os principais proponentes da revolução. Tanto o liberalismo quanto o marxismo compartilhavam princípios comuns derivados do Iluminismo. Seus adeptos acreditavam na bondade essencial e perfectibilidade da natureza humana e afirmavam que suas doutrinas baseavam-se em fundamentos racionais.
>
> Marvin Perry. *Civilização ocidental*: uma história concisa. São Paulo: WMF Martins Fontes, 2015. p. 428-429.

Os movimentos revolucionários iniciados na França em 1848 defendiam a mobilização dos trabalhadores. Nesse contexto, liberais e marxistas tinham em comum

a) o temor da crescente violência proporcionada pela classe trabalhadora.

b) o desejo de colocar reformas em prática por meio do processo político.

c) a desistência deles de alcançar o poder pelas vias democráticas.

d) a recusa aos princípios do Iluminismo, o que determinou o fracasso das revoluções de 1848.

e) os fundamentos do pensamento iluminista postos em prática em 1848.

Questão 11

↑ Avenida em Paris, França, em foto de cerca de 1890.

A Segunda Revolução Industrial impulsionou o processo de industrialização, principalmente nos países europeus, ocasionando profundas mudanças na urbanização e no cotidiano das pessoas, que passaram a usar trens, telégrafos e telefones. Outras inovações desse período foram

a) o surgimento das cidades e a invenção do automóvel e do rádio.

b) a invenção do rádio e do motor a vapor e o uso da energia elétrica.

c) o uso do petróleo e a invenção do motor de combustão interna e do relógio de bolso.

d) o uso da energia elétrica e do petróleo e a invenção do motor de combustão interna.

e) a invenção do automóvel, do motor a vapor e do relógio de bolso.

Questão 12

No Brasil, o fim da escravidão não acabou com a difícil situação em que vivia a população negra. Sobre a condição dessa população após a abolição, é correto afirmar que

a) sem capacitação, os negros libertos não encontraram trabalho nem nas áreas rurais nem nas urbanas.

b) a crescente urbanização pela qual passava o país não foi suficiente para integrar a mão de obra incapacitada, gerando a exclusão social dos negros libertos.

c) a grande maioria dos negros libertos era formada por analfabetos e trabalhadores rurais, o que dificultou a participação desses grupos na economia industrializada.

d) a opção pela mão de obra do trabalhador imigrante em áreas de forte produção econômica e a falta de oportunidade de trabalho para os negros libertos provocaram enorme desigualdade social e reforçaram o preconceito contra esse grupo.

e) mesmo após ela ter sido promulgada, muitos senhores de escravos agiram contra a lei e não os libertaram, aumentando a produtividade de suas terras.

DE OLHO NO ENEM

Questão 13

> [...] Na era da construção de nações acreditava-se que isso implicava a lógica necessária assim como a desejada transformação de "nações" em Estado-nações soberanos, com um território coerente, definido pela área ocupada pelos membros da "nação", que por sua vez era definida por sua história, cultura comum, composição étnica e, com crescente importância, a *língua*.
>
> Eric Hobsbawm. *A era do capital*: 1848-1875. Rio de Janeiro: Paz e Terra, 1996. p. 127-128.

Nesse trecho, o historiador Eric Hobsbawm faz uma análise sobre o processo de formação dos Estado-nações na Europa na segunda metade do século XIX. A transformação de nações em Estado-nações soberanos implicou a

a) formação de áreas autônomas, cujos habitantes falavam línguas diferentes e tinham histórias distintas, compondo Estados multiétnicos.

b) dispersão de diferentes povos pelo continente europeu, o que aumentou a perseguição generalizada àqueles que não eram da mesma nacionalidade.

c) implementação de projetos unificadores que valorizavam a história, a cultura e a língua comuns, com a pretensão de formar territórios coerentes.

d) imigração em massa dos grupos étnicos não hegemônicos, que passaram a viver dispersos em diversas divisões político-geográficas da Europa.

e) perseguição aos grupos étnicos que tinham história, cultura e língua distintas da maioria das pessoas dos países formados nesse período.

Questão 14

↑ Charge estadunidense de 1882. Na legenda, lê-se: "O polvo em águas egípcias."

A charge acima faz uma crítica à política imperialista da Grã-Bretanha no final do século XIX, ao representá-la como a personagem em forma de polvo, cujos tentáculos se estendem sobre diversos países de diferentes continentes. Essa crítica revela

a) a intenção da Grã-Bretanha de estender seu poder sobre o Egito, a Índia, o Canadá, a Jamaica, a Austrália e sobre outros países de diversos continentes.

b) a perda do controle britânico sobre o Egito durante o processo de construção do canal de Suez no final do século XIX.

c) a resistência do Egito ao controle do Império Britânico no final do século XIX, diante da grande lucratividade do canal de Suez.

d) a intenção da Grã-Bretanha de auxiliar o Egito a construir o canal de Suez em troca da concessão aos britânicos.

e) o interesse da Grã-Bretanha em obter o controle total do canal de Suez, ao ocupar o Egito em 1882.

Questão 15

> O forte expansionismo estadunidense parece ter sido mesmo, num primeiro momento, uma tentativa de encontrar uma causa que pudesse unir todos os americanos em uma nova onda de nacionalismo.
>
> Leandro Karnal e outros. *História dos Estados Unidos*: das origens ao século XXI. São Paulo: Contexto, 2008. p. 128.

Durante o processo de expansão territorial dos Estados Unidos, a ideia de destino manifesto fez parte do imaginário dos estadunidenses. Essa ideia foi

a) combinada com a força dos movimentos religiosos que exigiam a expansão territorial.

b) utilizada apenas como pretexto para a expansão territorial dos Estados Unidos no século XIX.

c) permeada pela oposição entre a religiosidade e a confiança nas instituições estadunidenses.

d) contestada pela missão civilizatória, diante dos rumos tomados durante a expansão territorial.

e) baseada na missão moral dos estadunidenses de levar o progresso e na promoção do nacionalismo.

Questão 16

> Em 1884, a empresa Newcastle-upon-Tyne and Gateshead Gas Company alugou apenas 95 fogões a gás; em 1920, esse número havia subido para 16 110. Em 1901, uma em cada três casas britânicas tinha um fogão a gás; em 1939, às vésperas da Segunda Guerra Mundial, três quartos das famílias cozinhavam a gás.
>
> Bee Wilson. *Pense no garfo!* Rio de Janeiro: Zahar, 2014. p. 56.

O texto indica que houve uma mudança nos hábitos de consumo de determinado produto. A euforia europeia com novos inventos

a) não promoveu nenhum avanço técnico real.

b) trouxe benefícios materiais para grande parte da população, incluindo as classes baixa e média.

c) foi um fenômeno reservado às elites europeias.

d) teve como consequência a propaganda feita pelas indústrias europeias e estadunidenses.

e) levou a população mundial ao pleno acesso a bens de consumo duráveis.

Questão 17

↑ Charge sobre a política do *big stick* no mar do Caribe, datada de 1904. Na legenda, lê-se: O *big stick* no mar do Caribe.

A charge faz uma crítica à política externa do presidente Theodore Roosevelt conhecida como *big stick* e implementada na passagem do século XIX para o XX. Com base nessas informações, pode-se afirmar que essa política

a) tinha o pretexto de defender a liberdade, ao intervir em diversos países latinos quando os interesses estadunidenses fossem confrontados.

b) defendia a liberdade dos países da América Latina, garantindo-lhes autonomia diante do processo de inserção no mundo capitalista.

c) colaborou com o desenvolvimento econômico dos países do Caribe fiscalizando as dívidas desses países.

d) impediu o intervencionismo europeu nos países da América Latina, que se tornou área de influência estadunidense.

e) entrou em conflito com a política interna dos países da América Latina, que impediram as investidas dos Estados Unidos.

Questão 18

Embora na primeira metade do século XIX o regime Manchu parecesse funcionar sem maiores problemas, com inteligência e eficiência – apesar de se dizer que havia uma grande quantidade de corrupção –, já se percebiam sinais de crise e rebelião desde a década de 1790. [...] O novo elemento dramático na situação chinesa era a conquista ocidental [...]

Eric Hobsbawm. *A era do capital*. Rio de Janeiro: Paz e Terra, 2009. p. 141-142.

O conflito que demonstrou para a população a fraqueza do Império Manchu e abriu caminho para a oposição interna foi a

a) Revolta dos *Boxers*.
b) Guerra dos Bôeres.
c) Guerra Sino-Japonesa.
d) Revolta dos Sipaios.
e) Guerra do Ópio.

Questão 19

Sustento que somos a primeira raça no mundo, e quanto mais do mundo habitarmos, tanto melhor será para a raça humana. [...] Se houver um Deus, creio que Ele gostaria que eu pintasse o mapa da África com cores britânicas.

Cecil Rhodes. Citado por: Leo Huberman. *História da riqueza do homem*. Rio de Janeiro: Guanabara, 1986. p. 250-251.

A atitude das populações africanas diante do imperialismo, defendido pelo colonizador britânico Cecil Rhodes, criador da Companhia Britânica da África do Sul, foi de

a) gratidão, porque os europeus garantiram o fim da fome e das doenças entre os africanos.
b) oposição, com insurreições que foram amplamente ignoradas pelos historiadores.
c) resistência, com vários graus de organização e diferentes tipos de revolta.
d) passividade, pois representou o fim das disputas internas entre tribos.
e) repúdio, com apenas uma guerra entre o Exército africano e o Exército imperialista.

Questão 20

Alguns historiadores sugerem que o novo imperialismo (para diferenciá-lo do colonialismo de povoamento e comércio que floresceu entre os séculos XVI e XVIII) foi o resultado direto da industrialização. À medida que se intensificaram a atividade e a competição econômicas, os europeus disputaram matérias-primas, mercados para seus produtos manufaturados e lugares onde investir seu capital. No final do século XIX, muitos políticos e industriais acreditavam que a única maneira de garantir as necessidades econômicas de suas nações era a aquisição de territórios ultramarinos.

Marvin Perry. *Civilização ocidental*: uma história concisa. São Paulo: WMF Martins Fontes, 2015. p. 465.

De acordo com o trecho acima, o imperialismo no continente asiático caracterizou-se

a) pela dominação das potências imperialistas, no contexto da expansão marítima europeia entre os séculos XVI e XVIII.
b) pela competição econômica entre as potências imperialistas, ocorrida entre os séculos XVI e XVIII.
c) pela presença europeia na Ásia por meio do controle de postos comerciais até o final do século XVIII.
d) pela presença das potências europeias ao longo do século XVIII e foi motivado pela busca de locais para investir capital.
e) pelo avanço das potências imperialistas no final do século XIX na Ásia e foi motivado pela busca de novos mercados consumidores e fontes de matéria-prima.

Bibliografia

ALENCASTRO, L. F. de (Org.). *História da vida privada no Brasil*, v. 2: Império – a corte e a modernidade nacional. São Paulo: Companhia das Letras, 2004.

ANDRADE, J. As mulheres na Comuna de Paris: de coadjuvantes a protagonistas. In: *V Simpósio Internacional Lutas Sociais na América Latina*, Londrina, 2013. Anais. Londrina: EUL, 2013.

ANDREWS, G. R. *América afro-latina*: 1800-2000. São Carlos: EdUFSCar, 2007.

ARAÚJO, A. M. A disputa entre negros e mulatos no processo de independência do Haiti. *Caderno Temático de História*, v. 2, n. 1, p. 12-21, jan./jun. 2014.

ARENDT, H. *Origens do totalitarismo*. São Paulo: Companhia das Letras, 1999.

ARMITAGE, D. *Declaração de Independência*: uma história global. São Paulo: Companhia das Letras, 2011.

ARNAUT, L. *Reações africanas ao imperialismo*. Universidade Federal de Minas Gerais. Disponível em: <http://www.fafich.ufmg.br/~luarnaut/Reacoes%20africanas.pdf>. Acesso em: 14 fev. 2019.

AZEVEDO, E. *O direito dos escravos*: lutas jurídicas e abolicionismo na província de São Paulo. Campinas: Ed. da Unicamp, 2010.

BARRACLOUGH, G.; PARKER, G. *Atlas da história do mundo*. 4. ed. São Paulo: Folha da Manhã, 1995.

BETHELL, L. (Org.). *História da América Latina*: da independência a 1870. São Paulo: Edusp, 2001. v. 3.

BOAHEN, A. A (Ed.). *História geral da África*, v. VII: a África sob dominação colonial, 1880-1935. São Paulo: Ática/Unesco, 1991.

BOJADSEN, A. (Coord.). *Dona Leopoldina*: cartas de uma imperatriz. São Paulo: Estação Liberdade, 2006.

BOLÍVAR, S. *Escritos políticos*. Campinas: Ed. da Unicamp, 1992.

BOLSANELLO, M. A. Darwinismo social, eugenia, racismo "científico": sua repercussão na sociedade e na educação brasileiras. *Educar*, Curitiba, n. 12, p. 153-165, 1996.

BOSI, E. *Memória e sociedade*: lembranças de velhos. São Paulo: Companhia das Letras, 2004.

BOTO, C. *A escola do homem novo*: entre o Iluminismo e a Revolução Francesa. São Paulo: Ed. da Unesp, 1996.

BOXER, C. R. *A idade do ouro do Brasil*: dores de crescimento de uma sociedade colonial. Rio de Janeiro: Nova Fronteira, 2000.

BRASIL. Secretaria de Educação Básica. *Base nacional comum curricular*: educação é a base. Brasília: MEC/SEB, 2017.

BRESCIANI, M. S. M. *Londres e Paris no século XIX*: o espetáculo da pobreza. São Paulo: Brasiliense, 1982.

CARVALHO, J. M. de. *D. Pedro II*: ser ou não ser. São Paulo: Companhia das Letras, 2007.

_____. *Os bestializados*. São Paulo: Companhia das Letras, 1996.

CHAMBERLIN, E. R. *O cotidiano europeu no século XIX*. São Paulo: Melhoramentos, 1994.

CHOMSKY, N. *A minoria próspera e a multidão inquieta*. 2. ed. Brasília: Ed. da UnB, 1999.

COSTA E SILVA, A. da. *A enxada e a lança*: a África antes dos portugueses. Rio de Janeiro: Nova Fronteira, 2011.

_____. *A manilha e o libambo*: a África e a escravidão, de 1500 a 1700. Rio de Janeiro: Nova Fronteira, 2011.

COSTA, E. V. da. *Da monarquia à república*: momentos decisivos. 9. ed. São Paulo: Ed. da Unesp, 2011.

COSTA, R. S. O último tamoio, o último indianismo. *Anais do I Seminário Internacional Brasil no século XIX*, Rio de Janeiro, Sociedade Brasileira de Estudos do Oitocentos (SEO), v. 1, p. 1-22, 2015. Disponível em: <http://www.seo.org.br/images/Anais/Luana/RichardSantiagoCosta.pdf>. Acesso em: 14 fev. 2019.

COSTA, S. *Revolução e contrarrevolução na França*. São Paulo: Anita Garibaldi, 1999.

DICKENS, C. Cenas da manhã. In: _____. *Retratos londrinos*. Rio de Janeiro: Record, 2003.

DORATIOTO, F. *Maldita guerra*: nova história da Guerra do Paraguai. São Paulo: Companhia das Letras, 2003.

DORNELLES, S. S. *A questão indígena e o Império*: índios, terra, trabalho e violência na província paulista, 1845-1891. 2017. Tese (Doutorado em História Social) – Unicamp, Campinas.

FAUSTO, B. *História do Brasil*. 13. ed. São Paulo: Edusp, 2008.

FERREIRA, B. S. Imagens da capoeira do século XIX. In: *9º Encontro Nacional de História da Mídia*, Universidade Federal de Ouro Preto, Minas Gerais, 2013.

FERREIRA, J.; DELGADO, L. de A. N. (Org.). *O Brasil republicano*: o tempo do liberalismo excludente – da Proclamação da República à Revolução de 30. Rio de Janeiro: Civilização Brasileira, 2003. v. 1.

FERRO, M. (Org.). *O livro negro do colonialismo*. Rio de Janeiro: Ediouro, 2004.

FONSECA, C. D. *Arraiais e vilas d'el rei*: espaço e poder nas Minas setecentistas. Belo Horizonte: Ed. da UFMG, 2011.

FREITAS, G. de. *900 textos e documentos de História*. Lisboa: Plátano, s. d.

FUNES, P. *Historia mínima de las ideas políticas em América Latina*. Ciudad de México: El Colegio de México, 2017.

FURET, F.; OZOUF, M. (Org.). *Dicionário crítico da Revolução Francesa*. Rio de Janeiro: Nova Fronteira, 1989.

GARCIA, G. I. A Guerra do Paraguai em diferentes interpretações. *Revista Cadernos de Clio*, Curitiba, n. 5, p. 15, 2014.

GOLDMAN, N.; SALVATORE, R. (Coord.). *Caudillismos rioplatenses*: nuevas miradas a un viejo problema. Buenos Aires: Eudeba, 1998.

GOMBRICH, E. H. *Breve história do mundo*. São Paulo: Martins Fontes, 2001.

GOMES, M. P. *Os índios e o Brasil*: passado, presente e futuro. São Paulo: Contexto, 2012.

GURAN, M. *Agudás*: os "brasileiros" do Benin. Rio de Janeiro: Nova Fronteira/Gama Filho, 2000.

HERNANDEZ, L. M. G. L. *A África na sala de aula*. 3. ed. São Paulo: Selo Negro, 2008.

HILLS, K. *A Revolução Francesa*. 4. ed. São Paulo: Ática, 1994.

HOBSBAWM, E. *A era das revoluções*: 1789-1848. 25. ed. Rio de Janeiro: Paz e Terra, 2009.

Hobsbawm, E. *A era do capital*: 1848-1875. São Paulo: Paz e Terra, 2010.

_____. *A era dos impérios*: 1875-1914. São Paulo: Paz e Terra, 2010.

_____. *As origens da Revolução Industrial*. São Paulo: Global, 1979.

_____ *Nações e nacionalismo desde 1780*: programa, mito e realidade. Rio de Janeiro: Paz e Terra, 2013.

Holanda, S. B. (Org.). *História geral da civilização brasileira*. São Paulo: Bertrand Brasil, 1997.

_____. *Visão do paraíso*: os motivos edênicos no descobrimento e colonização do Brasil. São Paulo: Nacional, 1969.

Instituto Brasileiro de Geografia e Estatística (IBGE). *Atlas geográfico escolar*. 6. ed. Rio de Janeiro: IBGE, 2012.

Junqueira, M. A. *Estados Unidos*: consolidação da Nação. Campinas: Contexto, 2001.

Karnal, L. et al. *História dos Estados Unidos*: das origens ao século XXI. São Paulo: Contexto, 2007.

Lebrun, F. (Dir.). *Atlas historique*. Paris: Hachette, 2000.

Lênin, V. I. *O imperialismo*: fase superior do capitalismo. São Paulo: Centauro, 2008.

Linhares, M. Y. (Org.). *História geral do Brasil*. 9. ed. Rio de Janeiro: Elsevier, 2000.

Locke, J. *Carta acerca da tolerância* [e outros]. São Paulo: Abril Cultural, 1983 (Coleção Os Pensadores, v. 8).

Marcis, T. *Viagem ao Engenho de Santana*. Ilhéus: Editus, 2000.

Marins, P. C. G. *Através da rótula*: sociedade e arquitetura urbana no Brasil, séculos XVII a XX. São Paulo: Humanitas, 2002.

Martin, A. R. *Fronteiras e nações*. São Paulo: Contexto, 1992 (Repensando a Geografia).

Marx, K.; Engels, F. *Manifesto comunista* [1848]. São Paulo: Boitempo, 1998.

Mattos, H. M. *Escravidão e cidadania no Brasil monárquico*. Rio de Janeiro: Jorge Zahar Editor, 2000.

Mawe, J. *Viagens ao interior do Brasil*. Belo Horizonte: Itatiaia; São Paulo: Edusp, 1978 (Coleção Reconquista do Brasil, v. 33).

Maxwell, K. *A devassa da devassa*: a Inconfidência Mineira. Rio de Janeiro: Paz e Terra, 1978.

Mayer, A. J. *A força da tradição*: a persistência do antigo regime (1848- -1914). São Paulo: Companhia das Letras, 1987.

Mella, J. A. O proletariado e a libertação nacional. In: Löwy, M. *O marxismo na América Latina*: uma antologia de 1909 aos dias atuais. São Paulo: Perseu Abramo, 2006.

Mesgravis, L. *A colonização da África*. São Paulo: Atual, 1994.

Michelet, J. *História da Revolução Francesa*: da queda da Bastilha à festa da federação. São Paulo: Companhia das Letras, 1989.

Monteiro, J. M. *Negros da terra*: índios e bandeirantes nas origens de São Paulo. São Paulo: Companhia das Letras, 1994.

Moraes, J. G. V. de. *Cidade e cultura urbana na Primeira República*. 6. ed. São Paulo: Atual, 2008.

Morris, R. B. (Org.). *Documentos básicos da história dos Estados Unidos*. Rio de Janeiro-São Paulo: Fundo de Cultura, 1964.

Paiva, E. F. C. *Escravidão e universo cultural na colônia*: Minas Gerais, 1716-1789. Belo Horizonte: Ed. da UFMG, 2001.

_____. *Escravos e libertos nas Minas Gerais do século XVIII*: estratégias de resistência através dos testamentos. São Paulo: Annablume; Belo Horizonte: PPGH-UFMG, 2009.

Pinto, A. F. M. Para não esquecer de lembrar: a imprensa negra do século XIX (1833-1899). Revista *Em Tempo de Histórias*, Brasília, UnB, Programa de Pós-graduação em História, n. 9, p. 71-89, 2005.

Prado Júnior, C. *História econômica do Brasil*. São Paulo: Brasiliense, 2006.

Prado, M. L. C. *América Latina no século XIX*: tramas, telas e textos. São Paulo: Edusp, 2004.

_____. *A formação das nações latino-americanas*. São Paulo: Atual, 1994.

_____. *História da América Latina*. São Paulo: Contexto, 2016.

Priore, M. del et al. *Documentos de história do Brasil*. São Paulo: Scipione, 1997.

Reis, J. J.; Silva, E. *Negociação e conflito*: a resistência negra no Brasil escravista. São Paulo: Companhia das Letras, 1989.

Ricúpero, B. *O romantismo e a ideia de nação no Brasil (1830- -1870)*. São Paulo: Martins Fontes, 2004.

Romero, J. L. *América Latina*: as cidades e as ideias. Rio de Janeiro: Ed. da UFRJ, 2004.

Rousseau, J.-J. *Do contrato social*. São Paulo: Nova Cultural, 1999.

Saint-Just, L.-A. L. de. *O espírito da Revolução e da Constituição na França*. São Paulo: Ed. da Unesp, 1989.

San Martín, J. de. *Escritos políticos*. Petrópolis: Vozes, 1990.

Santos D., J. B. Identidade escrava: a revolta de 1789 no engenho de Santana. In: *Anais do XXIX Simpósio Nacional de História*. Contra os preconceitos: história e democracia. Brasília: UnB, 2017. p. 1-8. Disponível em: <https://www.snh2017.anpuh.org/resources/anais/54/1502845187_ARQUIVO_Artigo_Dagson_Jose_Borges_Santos_Identidade_Escrava_Anpuh_2017.pdf>. Acesso em: 14 fev. 2019.

Schwarcz, L. M.; Starling, H. M. *Brasil*: uma biografia. São Paulo: Companhia das Letras, 2015.

Schwartz, S. B. *Segredos internos*: engenhos e escravos na sociedade colonial. São Paulo: Companhia das Letras, 1998.

Slemian, A.; Pimenta, J. P. G. Ventos liberais para o oeste. *Revista de História da Biblioteca Nacional*, Rio de Janeiro, n. 86, p. 3, 2012.

Souza, L. de M. e. *Desclassificados do ouro*: a pobreza mineira no século XVIII. Rio de Janeiro: Graal, 1982.

Souza, M. de M. e. *África e Brasil africano*. São Paulo: Ática, 2007.

Tavares, L. H. D. *A Conjuração Baiana*. São Paulo: Ática, 1998.

Teixeira, I. (Org.). *Épicos*: Prosopopeia, O Uraguai, Caramuru, Vila Rica, A Confederação dos Tamoios, I-Juca-Pirama. São Paulo: Edusp, 2008.

Thompson, D. The charlists. In: Decca, E. de; Meneguello, C. *Fábricas e homens*: a Revolução Industrial e o cotidiano dos trabalhadores. São Paulo: Atual, 1999.

Thompson, E. P. *A formação da classe operária inglesa*. Rio de Janeiro: Paz e Terra, 1987. v. 1 e 2.

_____. *Costumes em comum*: estudos sobre a cultura popular e tradicional. São Paulo: Companhia das Letras, 2002.

Tocqueville, A. de. *A democracia na América*. 2. ed. São Paulo: Martins Fontes, 2005.

Vainfas, R. (Dir.). *Dicionário do Brasil Imperial (1822-1889)*. Rio de Janeiro: Objetiva, 2008.

Vovelle, M. *Breve história da Revolução Francesa*. Lisboa: Presença, 1994.